U0127344

一四九二
那一年，我們的世界展開了！

1492
The Year Our World Began

菲立普・費南德茲—阿梅斯托　著
Felipe Fernández-Armesto
謝佩妏　譯

目次

第一章　「世界很小」

——一四九二年的預言與實況

六月十七日：馬丁・貝海姆在紐倫堡著手製作地球儀。

一四九一年，羅馬街頭出現了一名衣衫襤褸的預言家。他揮舞著手上的木頭十字架，而那是他全身上下最值錢的東西。人群紛紛湧入大廣場，聽他發表來年多災多難、苦不聊生的預言。他說屆時會有名「天使般的教宗」出手拯救教會，放棄俗世大權以換取禱告的力量。[1]這個預言錯得離譜。一四九二年的確有場教宗選舉，卻選出了極其腐敗、玷污其職權的教宗。世俗的政權持續嘲諷宗教的重要性，而雙方也在這一年爆發了嚴重衝突。教會並未進入新紀元，仍舊鼓吹改革卻又一再跳票。無論怎麼說，這位預言家沒預言到的事都遠比他預言到的事更為重大。一四九二那一年，不只基督教國度改頭換面，整個世界也脫胎換骨。

在這之前，文化的隔閡和生態系統的分化使得這世界四分五裂。此一過程開始於一億五千萬年前原始大陸（地表上突出於海面的一整塊大陸）的裂解，其後逐漸形成多塊大陸，並展開大陸漂移。大陸與小島越漂越遠，致使各地走上了不同的演化途徑。每塊大陸孕育出自己特有

十五世紀末的人文學者認為，紐倫堡的「重要性可比雅典或羅馬」。〈世界大觀〉的繪圖者也有同感，此圖一四九三年於紐倫堡出版，「由富人出資」。

的動植物，其間生物形態的分化百花齊放。另一方面，人類的文化則日漸多元，不同族群的外貌和行為之間的差距也越來越大，以致日後再度接觸時，一開始都認不出彼此是隸屬於同一個人類大家族、共享同一套道德準則。

到了一四九二年，這種延續已久的模式以意想不到的速度徹底逆轉。萬古以來的趨異和分歧差不多走到了終點，一個嶄新的趨同時代拉開了序幕。這世界跌跌撞撞踏進了一場生態大革命，此後進行的生態交換逐步抹除了一億五千萬年來的演化分歧對這世界造成的深遠影響。時至今日，在地球上相似的氣候區內，會出現同樣的生命形態，種植同樣的農作物，繁衍同樣的物種，會有同樣的生物相互合作與競爭，也會有同樣的微生物靠著這些生物存活。

同時，過去各自分開的人群開始重新接觸，將世界串連起來，幾乎把地球上的每一個人都編進一個互有往來溝通、也彼此傳染疾病與進行文化交流的網絡中。世界人口因為越洋移民而產生大挪移，其他生物因為生態交換而掀起大搬風。約十萬年前開始，人類祖先離開東非家鄉後就各自分開，到了新殖民地適應當地環境之後彼此失去聯繫，甚至失去了認出彼此都屬於同一物種、都具備共通人性的能力。他們各自創造的文化越來越不同，也迅速衍生出各種不同的語言、宗教、習俗和生活習慣。雖然在一四九二年以前，有很長一段時間分歧與接觸同時存在，但直到一四九二年，全球重新恢復聯繫才變成可能。

循著航海路線與其他大陸往來接觸，必得仰賴風向和洋流的幫助，但在哥倫布揭開大西洋的風系之前，地球上的風就像一組沒人能破解的密碼。哥倫布用來橫越大西洋的東北信風，幾乎可將船推向巴西洋流，巴西洋流則把船往南帶，航進南大西洋的西風帶，然後一路繞地球一圈。航海家一旦發現這個規則，海上探險就成為一個不可逆轉的過程，其間當然緩慢又漫長，遇挫中斷也所在多有。這個過程到現在幾乎已經完成，雖然亞馬遜雨林附近仍不時會出現「化外之民」（逃避文化趨同的人），但重新趨同的過程如今也差不多完成。我們住在「一個世界」裡，也認同所有人類都是全球道德共同體的一分子。這是哥倫布的遺稿執行人，道明會修士巴托洛梅．德拉斯．卡薩斯（1484-1566），與哥倫布殖民過的某座加勒比海小島的原住民相處後，從中得到各地人類同為一體的感想。「世界各地的人，」他寫道，「都是人」，都擁有同樣的權利和自由。[2]這句話雖然犯了自我重複的語病，卻在全世界廣為傳頌。

由於我們置身的現代世界絕大部分始於一四九二年，所以對於研究全球史某一特定年代的歷史學家來說，一四九二年是很顯而易見的選擇，但實情是這一年卻反常地遭到忽略。說到一四九二年，最常有的聯想是哥倫布在這一年發現了前往美洲的路線，這可以說是改變世界的重大事件。從此以後，舊世界得以跟新世界接觸，藉由將大西洋從屏障轉成通道的過程，把過去分立的文明結合在一起，使名符其實的全球歷史——真正的「世界體系」——成為可能，各地發生的事件都在一個互相連結的世界裡共振共鳴，思想和貿易引發的效應越過重洋，就像蝴蝶拍動翅膀擾動了空氣。歐洲長期的帝國主義就此展開，進一步重新打造全世界；美洲加入了西方世界的版圖，大幅增加了西方文明的資源，也使得在亞洲稱霸已久的帝國和經濟體走向衰頹。

一四九二年發生的事件使基督教福音和歐洲移民得以輸入美洲，進而徹底改寫了世界宗教的版圖，並改變了世界文明的分佈和平衡。原本與伊斯蘭教相形見絀的基督教，隨著人數和領土的增加，逐漸跟伊斯蘭教拉平地位。一四九二年之前，難以想像西方——在歐亞大陸邊陲的幾片狹小土地——能夠與中國或印度分庭抗禮。哥倫布想盡辦法要抵達東方，就證明了這些地方多有魅力，而歐洲人在想像或讀到東方的相關記述時又有多麼自卑。但自從西方人率先前往未開發的新世界之後，前景從此改變。原本主導權（某些群體改變其他群體的權力）掌握在亞洲手中，現在來自各地的入侵者都有機會。同一年，末日預言比西方流傳更廣的東方基督教世界，發生了其他各自獨立的事件，導致俄國以帝國之姿崛起，成為潛力無窮的新霸權。

一四九二年的相關論著都圍繞哥倫布打轉，不是把焦點放在他身上，就是跟他有關的事件，因此讀者對哥倫布以外的世界所知甚少。然而，從哥倫布以外的世界切入，才能明瞭他的航行所造成的種種影響。無論是哥倫布連起的不同世界、他遍尋不著的文明、非洲和俄國內陸這些他從未想過的地方、他怎麼也想像不到的美洲文化，這些地方都在一四九二年發生巨變。有些改變力量強勁，進一步啟動了一連串轉變，直接塑造了我們今日所居住的世界。有些改變則為期較長，而我們的世界就是這些改變逐步造成的結果。

本書的目的就是把這些改變放在一起，集中在同一個架構下研究，有點像回到一四九二年環遊世界一圈（如果可能的話），在全球各地人口集中的燦爛文明自由穿梭，從亞洲的東邊跨越印度洋到東非和今日我們所知的中東，再橫越歐亞大陸到俄國和地中海世界，從那裡取道大西洋，中美洲和安地斯山脈就不再遙不可及。唯有想像中的旅行者能在當時繞地球一圈，真正的旅行者則是把環遊世界的路線拼湊起來，讀者將盡可能跟隨他們的腳步，就從下一章開始，起點是一四九二年一月的格拉那達。我們會跟一名穆斯林冒險家穿越撒哈拉沙漠，從格拉那達到西非的加奧；跟葡萄牙探險家一同走訪剛果王國；跟被逐出西班牙的猶太難民一同深入地中海世界，在羅馬和佛羅倫斯歇歇腳，與朝聖者、傳教士和巡迴學者一起見證義大利的文藝復興。我們還會跟哥倫布一起橫越大西洋，再跟另一名義大利商人橫越印度洋。這趟精選的世界之旅還會在基督教的東方新領域停留，並踏上哥倫布試圖前往中國尋找、之後幾乎在美洲尋獲的世界。

之所以展開這趟想像之旅，背後的動機是想在這世界結束之前看清它的樣貌。一四九二年甚至更早，世界毀滅和世界重生之說就同時在歐洲的預言家和博學之士之間盛傳。本書一開始提到的羅馬預言家，歷史上並未記載其名，他只是跟當時歐洲的許多預言家一樣，做他平常做的工作——迎合喜好刺激的群眾。這世界永遠不乏懷憂憤世的悲觀主義者，還有追求美好未來的樂觀主義者。這兩者在十五世紀末都大有人在。但在一四九二年，樂觀主義者當道，至少在西歐是如此。當時流行的樂觀主義大致可分為兩類，源於宗教的一類，非宗教的一類。

從十二世紀開始，宗教的樂觀主義就在西方某些圈子裡日積月累，而這些圈子深受西西里修道院長約雅欽的預言影響。約雅欽是個神祕主義者，他根據對聖經充滿想像力的詮釋，發明了預知未來的方法。聖經的所有章節都是他的預言材料，其中有兩個文本特別強而有力，撼動人心，一是福音書作者從耶穌給信徒的最後指示中藉耶穌之口說出的預言，二是聖經最終篇描寫的末日景象。這些強烈深刻的內容令人膽寒。耶穌預見戰爭的到來，聽見戰爭、地震和饑荒將至的風聲，「這都是災難的起頭……人要出賣親兄弟，置他們於死地，父親對兒女也是這樣；兒女也要跟父母作對，置他們於死地……你們要看見那毀滅性的可憎之物……因為那些日子的災難是從上帝創世以來未曾有過的，將來也不會再有。」所幸在日月變色、眾星墜落之後，「人子要出現，充滿著大能力和榮耀駕雲降臨。」[3] 啟示錄裡的預言更駭人：冰雹、大火和血水交織，海水變成血或苦艾，大蝗蟲、大如馬匹的蠍子肆虐，遍地大火，黑暗籠罩，全部來自「盛滿上帝大怒的金碗」。[4]然而，預言家可以說是帶著某程度的興奮語氣預言這些災難，一來是幸災樂禍，反正只有作惡之人才會落得萬劫不復，二來是把災難看成世界得以淨化的「跡象」和前兆。

只要跟現代的基本教義派辯論過就知道，你想怎麼詮釋聖經裡的句子都行，但人實在太渴望從聖經中獲得指引，因此讀到或聽到別人對聖經的詮釋時，往往會擱置自己原有的判斷。約雅欽從他挑選的經文中，發現了上帝對過去和未來宇宙的規劃分為三個時代。首先是上帝尚未完全現身的聖父時代，後來上帝化身為人，開啟了聖子的時代，再來是基督和反基督、善與惡之間的宇宙之戰開啟了聖靈的時代，之後就是世界末日，天

一四九〇年代的藝術作品常出現末日主題，杜勒的啟示錄版畫就是最具代表性的例子。

《紐倫堡編年史》的繪者仿照杜勒系列作品所畫的《死之舞》，喚起一般人對末日的想像。

地混合，時間重回永恆。約雅欽的讀者到處尋找他預言之事的跡象。比方有個「天使般的教宗」將會淨化教會，恢復使徒的時代所蒙受的庇蔭；還有個「末代君王」將征服耶路撒冷、統一世界、支持耶穌抵抗邪惡的力量；另外，基督教福音將遍及世界，傳到過去無法企及的地方。

約雅欽的預言激勵了各行各業的讀者和聽眾，但影響最深的應該是阿西西的聖方濟在十三世紀成立的修道會當中的某些成員。聖方濟本身就像從約雅欽的預言中走出來的人物。他和信徒的生活方式彷彿就是耶穌及其門徒應該過的生活：一無所有，共享一切，靠施捨過活。這些人是受上帝感召的傳教士，對窮人傳福音，向異教徒挑戰，沒有聽眾時就對烏鴉講道，聖方濟自己就是如此。方濟會教士將世界即將重生的精神散播出去。當聖方濟回應他視為上帝召喚的那一刻，他在家鄉的廣場上扯下身上的衣服，表示放棄財富，把自己徹底交給上帝，但同時也象徵一個人脫胎換骨，重新開始。聖方濟死後，信徒很難貫徹他過的貧窮而虔誠的生活，但修士中有一股堅持要體現其精神的趨勢。到了十四、十五世紀，這些「精神派」的方濟會教士跟其他成員漸行漸遠，他們發現聖方濟的生活和約雅欽的預言有些相似之處，便逐漸把心力轉向啟動聖靈的時代。

同時間，約雅欽信徒到處尋找可能的「末代君王」。十三世紀時，約雅欽的家鄉西西里成為加泰隆尼亞統治者的領地，納入西班牙東部的土地，通稱為亞拉岡王國。或許因為如此，亞拉岡王國經常出現「末代君王」的人選。對某些朝臣來說，一四七九年登基的費迪南國王是個大有可為的人選，特別是他已經藉由聯姻成為西邊鄰國卡斯提爾的國王，並得到「耶路撒冷王」的古老封號。他在一四八〇年代展開征服計畫，對抗格拉那達王國的不信者及加那利群島的異教徒，跟宣揚福音、統一世界的君王形象不謀而合。

某程度來說，基督教世界對千禧年的狂熱來自對伊斯蘭教日益擴張、土耳其人崛起的反彈。代表伊斯蘭的新月從君士坦丁堡伸向中歐，從格拉那達深入西班牙，透露著不祥的預兆。亞拉岡王國的朝臣一直活在土耳其人的陰影下，當然期望亞拉岡和卡斯提爾結盟之後就有足夠的實力對抗土耳其人。卡斯提爾人也有同樣的期望。「兩國君王聯手，」卡斯提爾的某編年史家表示，「我主耶穌基督就可以報復仇敵，摧毀殺戮造禍之人。」[5]哥倫布對國王承諾，他所提的橫越大西洋計畫帶來的收益將可支付征服耶路撒冷、打敗伊斯蘭教統治者的花費，進一步實現預言，加速末日到來，迎接重生的世界。

費迪南國王不是唯一令人想到救世主將臨、歷史高峰將至的統治者。葡萄牙的「幸運兒」曼紐爾一世，同樣被佞臣奉為奪回耶路撒冷、開啟世界最後階段的不二人選。法王查理八世也抱著類似的自我期許，一四九四年甚至以此為由攻打義大利。英格蘭國王亨利七世在現今大多人心中只是個嚴肅實際、有點無趣的國王，經過漫長的王位爭奪戰才在一四八五年坐上王位，但他其實也是預言之子。他傲稱自己的「不列顛」血統證明他註定要把王國歸還給開國先賢的後代，實現梅林的預言，或是某個遠古的威爾斯先知聽到的「天使之聲」。此外，根據俄羅斯正教會的共識，一四九二年是這個世界的最後一年。

連不為宗教狂熱左右的思想家也受到預言的影響。西方菁英文化的最大共同點是對古希臘羅馬的崇拜，而古希臘羅馬的人又對神諭、占卜、惡兆和徵兆特別著迷。一如約雅欽信徒從聖經裡尋找預言，人文主義者則到古典文本裡尋找，而維吉爾所預言的黃金時代便相當於世俗版本的聖靈時代。維吉爾並未真心視為預言，只是用來討好金主——羅馬的開國皇帝奧古斯都——把皇帝與眾神相比，以提高其神聖地位。但維吉爾的讀者滿心期待他所說的黃金時代就要到來。佛羅倫斯的柏拉圖派天才學者馬希里歐·費奇諾認為，黃金時代將從一四九二年開始。他想到的是——傑出的古典學家必會想到——古羅馬的一則預言：待時機成熟，「黃金時代」將重新展開——在朱比特（即宙斯）統治諸神之前，是由農業之神薩坦治理天國，當時眾神和睦，人間一片祥和。占星術也在這時派上用場（費奇諾和其圈內學者都是箇中專家）。一四八四年，以薩坦和朱比特命名的土星和木星在空中會合，更加令人期待世界就要發生巨變。德國占星家則預言，經過二十年的動盪之後教會和國家都將出現重大改革。

不同的預言方法可想而知會提出不同的預言，相互較勁。一四八〇年代，有些預言鎖定末代君王，有些強調黃金時代將展開，有些著重災難或改革。這些預測基督教國家未來發展的人，幾乎沒有一個預測世界會維持現況。

雖然很多細節都是錯的，但這些預測世界即將改變的預言家其實沒有說錯。一四九二年發生的事件，將會對改變世界——不單指人類活動的範圍，包括人類生存的整個環境——產生決定性的影響，而且影響的力道比過去任何一年都要深遠。為什麼會這樣？這段過程本身就是一段全球史，所以有很多不同的切入點。但如果我們把德國南部的紐倫堡當作起點，會是一個很有利的觀察位置。從那裡掃視一圈，全世界就盡收眼底。

＊＊＊

紐倫堡，一四九二年，那年存留至今的最驚人文物就要成形：世上最古老的地球儀。一顆塗上亮漆的木頭球體置於金屬架上，輕輕一碰就能旋轉，以黃褐色顏料畫的大陸和島嶼閃閃發光。海洋也閃著微光，用的應該是當時很貴的深藍色顏料，紅海是例外，用色是鮮豔的深紅色，也是很貴的顏料。表面佈滿小小的、卷軸似的插圖，密密麻麻的小字寫著製圖師對製圖方法的解釋，也是製圖師自認為的玄奧知識。這並不是人類製造的第一個地球儀，甚至在當代也不算很成功的寫實地圖，你會發現非洲的長度扭曲不實、沿岸的海角錯置（但探險家先前在測量時其實頗為精準）、製圖師自己亂編地名（很多地方當時尚未有紀錄），還吹噓自己到過非洲多處沿岸地區。

縱使有些錯誤和多處不實，這個地球儀仍然是一個珍貴的紀錄，記錄了當代人對世界的一種想像，也是讓我們理解那一年為何如此特別的關鍵：為什麼我們所在的當代世界以及我們所稱的現代，從一四九二年算起再合適不過？這個地球儀呈現的世界似乎很小。聖方濟．博日亞的姪子在一五六六年寫信感謝他送的地球儀，信上說他直到把世界握在手中，才知道原來世界這麼小。馬丁．貝海姆跟哥倫布一樣都低估了地球的大小，他之所以認定大西洋很窄就是因為深信「世界很小」。[6]但他倒是說中了一四九二年展開的一連串過程對這世界造成的一個影響，那就是，這世界從象徵意義來看確實變小了，因為此後各地將不再難以想像、難以到達。貝海姆的地球儀無論如何都是一種創新的嘗試，而這種野心在當時的伊斯蘭製圖師身上反常地少見。或許是因為繼承了中世紀的豐富遺產，伊斯蘭世界的學者對製作地圖似乎已經厭煩，無心再重繪世界地圖，後來是因為西方迎頭趕上才不得不加快腳步。十五世紀令歐洲為之讚嘆的一篇古典文本，即二世紀的亞歷山大港學者托勒密所寫的《地理學》，早在伊斯蘭世界流傳好幾世紀。然而，從來沒有伊斯蘭製圖師想到利用這本書來擴展世界地圖，直到一張根據托勒密理論繪成的義大利地圖於一四六九年傳至君士坦丁堡才改觀。一五一三年，一名鄂圖曼製圖師完成了一幅西式世界地圖，以西方地圖為範本，採用哥倫布幾趟航程所蒐集來的資料（顯然是土耳其戰艦從海上奪來的）。長久以來伊斯蘭世界在各方面都稱霸世界，這時卻突然在地圖繪製上輸給了西方。

伊斯蘭製圖師大多安於現狀，重複使用十、十一世紀的製圖先驅留下來的舊世界地圖。其間唯一的創新是在過時的資料上增加經緯的格線，但這也是托勒密率先提出的技巧。大致來看，穆斯林在一四九〇年代使用的地圖有兩種，一種正式而死板，完全脫離現實，另一種自由自在，（至少）自認為寫實。第一種對讀過歷史學家伊本．華迪作品的人應該不陌生。華迪死於一四五七年，他那本收錄地理趣聞的《珍奇見聞》在世上廣為流傳。根據他對世界的理解，阿拉伯雖小但位處中央，夾在印度洋和紅海之間，就像一顆被老虎鉗夾住的釘頭。非洲則往東延伸到將近世界的盡頭。在東非的內陸，傳說中的月山脈（一對黃金三角）把尼羅河往大陸的四面八方傾倒。在尼羅河河口的對面，博斯普魯斯海峽流向世界的北邊，把歐洲和亞洲分開。十五世紀的著作中常出現的非正式地圖則出自中世紀數一數二的製圖師之手：十二世紀的西西里大師伊德里西。這類地圖通常還是把阿拉伯放在地圖中央，但形狀比較可信，尼羅河從月山脈流出去，位置在赤道再過去一點。

如果伊斯蘭地圖很難讓人想像一四九二年的世界，那麼中國留下的史料更加幫不上忙。中國人曾試著畫出十三、十四世紀的世界地圖，但全都已經失傳，除了一些抽象簡化的宇宙圖解——圓形代表天，長方形代表地，只是為了點出「天圓地方」這句中國古諺。若想知道中國地圖如何呈現世界，最好的方法是轉向韓國尋找答案。《混一疆理歷代國都之圖》製於一四〇二年，不只在韓國，連在日本和琉球群島都廣為流傳。有份一四七〇年的複本保留至今，其最大贊助人儒者權近在地圖的推薦文字上說，看著地圖成形他「內心滿足」，他同時說明此圖的目的在於促進政府認知，以及繪圖者李薈（以繪製韓國地圖和天體圖聞名）製圖的過程。「天下至廣也，」上面寫道。「內自中邦，外薄四海，不知其幾千萬里也（距離單位，一里不到半公里）。」撰文者還說大部分地圖「皆率略」，但李薈的地圖彙整了中國十四世紀的可靠地圖，再加以增修之後，便成一「井然可觀，誠可不出戶而知天下也」的全新地圖。[7]

這幅地圖上的歐亞大陸和非洲連成一片，從巨大詳細的韓國延伸到輪廓簡略卻標上約一百個地名的歐洲。中國畫得特別仔細，印度略遜但形狀可辨，斯里蘭卡像顆球放在印度腳下。印度支那（即中南半島）和馬來半島是一小段不起眼的樹樁。日本被放到確實所在地的南邊，印尼群島甚至中國近海諸島都還不見蹤影，只有琉球群島例外。非洲和阿拉伯半島被擠到世界的西端，顯得渺小，非洲內陸被一大片內海占去大半。這張地圖散發著驕傲和野心，試圖呈現一種全球的視野，至少相信要達到這種視野並非不可能。一四九二年的紐倫堡地球儀激起的雄心，在韓國似乎也可看見。

貝海姆當初是在自己家鄉完成了紐倫堡地球儀。他是個商人，常在西歐各地旅行經商，對低地國家和葡萄牙都很熟悉，但一四八三年他再次遠遊卻別有目的。四旬齋期間他在猶太友人的婚禮上跳舞，違反戒律被罰監禁三週，**（四旬齋期間，天主教徒應以齋戒、施捨與刻苦的方式來彌補自己的罪惡。）**出國是為了拖延或逃避刑期。一四八四年他到了里斯本，在這個大西洋探險家聚集的城市裡迷上了地理學。當時探險家正沿著非洲西岸展開勘測之旅，他們繪製的地圖跟貝海姆日後繪製的地球儀可說相差十萬八千里。貝海姆說他跟著探險隊一同出海，但沒有證據可為證明，對照他製作的地球儀所犯的錯誤也說不通。看來他擁有的野心比知識還多。

貝海姆在一四九〇年返回紐倫堡所帶回的故事，激起了超過他能力所能負荷的熱烈期望。雖然他的航海或勘測經驗不足，但他也算是當時頗具代表性的理論型地理學家。他認真匯集了其他地圖中可信程度不一的資訊，還有真正的探險家記錄的航海指南。他從葡萄牙帶回德國的資料註定要引起轟動，因為那是走在世界尖端的探險活動發掘的世界片段。

貝海姆把葡萄牙人的最新發現併入他的世界地圖中，其中最顯著的特點就是把印度洋放在非洲最南端的周圍，從西方也可進入。他呈現的非洲沿岸往東延伸很遠，這是傳統地圖留下的痕跡。傳統地圖裡的印度洋都四面環陸，被非洲南部一大塊延伸到亞洲最東邊的弧形土地擋住，直到一四九〇年代或起碼一四八〇年代末，葡萄牙地理學家才確定印度洋就位在他們開始

編按：文中出現在括弧內的粗體字為譯註或編按。

稱之為好望角的地區之外，一無阻攔。製圖理論圈對這種可能性的討論已經持續約一個半世紀，但第一個明確反映葡萄牙探險家之發現的地圖，要到一四八九年才在佛羅倫斯出現。即使在當時，非洲沿岸延伸到好望角以外之說仍真假難定，在出動船隊之前，葡萄牙宮廷只好等待——後面章節會提到——經陸路前往評估印度洋可否從南進入的人員回傳報告。

貝海姆製作的地球儀其實不太專業。上面有大家熟悉的舊資訊，但大多新資訊都是錯的，但他搞錯的部分比他弄對的部分還重要，因為他的許多錯誤和假設都符合當時在紐倫堡、佛羅倫斯、葡萄牙和西班牙日漸崛起的一群地理學家關注的事項。這些地理學家常彼此通信，宣揚一種想像地理的全新方式。

紐倫堡最大力鼓吹並推動地球儀製作計畫的人，就是商人兼市議員霍茲舒爾。霍茲舒爾曾到耶路撒冷朝聖，對於他所不能及範圍以外的世界地理有種非關利益的好奇。耶路撒冷朝聖之旅長久以來都是德國南部繪圖師的矚目焦點，而霍茲舒爾——雖無證據，但我想他應該對造物主所創造的奇蹟深感震撼——很讚賞把已知資訊都合於一張地圖的可能性。這位虔誠教徒對大千世界所感到的讚嘆，部分來自地圖呈現了傳統旅行文學和騎士傳奇當中的神祕與精彩。貝海姆的地球儀包含了許多中世紀地圖會出現的想像島嶼和奇人奇事。他畫出了聖徒文學中航海家聖布蘭登發現天堂的小島；逃離摩爾人統治的難民，來到傳說中的大西洋島嶼安提莉亞並建立了七座城市；亞馬遜女戰士居住的島嶼也出現在地圖上，另有一座島嶼只住男人，亞馬遜女戰士應該不時會抓他們到島上繁衍後代。

除了對宗教的熱忱之外，傳統上對刺激的追求、對科學的好奇、對商業利益的堅持，都是驅策紐倫堡商人權貴的動力。瑞吉歐曼塔努斯到一四七六年去世之前，都是紐倫堡生氣勃勃的學者圈裡一流的宇宙學家，他毫不懷疑紐倫堡很適合「各地有識之士自由自在互通有無」，理由是「此城市為商道必經之地，因而被視為歐洲的核心。」[8]市議會投票贊助貝海姆的地球儀計畫，他則在地球儀上塞滿給贊助者的資訊。他鎖定的目標是香料產地——亞洲最值錢的產物。實際上，香料貿易的主角是胡椒，而胡椒大多來自印度西南部，產量占全球市場七成以上。價值高但產量低的產品也同樣重要，比方斯里蘭卡的肉桂，班達群島和摩鹿加群島由專門製造商生產的丁香、荳蔻和肉荳蔻。歐洲人恣意猜想這些香料的來源。法國聖路易的傳記作者甚至想像尼羅河漁夫的網子裡裝滿了從人間天堂的樹木墜落、自伊甸園漂流而下的薑、大黃和肉桂。

認為香料是用來掩飾腐敗魚肉的怪味，是食物史上的一大迷思。中世紀歐洲的新鮮食材要比今日的食材更新鮮，因為都是當地的產物。當時保存食物的方法不外乎鹽醃、醋漬、曬乾或浸糖浸油，類似今日的裝罐、冷藏、冷凍乾燥、真空包裝等方式。無論如何，都是口味和文化決定了香料在烹調中扮演的角色，這個我們會在後面的章節提到。香料豐富的菜餚令人垂涎是因為價錢昂貴，有助於提高富人的地位和有志者的雄心。此外，中世紀末的歐洲主流菜色參考了阿拉伯食譜，而阿拉伯菜喜歡甜味和芳香的材料：杏仁牛奶、芬芳花朵的萃取液、糖和所有東方的山珍海味。

理查二世時代（1377-1399）的英格蘭有份菜單如下：雛鳥裹以杏仁醬與肉桂及丁香燉煮，佐以杏仁奶熬製的玫瑰香味米飯，配上檀香燻製的雞肉，再加上更多肉桂丁香和荳蔻提香。歐洲食譜建議在菜餚起鍋前一刻添些香料，免得熱氣搶去珍貴的香氣。十四世紀某商人的旅行指南列出兩百八十八種不同的香料。十五世紀為那不勒斯國王寫的一本食譜約有兩百道料理，其中一百五十四道需要糖、一百二十五道需要肉桂、七十六道需要薑。巴伐利亞公爵「富豪」喬治和波蘭公主雅德薇加一四七五年的婚宴所用的香料包括：三百八十六磅胡椒、兩百八十六磅薑、兩百五十七磅番紅花、二百零五磅肉桂、一百零五磅丁香及八十五磅肉荳蔻。藥物也跟料理一樣需要香料，各種香料幾乎都在歐亞藥典出現過，藥材店對香料的需求不亞於廚房。中世紀料理結合了藥療和食療以平衡溼、冷、燥、熱等體質，據說體內平衡受到干擾就會生病。香料多半熱且燥，而醫生一般認為魚和肉偏溼，正可用來截長補短。胡椒、肉桂和薑都出現在藥劑師開的藥方中，以治療面皰到傳染病各種疑難雜症[9]。

歐洲市場在取得香料上一直處於不利位置。中國吸收了大半產量，剩餘的香料得經過千山萬水才能送到歐洲人手中，中間不知已經轉過幾手。跟經濟繁榮、航海發達的亞洲相比，當時的歐洲仍是歐亞大陸一個貧窮落後的角落，毫無亞洲市場想要交換的商品。唯一能發揮作用的是現金。西元前一世紀，羅馬最偉大的博物學家曾感嘆對香料料理的喜愛富了印度，窮了歐洲。歐洲人「攜黃金抵達，載香料離去」，坦米爾的某詩人如此寫道。[10] 十四世紀時，前往東方的義大利商人參考的一本手冊上說，到中國只需帶銀幣，其他東西皆無必要，並向讀者保證，只要用銀幣換取中國海關在邊界發放的紙鈔（對當時的歐洲人還說仍是陌生的概念），就能通行無阻。[11]

腦筋動得快或行事果斷的人看準這其中有利可圖，便設法在產地或產地附近購得香料。中世紀的歐洲商人有的大膽挺進印度洋，但途中不免碰到可能對他們不利的伊斯蘭中間商，一路上危機四伏；有人取道土耳其或敘利亞到波斯灣；更常見的是設法拿到埃及當局的通行證上溯尼羅河，再跟沙漠商隊到衣索比亞人控制的某個紅海港口。很多嘗試最終都失敗，這也不令人意外。即使是成功過關的人，仍舊得依靠當地貨船橫越印度洋，或仰賴各地中間商把貨物運到地中海沿岸。這些克服萬難的歐洲商人逐漸成為亞洲既有航海貿易網的一分子。在一四九〇年代之前，還沒有人打通東西路線，從歐洲直接取得東方物產。

貝海姆設計的地球儀就是為了解決這個問題。有個朋友認為他是「為西方揭開東方真面目的上好人選」[12]，此人名叫希羅尼姆斯．穆徹，同樣是紐倫堡商人且遊過大半伊伯利亞半島，也參與過把葡萄牙和紐倫堡地理學家與佛羅倫斯地理學家團結起來的通信交流。穆徹為貝海姆寫的推薦函呈現了他們共同的價值觀。他們都提倡要相信「實際的經驗和可靠的記述」，更勝於書本上的知識和對古代地理學家的依賴。[13]就這點來說，貝、穆兩人都具有現代科學的世界觀，但如果把他們看成科學革命的先鋒未免輕率。他們之所以拒絕古老的智慧，與其說是基於理性或證據，不如說是一廂情願。

他們尤其抗拒傳統對地球大小的看法。不過古人或許算得八九不離十。亞歷山大港圖書館的館長埃拉托塞尼，在西元前二、三世紀之交曾計算過地球的大小。他先測量位於同一經度上甲乙兩地間的距離；再算出太陽直射乙地時，甲地所立的柱子因為太陽斜射而形成柱影，柱影與柱子之間的夾角約七度十二分或五十分之一個圓；五十分之一圓的弧長如換算成英制約為五百哩，以此推算出地球圓周約為兩萬五千哩，非常精準。

但對貝海姆這群人來說，這個數字未免太大。他們認為要不就是計算錯誤，要不就應該使用小一點的計算值。他們提出的證據正符合他們支持「觀察勝於傳統」的偏見。穆徹認為無論古書上怎麼說都改變不了非洲和亞洲都有大象的事實，由此可見這兩塊大陸必定相距不遠。「可居住的東方與可居住的西方距離很近，」他如此判斷。從亞速群島往西走，「幾天就能抵達」中國。[14] 其他證據也指出相同的結論，例如有漂流木沖上歐洲海岸，而同一處海岸據傳有東方臉孔的船難生還者出現。一四七四年於佛羅倫斯繪製的一張地圖就呈現了這種理論：地圖上的日本位在傳說中的安提莉亞以西僅兩千五百哩遠，而安提莉亞大概位在亞速群島附近，中國則在里斯本以西五千多哩。至於歐洲和亞洲之間的未知海洋有些什麼則尚無定論，但大家得出的結論都一樣。就如哥倫布思考紐倫堡、佛羅倫斯和里斯本等地提出的理論時所說的：「世界很小。」看過貝海姆地球儀的人可以感覺到那種「小」，雙手一捧就能掌握世界地圖，輕輕一轉就能看到全世界。貝海姆地圖的缺漏之處，象徵了封閉地區之間對彼此的無知。

* * *

一四九二年展開的事件將消除這種無知，將各自分立的文明重新聚合，並將其權力和財富重新分配，改變原先各自為政的演變，賦予世界嶄新的面貌。當然短短一年不可能完成那麼多事。嚴格說來，哥倫布要到一四九三年才能越洋探索可開發的雙向路線。一四九二年他航行至加勒比海的路線無法長期適用，只好放棄，這個我們後面會再提到。連結東西半球顯然是邁向今日所謂的「現代性」——即我們現今所在的全球化、以西方為中心的世界——的一大步，但此過程即使到一四九三年都還不算完成。哥倫布真正的貢獻在於，他開啟的可能性讓往後數百年的人前仆後繼地追隨他的腳步。再者，這些可能也不是短短幾年造就的成果，還要再過幾年才真正得以瞥見改造世界——財富和權力達到過去難以想像的新平衡——的可能。這些探險家們來來回回發現了更多橫越北大西洋和南大西洋的路線，陸續跟美洲其他地方建立聯繫，並開創了從歐洲到南亞和中亞的新航海路線或前往勘查新陸路。

然而，對很多人來說，這一年並不是一四九二年。甚至對基督教國家的人來說，即使一年照我們的計算方式從一月一日算起，這一年也不必然就是我們以為的一四九二年。很多族群認為一年是從三月二十五日開始，因為這天據說是耶穌受胎之日。認為春天是一年之始也有其邏輯及觀察基礎。在日本，電視每年都會播出櫻花初綻的畫面。每個文化都有自己計算時間的方式。

當時打壓基督教的伊斯蘭世界就從穆罕默德逃出麥加開始紀年，並依照陰曆的月相來劃分時間。至於從印度的非穆斯林看來，他們的諸神是如此長壽，要到四百三十二萬年才會重生一次，一般的紀年根本不算什麼。不過他們最近的這個時代可以從一般認知的西元前三千零一十二年開始計算。為了日常之需，北印度人多半從相當於西元前五十七年的某日開始紀年。南印度人則偏愛從西元七十八年開始紀年。中美洲的馬雅人在過去有很長一段時間都以三種方式記錄重要的日期：第一種是長紀曆，週期大約五千一百二十六年，開始於西元前三一一四年八月十一日；中止於二〇一二年十二月二十一日；（這就是二〇一二馬雅末日預言的由來。）第二，根據現任統治者的任期，以三百六十五天為單位，就以該王朝為紀年單位；第三是神曆，以兩百六十天為週期，十三天為一個單位，共分二十個單位。到了十五世紀末，只剩最後一種系統仍持續使用。印加人只記錄陽曆中的三百二十八天，剩下的三十七天因為農忙結束而不列入計算，要等農活開始，一年才復始。

在中國和日本，一年之始沒有固定的日期，每個王朝都代表一個新紀元。同時，人們根據地方習俗或家族傳統，在不同日期慶祝新年。年根據鼠、牛、虎、兔、龍、蛇、馬、羊、猴、雞、狗、豬這十二種動物命名且沿用至今。生肖十二年（十二地支）循環又跟另一個十年循環（天干）相扣，因此在六十年周而復始的循環中，年的稱呼是不會重複的。王朝紀年跟生肖紀年並行共存。也就是說，一四九二年一月一日是甲辰日，是辛亥年（一四九一年）第十二個月的第二天，也是弘治四年。辛亥年始於一四九一年二月九日，終於一四九二年一月二十八日。再來是壬子年，至一四九三年一月十七日止。一四九二年十二月三十一日是壬子年的第十二個月第十三天，稱為己酉日，時為弘治五年。

所以說，一本鎖定特定年代的歷史論著，如果把該年一月一日到十二月三十一日（按照西方標準）發生的事件看成一個連貫的實體，基本上是不顧史實的作法。大多數人並不認為西方紀年比用其他方式計算的三百六十五天、兩百六十天或三百三十天，或其他文化習慣的紀年方式更有道理。無論如何，各自獨立的事件不可能在一段時間內連續發生，要了解這些事件，勢必要放進更長遠的脈絡來看。因此，本書會採彈性原則來處理日期，在現今我們視為一四九二年的年代來回漫遊，在前後年代、世代和時代之間穿梭。

此外，這樣的一本書關注的絕對不只是過去。因為我們把現代對「年」的觀念，加諸於對此一無所知的古人身上，所以本書跟探討特定年代的其他歷史論著一樣，不免落入「事後之明」的自設陷阱。這本書探討的不只是現在的我們看待世界和時間的方式，也在研究過往的年代。史學家的工作不是解釋現在，而在理解過去，重新捕捉過去的生活樣貌。但是為了眼前的目的，我願意暫時拋開史學家的例行工作。我希望讀者對這本書的期待，不只是感受過去的生活樣貌，因為多數人對這方面不太有概念，重要的是了解一四九二年發生的事件對今日我們居住的世界產生了什麼影響。

無論如何，一年確實可能有其特殊意義，而這對生活在都市中、工業時代或後工業時代的我們來說已經很難想像。如今，季節遞嬗不再明顯，除了表面上的改變，比方溫度計的水銀柱上上下下，比方看天氣變化加減衣服。暖氣和隔熱裝置使我們免受寒冬或炎夏折磨，美國的房子內部甚至在冬天還比夏天來得熱，這都要感謝熾熱的鍋爐和涼爽的冷氣。全球貿易還可以把非當季食物送到富裕國家較貧窮的居民手中。很多西方人現在已經不知道何時該吃何種食物了。

但在一四九二年，全世界幾乎都靠農牧為生，剩下的少數人則靠狩獵為生。因此生活上的一切幾乎都取決於季節更替；作物生長或動物遷徙的模式影響人類的食、衣、住、工作時間和工作型態。教堂大門會刻上時間週期，讓信徒一走進門就能看見由氣候週期決定的每月勞動景象，典型的畫面有二月耕種、三月修剪、四月叫賣、六月刈草、十月踩葡萄、十一月犁田。日本古詩照慣例一開始就會出現季節語，中國文人認為各個季節都有對應的食物、服裝和裝飾。全世界的生活步調和節奏都要配合季節遞嬗。

各地方的人都會觀察星星。在地中海歐洲，當獵戶座和天狼星爬到半空中時，就代表葡萄收割季到了。昴宿星團升起代表穀物該收成了，落下則代表該播種。馬雅人會密切觀察金星的位置，因為金星掌管利於發動戰爭與調解和平的時日。穆罕默德教穆斯林把新月視為「為一般人及朝聖者標出固定時間的記號」[15]。中國古代的天文學家也是重要的國策顧問，因為王朝若要興盛就要抓準時機按照星辰方位行禮參拜，而觀測天上是否出現「異象」也是帝王的職責。因為這是一個逃不開大自然的世界，到哪裡都可能碰到窮凶極惡的黑暗、暴雨、酷熱、嚴寒、荒野和大水。獵巫並非中世紀的惡行，反而是到了現代的早期，十五世紀末的時候，在歐洲許多地區大規模展開。一四八四年，羅馬教宗聽聞有許多男女「堅決拒絕他們原先所受洗的信仰」，只為了「與惡魔私通，用魔咒、詛咒和其他妖術傷害人類和動物。」不久，教會便頒佈了獵巫的法規。[16]

大自然反覆無常，諸神神祕難測。一四九二年，開羅的瘟疫據說一天就奪走一萬兩千條人命。一年後，一場大水毀了德里統治者的大半軍隊。一四九二年被逐出西班牙的猶太人，很多都在北非的饑荒中喪生。而哥倫布的手下帶往新世界的傳染病，幾乎將當地毫無防備或抗體的居民全數毀滅。據保守估計，伊斯帕尼奧拉島在一四九二年原有十萬多人，經過一代只剩一萬六千。

人類雖然受大自然擺佈，卻可以重新想像世界、設法實現理念、沿著探險家新發現的環遊世界路線將理念傳播出去，進而改變世界。一四九二年所展開的事件與其所形塑的世界就是明證。很多促使現代誕生的革新創舉，追根究底都來自中國。造紙和印刷術這兩種加速及擴展交流的關鍵技術，都是中國人的發明。火藥也是，沒有它，世界絕不可能經歷「軍事革命」，使大規模軍武成為現代戰爭的基礎，而傳統的權力天平——安土重遷的文明飽受馬上民族騷擾——也不會徹底翻轉。沒有火藥，就不會有現代初期的「火藥王國」凌駕軍事落後的敵國，也不會有現代民族國家從軍事革命中崛起。

沒有鼓風爐和開採煤礦當作燃料，工業化就不可能完成，這兩者同樣源於中國。沒有紙鈔，現代資本主義就不可能成形，這也是西方人從中國那裡學來的。征服全球海洋的大業，要靠西方精進中國的定向和造船技術才能完成。科學實證主義這個偉大的概念對世界造成的衝擊通常很讓西方人引以為傲，但實證主義在中國的歷史其實遠比西方長久。因此，科學、財政、商業、通訊和戰爭這些造就現代世界的重大革命，都仰賴源自中國的技術和觀念。西方國家崛起，成為全球霸權，其實是西方挪用中國的發明造成的長遠結果。

然而，是歐洲將這些重大發明發揚光大，而且科學、商業、軍事和工業革命都始於歐洲。再次強調：主動權的猝然轉變——世界的正常局勢徹底翻轉——始於一四九二年，當時西方人開始得以取得美洲的資源，其他對手或可能成為對手的文明卻不得其門而入。同年歐洲和非洲發生的事件，在基督教和伊斯蘭教之間畫出對前者有利的新界線。這些事件令人意想不到，本書某程度也嘗試要為這些事件提供解釋。因為在一四九二年當時或之前，歐洲都是落後地區，無論在財富、藝術和創新發明上都比不上東方，印度、伊斯蘭國家、中國和東亞其他地方都不把歐洲放在眼裡。西方崛起的起點肯定是一四九二年，先是挑戰東方，終至稱霸世界。每一代的人都有屬於自己、由過去種種孕育而生的現代。所謂的現代不可能從某一年算起。但對我們來說，一四九二年是很特別的一年。我們所在世界的最大特徵，亦即權力和財富、文化和信仰、生物和生態系統在全世界的分佈方式，就在一四九二年開始浮現，至今我們仍在適應這種改變引發的結果。

第二章　「使西班牙致力於侍奉上帝」
——伊斯蘭教退出西歐

一四九二年一月二日：格拉那達落入基督教征服者手中。

「格拉那達國王清早即起……整理儀容準備好，一如所有摩爾人在面臨致命危險時所做的那樣。」王太后絕望地抓住國王。

「母后，放開我，」他說，「我的騎士在等我。」

經過八個月的圍城，他終於駕馬出宮，跟圍守在首都城牆外的敵軍正面對峙。途中，大批飢民的景象讓他既憂又惱，傷心落淚的母親帶著嚎啕大哭的嬰孩上前「放聲大喊……他們再也受不了挨餓，所以決定棄守，投奔敵營，任由城市被占領，所有居民被俘被殺。」因此他改變先前誓死奮戰的決定，轉而決定與敵軍協商，希望能光榮投降。[1]

這段故事令人動容但未必可信，可想而知，編年史家運用了騎士故事的筆觸和強烈煽情的用語美化了這段歷史。其實十年來格拉那達戰爭不斷，但阿布·阿布都拉·穆罕默德——基督教世界稱之為穆罕默德十二世，或翻成西班牙語所稱的「波布狄爾」——並未展現過人的勇氣，而是靠謀略、妥協和一連串策略結盟來抵擋看似無可避免的命運：王國落入亞拉岡和卡斯

為狄亞哥．聖佩德羅的著作《愛的牢獄》繪圖的插畫家，在格拉那達淪陷那年畫的這幅作品精準地描繪出圍城的情景；指揮官的容貌肖似費迪南國王。

提爾兩個強大鄰國之手。

格拉那達早已顯得格格不入。它是西地中海北岸僅剩的伊斯蘭國家。穆斯林在三百年前就失去了西西里，十三世紀中，北方來的基督徒攻下現今西班牙和葡萄牙所在的其他摩爾人的王國。費迪南和伊莎貝拉（兩人共同治理亞拉岡和卡斯提爾王國，他們偏愛稱之為「西班牙」）在給教宗的一封信中，還用宗教辭令合理化這場戰爭：

> 我們都不是為了獲取更多稅賦或累積更多財富才發動這場戰爭。我們不是不能用更保險、更輕鬆、更少花費的方式提高權位、增加收入。然而，一心想侍奉神及對神聖天主教信仰的熱誠，促使我們不顧個人利益，無視於此目標將帶給我們的諸多危險和苦難。我們僅希望神聖的天主教信仰能往外傳播，基督教世界能擺脫城牆外陰魂不散的威脅，直到將格拉那達王國的異

教徒掃蕩殆盡，逐出西班牙。[2]

某方面來說，這段話所言不假，因為他們確實可以省下打仗的花費，強迫摩爾人進貢，輕鬆大賺一票。但驅使他們發動戰爭的還有其他考量，只是他們不敢向教宗坦承其中的物質面向。格拉那達是個富裕的國家，人口不算特別多，雖然在既有文獻中有些誇大的推測，但總人口應該不超過三十萬。當地盛產基督徒不吃的小米，要養活更多人口並不是問題。格拉那達還盛產絲、皮革製品、武器、陶器、珠寶、乾果和堅果、杏仁和橄欖，歐洲對絲的需求日增，更加促進其經濟發展。國內約十分之一人口都集中在首都，城內有一百三十家磨坊負責碾磨日常所需的小米。

格拉那達王國代表的不只是稅收的來源，也是權力的來源。為費迪南和伊莎貝拉打過內戰，**（伊莎貝拉跟葡萄牙王后喬安娜同時爭奪卡斯提爾王位，喬安娜是前任國王亨利四世的王后與貴族有染生下的私生女，伊莎貝拉是亨利四世的妹妹。伊莎貝拉在亞拉岡王國的幫助下打敗葡萄牙，順利成為卡斯提爾女王。）**幫助他們登上王位的貴族，很多都因為未獲得滿意的獎賞而蠢蠢欲動。王室的財產日漸減縮，在位者不想把財產分給地位已經過於強大的臣子，國內的城鎮又堅決反對君王試圖挪用他們的土地，如果拿下格拉那達，這些問題就能迎刃而解。根據法律，統治者不能割讓繼承

編按：文中出現在括弧內的粗體字為譯註或編按。

的財產，卻可以隨心所欲處置其征服的土地。只要攻下格拉那達，就可以把一半以上的土地分給貴族。

幸虧格拉那達的經濟繁榮發展，十五世紀末的摩爾人在抵抗及攻擊基督教鄰國的實力已經比很久以前來得更強大。這使得鄰近國家的君主對他們既感到畏懼又充滿敵意。但這場戰爭不只是保衛疆域或侵略領土的問題，而是應該放在西班牙的君主們對抗日漸強大的鄂圖曼帝國、並且視土耳其人為日後最可怕的敵人這樣的脈絡中來看。自從土耳其人在中世紀占領君士坦丁堡以來，伊斯蘭教對基督教國家邊境所造成的壓力就日漸升高。失去君士坦丁堡使基督教諸國的修辭越來越多濃厚的宗教成分。同時，鄂圖曼帝國展開大規模的海上侵略行動，征服了義大利，並跟北非和格拉那達的伊斯蘭國家建立關係。費迪南不只是統治了大半基督教西班牙的國王；他也是西西里國王，繼承了保衛大地中海的使命，有責任保障加泰隆尼亞人在東地中海和北非的貿易活動；他同時也是宣稱擁有十字軍耶路撒冷王國（1099-1291）繼承權的人之一。（耶路撒冷王國滅亡後，許多歐洲王室都宣稱擁有繼承權，雖然從來沒有人真正統治過該王國的任何一個地方。費迪南的繼承權來自一五〇三年打敗法王查理八世之後，於一五〇四年成為那不勒斯國王。）他對鄂圖曼的擴張行動憂心忡忡，恨不得把伊斯蘭教在西班牙的據點全部剷除。

這期間，雙方陣營都想拉攏對方的仇敵。一四七〇年代，遭費迪南和伊莎貝拉報復的反叛分子向格拉那達的統治者穆雷．哈珊尋求庇護，而費迪南也暗中煽動格拉那達的異議分子。穆雷．哈珊的統治權在國內備受爭議，人民對其執政正當性的質疑（格拉那達的王位繼承規則從未釐清）使朝臣有所顧忌，朝廷傾軋，後宮謀反，政權混亂，叛變四起。

這場戰爭會爆發有許多原因，其中之一是費迪南和伊莎貝拉期望藉由對摩爾人的戰爭來轉移貴族之間的紛爭，為卡斯提爾帶來和平。儘管跟摩爾人結盟的基督徒「死了活該」（至少有一名編年史者這麼認為），法律也明文禁止通敵，但還是很多人這麼做，毗鄰格拉那達邊境的貴族之間所發動的戰爭，靠著異教徒提供的協助，越打越烈。而這場戰爭果然發揮了效用，成功團結了西班牙貴族一起抵抗共同的敵人。才一開打，諸如卡迪茲侯爵和梅迪那西多尼亞公爵之類的世仇——卡迪茲稱之為「我不共戴天的仇家」——都協力合作，一同攘外。伊莎貝拉的大臣甚至提醒她，古羅馬的傳奇國王霍斯提利屋斯（統治期間為673BC-642BC）曾經無故挑起戰爭，只為了讓士兵有事可忙。總之，攻打摩爾人的戰爭可以「鍛鍊王國的騎士精神。」[3]

這場戰爭靠著宗教仇恨和刻意打造的宗教辭令愈演愈烈。但與其說是一次文明的碰撞、一場十字軍再征、一場聖戰，這場戰爭更像是擁有相同世俗文化的死對頭之間的比武大賽。

後來戰爭逐漸變成一種做生意的方式。十五世紀的大半時間，格拉那達的內鬥重挫其國力並引來外患，但卡斯提爾國王認為要求納貢才是更省力也更有利的方式。過去，格拉那達每三年向卡斯提爾進貢一次以換取和平。雖然資料不足，但據當時的人估計，貢品的總值占格拉那達稅收的百分之二十到二十五。這個數字可能太誇大，但就算稍微少一點，這個體制本身也是不穩定的。為了販賣和平，卡斯提爾得不斷發動攻擊，而格拉那達接著又會打破和平，展開反擊。因此，每一次的停戰期間總是情勢緊張。雙方都派出仲裁人去調解因破壞和平而起的紛爭，但這套運作模式似乎效果不彰。最常見的情況是，西班牙的國王們做出的反應，只是對格拉那達國王提出提議和平，而格拉那達國王又是一個最差勁的破壞和平者。編年史家阿隆索．德．帕倫西亞認為，摩爾人「更精於從停戰中獲利」，意思是指戰爭帶來的損益平衡逐漸往摩爾人這邊傾斜。

穆雷．哈珊在一四七八年大開殺戒，洗劫穆西亞的西薩鎮，殺死八十位居民，然後把其餘的人帶走。費迪南和伊莎貝拉面對這種暴行卻無能為力，導致人心惶惶。他們既無法藉由外交協商救出俘虜也付不起贖金，只好讓拿不出錢的窮苦家庭向人募款，並免除他們的應支付帳款、規費以及針對贖回西薩俘虜的募款所課徵的稅金。

一四七〇年代末，費迪南和伊莎貝拉再也不需要維持摩爾邊境的和平。西班牙與葡萄牙的戰爭及卡斯提爾的王位繼承戰皆已平息。無仗可打的戰士轉移到摩爾邊境，當地的卡斯提爾貴族正私下發動戰爭以從中牟利。穆雷．哈珊試圖攻占邊境要塞以壓制卡斯提爾人。一四八一年十二月某個黯淡無月、動盪不安的夜裡，格拉那達軍隊突襲札哈拉和其他要塞，讓基督徒措手不及。這次行動不再只是單純的突襲，而是為了永久占領攻擊者的目標。攻擊者在札哈拉

> 攻陷城堡，或擄或殺找得到的所有基督徒，將指揮官囚禁。等到天亮了，他們再度出擊……又擄走一百五十名男女老幼基督徒，並將他們送往隆達。[4]

穆雷．哈珊或許以為不會有事，因為該地領主是伊莎貝拉的死敵。然而西班牙的國王們對此相當震怒：

一來因為該城鎮和要塞失守，更重要的是因此犧牲的基督徒……若說這件事有任何值得欣喜的部分，那就是我們因此有必要立即推動醞釀已久、遲早必會成功的計畫。有鑑於眼前的事件，我們決定對摩爾人全面開戰，抱著這種決心，願上帝保佑我們早日收復城池，並征服有朝一日也能為神奉獻的國度。屆時神聖的信仰可望提升，我們也能獲得善待。[5]

格拉那達國王應該曾經向朝臣說明基督徒會如何一點一點擊敗他們，如從邊角捲起一張地毯。整個過程其實平凡無奇，據說鄂圖曼的蘇丹穆罕默德二世幾年前也用相同的比喻來說明征服歐洲的策略。不過這確實道出了實際的情況：緩慢的消耗戰，侵略者從邊角往內蠶食王國，利用抵抗者之間的內鬥消耗對手的實力，彌補自身的缺陷。

基督教王國雖然遠大於格拉那達，在動員更多人員和船隻時，卻無法將資源上的差距變成自己的優勢。戰爭打得正熱時，基督教國家共出動了一萬匹馬、五萬名步兵。

這麼大規模的軍隊很難組織和管理，更難供給物資。現存的文件上充斥著辛苦爭取資金、馬匹、人力、圍城設備、武器和糧食的紀錄。編年史家狄亞哥．德．法瑞拉（也是國王管家）建議費迪南國王「必要的話吞下陶器，熔掉餐具，賣掉珠寶，挪用修道院和教堂的銀器，甚至賣掉土地」。[6]國王有權跟下臣無息借貸，甚至還會延遲償還。一四八九年伊莎貝拉向市府借錢，那年的戰爭預算特別吃緊，她拿出一頂黃金后冠、一條珠寶項鍊和鑽石作為抵押。教會則很樂意贊助這麼神聖的志業。一四七九年十一月教宗頒布飭令，特許國王將部分贖罪券收益用於戰爭，基督徒初期的勝利則說服教宗等到戰爭結束再算這筆帳。另一方面，免於從軍的猶太人繳的稅又比一般人少。

某程度來說，中世紀的戰爭可以自己買單。戰利品就是一大財源，依法五分之一歸國王所有，剩下的則由負責的領導人分攤。基督徒第一次突圍拿下阿爾哈馬，就獲得

> 無止盡的財富，金銀珠寶、絲綢、絲織品、條紋絲綢、塔夫綢，還有各種寶石、馬、騾，數不清的穀物和飼料、油、蜂蜜、杏仁，以及一卷卷布和馬具配備[7]。

戰俘可用現金贖回。戰利品的多寡決定勝利的大小，所以帕倫西亞說卡迪茲侯爵得到的「榮耀更甚戰利品」，其實並非讚美。只有貴族及其侍從會拿到戰利品，一般士兵都領薪俸，有些由他們自願捍衛的地區支付，有些由王室金庫直接支付。

可以運用的資金永遠都嫌不夠，費迪南和伊莎貝拉只好採取一種較不花錢的策略：分而擊之。實際上，戰爭期間西班牙國王多半把心思放在拱自己人坐上王位，不在征服格拉那達。格拉那達因為內鬥而虛弱不振，讓侵略者坐享漁利。戰爭早期最重要的事件是，一四八三年波布

狄爾遭敵軍俘虜，當時他只是個叛逆的摩爾王子，被勾心鬥角的後宮玩弄於掌心。他的母親與國王疏遠，便煽動他挺身反抗。起初只有宮廷的派系支持他，後來戰敗和戰爭的壓力使其支持者日眾。穆雷哈珊原本期望藉某次衝突鞏固權位，卻收到反效果。一次宮廷政變和群眾暴動促使穆雷哈珊前往馬拉加助波布狄爾即位，但這場勝利來得快去得也快。互鬥互殺重挫摩爾軍力，波布狄爾又欠缺帶兵長才，便在盧西拿的一次慘烈行動中，不幸落入基督徒之手。

基督教徒稱年僅十九歲的波布狄爾為「年幼的國王」，因他個頭小又稱他「波布狄爾小個子」，他的率直天真很符合他的年齡和身高。波布狄爾的談判能力欠佳，他答應對方的釋放條件害格拉那達陷入困境。後來他重獲自由，在費迪南的幫助下恢復王位，條件是誓言效忠費迪南。此事本來可能無傷大局，畢竟格拉那達一直都是附庸國，錯就錯在波布狄爾似乎懷疑費迪南別有居心。要不是為了暫時的權宜，費迪南絕不可能容忍格拉那達繼續以任何方式存在。釋放波布狄爾不過是為了加劇格拉那達的內戰、耗盡其氣力的策略。西班牙國王用計引誘波布狄爾乖乖配合，參與費迪南所謂的「分化及消滅格拉那達王國的行動」。

但波布狄爾的父親不肯就範，他的叔叔，人稱「札加爾」（勇者）的阿拉·穆罕默德也是。穆雷哈珊曾把王位讓給他，當時基督教徒持續在摩爾內戰的掩護下步步進犯。波布狄爾二度落入費迪南之手，這次答應的條件更嚴苛：將格拉那達割讓給卡斯提爾，只剩下瓜地斯鎮及其周圍土地為名義上獨立的王國。我們很難相信波布狄爾有意遵守協議，或費迪南作此提議有延長格拉那達內戰以外的目的。

對西班牙侵略者來說，此後戰役最關鍵的一次勝利是一四八七年占領馬拉加之役。這次戰役的代價很高，牧師兼編年史家安德斯．德．勃納德茲就感嘆「稅收員為了圍城花費壓榨村民。」但是帶來的收益也相當可觀。戰區的卡斯提爾軍隊可從海路得到補給。格拉那達人因為港口失守而切斷了與海外伊斯蘭教徒的聯繫，王國西部徹底落入侵略者手中。

即使費迪南持續進犯，摩爾人仍未停止內鬥。但波布狄爾在某些地方擊敗札加爾並藉由基督教徒之助重返格拉那達，卻反而使摩爾人的抵抗加劇，儘管波布狄爾本人和所屬陣營都是較弱的一方。一旦掌權，波布狄爾發現自己不可能遵守與費迪南的約定，把城池拱手讓給基督教徒，而且札加爾已經退出這場權力競賽，他更沒有理由這麼做。

一四九〇年，據說只剩很難攻陷的格拉那達城尚未失守，但隨時可能因為圍城而精疲力竭。戰爭的每一階段似乎都比統治者預期的時間持續更久。一四九一年一月，西班牙預定在三月底之前殺進格拉那達，取得最後勝利，但直到四月才正式展開圍城。到了年底西班牙軍隊仍守在附近的臨時軍營裡。其間，敵軍多次突擊成功，搶走牲畜和載滿穀物的馬車，圍攻者也多次出擊失敗。六月，營裡數百帳棚毀於大火，皇后帳棚內有盞燭火引燃飛起的窗簾，西班牙國王不得不撤走豪華大帳棚。

格拉那達城內的激憤情緒限制了波布狄爾的自由，民眾反抗基督教徒的猛烈手段決定了他採取的方針。之前他傾力幫助西班牙人，現在決心全力捍衛格拉那達。格拉那達城已經斷糧，到了戰爭最後階段城裡擠滿難民。然而，即使在一四九一年最後幾個月西班牙人包圍格拉那達

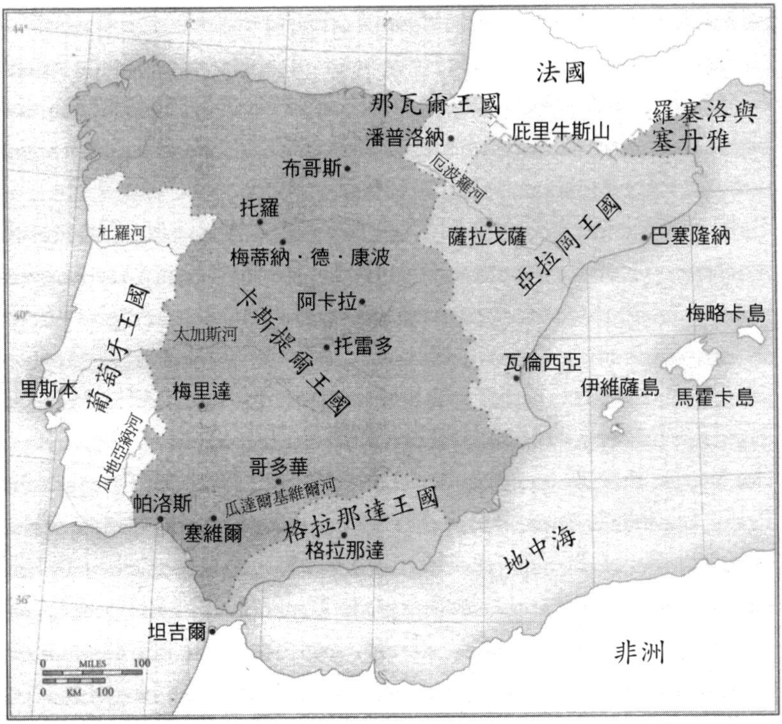

一四九二年伊比利半島上的王國

城牆，波布狄爾決定有條件投降時，反抗者仍在拖延投降日期，不願放棄。最後一個偏遠堡壘在十二月二十二日淪陷，西班牙軍隊趁投降前夕夜裡進攻堡壘，以免引起「太多公憤」，即最後的絕望抵抗可能導致的不必要流血傷亡。但我們不確定一四九二年一月二日當波布狄爾交出阿罕布拉宮的鑰匙時，他是否真的對費迪南說：「上帝一定很愛你，因為這是祂的天堂之鑰」？[8]

「西班牙的苦難就此根絕，」彼得．馬泰斷言，他是費迪南和伊莎貝拉的御用編年史家。「可會有如此不知感恩的年代，不對你永懷感激？」西班牙的人文主義者阿隆索·奧提茲也附和。親眼目睹格拉那達淪陷的人稱之為「西班牙史上最榮耀、最神聖的一天」。巴斯克的某編年史家說，這場勝利「拯救了西班牙，甚至全歐洲。」[9]羅馬則是滿城營火，儘管下雨仍然燈火通明，教宗命令民眾將羅馬街道掃乾淨；一破曉，羅馬卡比托山山頂的鐘就會鳴兩聲，除了教宗加冕週年紀念日或八月的聖母升天節，平常不會鳴兩次鐘。格拉那達淪陷的消息在一四九二年二月初的某日傳來時，剛好是個又冷又溼的早晨。同樣不合時宜的是，為了慶祝勝利而舉辦的鬥牛賽太過激烈，當天公牛犧牲之前有無數民眾被刺傷刺死。另外也有分別為「長者、年輕人、小男孩、猶太人、驢子和水牛」舉辦的比賽。當局還仿造了一座城堡，讓扮成軍隊的人馬象徵性地攻進城堡，但後來因為大雨而延期。教宗英諾森八世當時已年老體衰，隨扈無時無刻不擔心他的安危，最後他決定在聖詹姆斯教堂（西班牙的守護神，在西班牙文和葡萄牙文中唸成「聖地牙哥」）的醫院慶祝。一行神職人員從聖彼得教堂前去與他會合，但因為群眾太激動喧鬧，教宗不得不延後布道時間。[10]教宗稱西班牙王室為「基督的運動員」並賜給他們「天主教君王」的封號，此後西班牙統治者皆沿用此封號。在羅馬點燃的喜悅傳遍了基督教世界。

然而，每一階段的征服行動都為費迪南和伊莎貝拉帶來新的問題：征服的人口如何處置、土地如何分配利用、當地政府和課稅問題、沿岸防禦、相互衝突的法律制度如何同化和施行，以及宗教差異造成的難題。這些問題在協商格拉那達投降事宜時，最是難分難解。格拉那達的談判人員建議讓城內居民「安全無虞，人身及財產安全都受到保障」，只有基督教徒的奴隸例外。他們還能保有家園和土地，國王王后會「尊重他們，視之為其子民和下屬。」穆斯林享有繼續信仰伊斯蘭教的權利，儘管他們曾是基督教徒，也能繼續保有清真寺、學校和捐款。改信基督教的母親必須放棄得自父母或丈夫的所有贈禮，並喪失兒女監護權。格拉那達當地的商人可以自由進出卡斯提爾各地的市場。欲遷往穆斯林土地的人民可保留其財產，或以公道價格賣出並帶走收益。所有條件同樣適用於猶太人。

出人意料的是，西班牙國王接受了所有條件——表面上接受，刻意與過去的卡斯提爾征服者建立的傳統切割。過去，卡斯提爾征服者都會將穆斯林趕出他們征服的土地，唯有格拉那達以東的穆西亞王國除外。這麼做等於毀了既有的經濟體制，引進新的開發方式，而且通常以放牧和新殖民地的少數人口可從事的其他活動為基礎。一開始，格拉那達的情況比較像亞拉岡王國、瓦倫西亞和巴利亞利群島的狀況。這些地方的征服者都盡可能確保當地經濟運作如常，原因是他們缺少人力可置換原來的人口。穆斯林的人數畢竟太多，可以好好利用。在瓦倫西亞王國，農地都靠穆斯林農夫管理，往後百餘年他們一直都是地區經濟的根基。但格拉那達跟瓦倫西亞不同，就算沒有穆斯林人口，它一樣可以欣欣向榮，雖然投降條件對穆斯林有利，但他們的命運還是難以預料。

根據格拉那達的投降條件，摩爾人將成為西班牙國王的子民及下屬，不僅可維持原來的經濟活動，也必須為國家盡軍事義務。費迪南和伊莎貝拉甚至想動員他們駐守海岸，抵抗外侮，但這麼做就未免太過樂觀天真。如果馬格里布人或土耳其人入侵，多數基督教徒想也知道戰敗的摩爾人會站在哪一邊。樞機主教席斯內諾斯停留格拉那達期間曾寫道，「讓摩爾人駐守沿岸，跟非洲如此相近，人數又如此眾多，一旦時勢改變，這批人很可能成為一大禍源。」

起初，西班牙人似乎很想展現誠信。費迪南雖然不想有更多穆斯林子民，對外卻表現出很能理解將西班牙建立成大一統的基督教國家、「為神奉獻」是種不切實際的野心。格拉那達的首長和大主教與穆斯林「伙伴」分享權力，雙方的合作關係暫時維持了和平。這些「伙伴」來自三教九流，有德高望重的伊瑪目（伊斯蘭教國家的宗教領袖），如據說已百歲高齡且財富萬貫的阿里·撒米耶多，也有行事可疑的資本家，如專門放款並為新王國收稅的阿爾費斯特里。一四九七年，西班牙甚至為被逐出葡萄牙的摩爾人提供庇護，看不出日後將做出驅逐異教徒的決定。

西班牙國王如果遵守投降條件固然值得敬佩，但也令人難以想像。費迪南曾經在與教宗的通信中表達過驅逐穆斯林的意圖。一四八一年他寫信給西班牙西北方代表時也出現類似措辭：「抱著無比認真的心情，此刻我們希望投入所有的心力，做好萬全的準備，以待日後征服格拉那達王國並將與天主教信仰為敵的人逐出西班牙，使西班牙致力於侍奉上帝。」[11] 大多格拉那達人都不相信征服者的話，很多人隨即利用投降條件中保障移民權和運輸免費的條款，遠走他鄉。難民紛紛離開格拉那達。波布狄爾知道自己在西班牙國王眼中很礙眼，便在一四九三年十月與一千一百三十名隨從離開西班牙。

確實，西班牙人的第一目標還是鼓勵摩爾人自動遷離，再來才是安撫遺民。這麼做還可以避免可能反抗西班牙統治的摩爾人集結成群，也可讓更多基督徒占領摩爾人留下的土地。此外，軍事要塞的人口不受投降條件的保障，他們的土地都被沒收，離開是唯一的選擇，其中很多都逃到非洲。

費迪南和伊莎貝拉最後終究放棄了移民政策，選擇驅逐。一四九八年當局把格拉那達城分為兩區，一為基督徒區，一為穆斯林區，顯然表示雙方關係趨於緊張。一四九九年到一五〇一年間，摩爾人的反抗和動亂日漸增加，其中多數人堅決不肯改信基督教，西班牙國王因而改變心意。宗教法庭聲稱有權審判曾為基督教徒、後來改信伊斯蘭教的格拉那達人，這些人面臨的命運引發暴力事件。雖然受審者只有三百人，其重要性卻不可小覷，這群人是基督教的「叛徒」，象徵摩爾人享有的宗教自由。願意改信基督教的穆斯林可以四十年免受宗教法庭審判。這是格拉那達新任的大主教赫南多．德．塔拉維拉為他們爭取到的特權，一來因為他不喜歡也不信任宗教法庭，二來因為他了解接納新信仰需要時間。但叛教者又另當別論，很難要宗教法庭別插手。一四九九年，費迪南和伊莎貝拉派西班牙的樞機主教席斯內諾斯前去解決問題。

一般可能認為席斯內諾斯會走同情路線。他崇尚甚至力行神祕主義，也大力贊助人文主義研究，無論學識、理智、信仰虔誠和外交手腕都無人能及。然而，當格拉那達大主教塔拉維拉和格拉那達首長康第．德．坦第拉試圖吸引前基督徒回歸陣營時，席斯內諾斯卻採用賄賂或施壓的方式。他禁止在格拉那達用阿拉伯文教學，甚至利用格拉那達投降條件的漏洞，准許基督徒質問穆斯林的妻子兒女願不願意回歸原來的基督教信仰。他自稱不願逼迫他們，這麼做有違教會法規，而這些人面對施壓所做出的回應掌握在自己手中。但施壓和逼迫的界線變得模糊，席斯內諾斯的方法對穆斯林來說多半是逼迫，因此違反了格拉那達的投降條件。有份呈給西班牙國王的報告上說，「既然這是一件宗教法庭可以關注的事」，席斯內諾斯

> 認為他可以想辦法讓他們認錯，回歸我們的信仰，這麼一來或許有些摩爾人會改信基督教……我們的上主會對此欣然同意，拜大主教的布道及其贈禮之賜，有些摩爾人果真皈依了……對叛教者略施壓力，使他們承認錯誤，改信我們的宗教（如法律所允許），另外大主教也派人說服叛教者的兒女從小皈依（同為法律所允許），摩爾人……便斷定同樣的事會發生在所有人身上，因此他們站出來圍堵街道，拿出藏匿的武器並製作新的武器，發起反抗行動。[12]

第一場暴動是因某婦女被抓去問話並對外求救而起。暴民聽從大主教塔拉維拉的話不再抵抗，但席斯內諾斯卻要他們接受新的條件：要不受洗成為基督徒，要不離開。這根本是一種「就地正法」的策略，強迫決策者立刻做出決定。如果席斯內諾斯的宣傳者所言可信，共有五、六萬人因此加入教會。

格拉那達投降之後，移民的移民，皈依的皈依，穆斯林文化大受打擊，種種轉折導致恐懼的伊斯蘭教徒起而反抗。北非的柏柏爾突擊隊也加入戰局。格拉那達城外的暴動規模極大，據

編年史家估計要動用多達九萬五千名士兵才能平定，軍隊還由國王親自指揮。暴力事件層出不窮，反抗的村落若拒絕接受包括改信基督教在內的條件，就會遭到轟炸，反抗者也會淪為奴隸。基督教徒在安達拉斯處決了三千名俘虜，並炸毀數百婦孺前往避難的一所清真寺。反抗者對拒絕合作的自己人也毫不留情。一名倖存者向國王投訴反抗分子燒了他的家和穀倉，擄走了他的妻女和牲畜。

西班牙國王仍然不敢貿然與土耳其人合作，得知反抗分子向鄂圖曼人求助非常緊張。一五〇二年，實施一連串限制穆斯林行動自由的措施之後，拒絕受洗的伊斯蘭教徒都被趕出卡斯提爾，格拉那達也不例外。看在瓦倫西亞的經濟極仰賴穆斯林的份上，當局允許他們留在亞拉岡王國。從反抗者的投降條件可看出改變信仰實質上代表的意義。雖然國王承諾會由牧師導引願意皈依的伊斯蘭教徒認識基督教，實際上卻非如此。往往是戰勝者要求某種含蓄的文化皈依，而戰敗者屈服於今日所謂的「融合」。他們之前的罪行都一筆勾消，傳統服飾可以「穿到破為止」；可以有自己的屠夫，但要按照卡斯提爾人的方法屠宰；可以用阿拉伯文記載法律事務，但法庭上只適用卡斯提爾的法律；可以保留自己的浴場；只納稅給基督徒，但比「以往基督徒」的稅率高了三倍（一種有效的懲罰）；慈善捐款可以繼續，但不再用於維修清真寺和伊斯蘭學校，只能用於道路維修、濟貧和贖回俘虜。此外，過去要徹底遺忘，稱人「摩爾人」或「叛教者」都是一種冒犯[13]。

格拉那達淪陷和後續的餘波改變了此後五百年的歐洲輪廓。此後在鄂圖曼的擴張範圍以外，歐洲境內再無穆斯林統治的國家重新崛起。到一九二五年阿爾巴尼亞創國之前，歐洲都沒有出現過以穆斯林為主要人口的國家。格拉那達失守之後，我們才有可能說歐洲文化——如果有這種東西的話——就是基督教文化。一直要到二十世紀末，把歐洲跟基督教國家劃上等號的習慣才會受到質疑。因為大批伊斯蘭教移民湧入，以及另一個以伊斯蘭教人口居多的歐洲國家波士尼亞崛起，歐洲人才不得不重新打造自我形象，把伊斯蘭教徒對塑造歐洲所作的貢獻列入考量。

不過，一四九二年發生的事件對打造現代政治制度貢獻不大。西班牙在各方面都尚未成為一個現代國家，還不符合一般認知中的統一、中央集權或專制國家，更不是官僚體系甚至「中產階級」的國家。費迪南和伊莎貝拉在執政上只有一個新突破：利用印刷術更快速、更有效率地在領土內傳達命令。除此之外，他們統治的是一個混亂、異族混合的中世紀國家，由國王和教會、貴族和都市階層共享權力。

西班牙國王就是人民的「天皇」，統御人民有如腦袋統御身體四肢，大家都知道人體就是一個小宇宙。自然其實就是一個階層，粗略觀察過不同生物和自然現象即可輕易看出這點。教堂的窗戶上畫著生物的階層，從天堂到亞當腳下的動植物，萬物各有其所也各守其位。宗教聖典和神祕神學的傳統也描寫了神周圍的類似體制和天使的各種序列。同樣的情形自然也呈現在人類事務中。

儘管亞拉岡和卡斯提爾仍為各自獨立的國家，費迪南和伊莎貝拉統治的王國卻因為雙方的結合而提升地位。「你將掌握全西班牙的王權，」史學家法瑞拉向國王保證，「並復興哥德人祖先的王位。」[14] 法瑞拉心裡想的哥德人就是西元六、七世紀最後一個（幾乎）一統伊伯利亞半島的民族。但費迪南和伊莎貝拉無法重建一個橫跨全半島的王國，大概也從沒有動過這種念頭，連兩人的結合都是為了救急而想出的政治手段，目的是要解決某些問題，暫時度過難關。

伊莎貝拉身為女性的事實本身就是一個問題。解剖學家法洛皮歐在十六世紀中切開女人的身體，察看女體運作的方式之前，醫學界都將女人歸為次等人，大自然的劣質品。伊莎貝拉需要費迪南在身旁，以證明其治國能力無庸置疑。況且，卡斯提爾以前的女王都被貶為禍水，夏娃代表的形象──易受誘惑、任性善變、缺乏理性──纏著女人不放，使人覺得女人天生就不適合統治國家。從伊莎貝拉年輕時所受的教導就可見這類論調，如一四八一年由胡安．德．梅納出版的《財富迷宮》就強調女性的自律對家庭及王國和諧的重要性，再如馬丁．德．科多巴的《高貴淑女園地》列出種種女性美德的範例。伊莎貝拉不僅是風騷女人的代表，也常被憎恨女性的色情文學拿來作文章。《荒唐喜劇》這本可能在她死後幾年出版的作品，就明目張膽將她比作娼婦和蕩婦。[15]

費迪南和伊莎貝拉之間互相矛盾的說詞更使情況惡化。一四七五年伊莎貝拉在會議上發表的演說，明顯可看出兩人的敵對關係：「閣下……只要上帝恩賜的和諧一致也存在於你我之間，就不會有爭執。」暗示兩人之間並不和諧，常有爭執。費迪南為了在伊莎貝拉有生之年與她平分權力，必須將王權讓給妻子所生的後代，伊莎貝拉則讓費迪南成為卡斯提爾的「代理人」，代表她行使權力。費迪南封伊莎貝拉為「亞拉岡王國的共同攝政、統治者及治理人……無論在場與否皆然。」[16]

兩人合而為一的外在形象，掩去了兩國結盟產生的裂縫。國內所有文件幾乎都放上兩人的名字，儘管只有一人出席也一樣。兩人據說是「彼此的最愛」、「由一個靈魂支配的兩個身體」，「兩人同心」，彼此相像，難分你我。同心結、箭與軛是兩人最喜歡的裝飾圖案，夫妻之軛勒住了丘比特手上的箭。兩人禮貌互吻的圖像則出現在皇室命令的贈本上。[17]

那麼，國王和王后彼此相愛嗎？兩人的傳記作家似乎無法不管這個傻氣的問題。伊莎貝拉鼓舞宮廷詩人所展現的魅態是她的一項武器，費迪南對她最愛的詩人表現的反感即為明證，而伊莎貝拉的反擊方式就是把丈夫的情婦趕出宮廷。「她用這樣的方式愛他，」宮中某人文主義者說，「醋勁十足，隨時戒備，只要覺得他用有色眼神注視宮中的任何女性，她就會想出萬全的方法和手段趕走對方。」[18]）然而，根據同樣的資料來源，她如此對付丈夫情婦的目的，與其說是為了爭風吃醋，不如說是為了自身的「名譽和利益」。伊莎貝拉寫給神父的一封告解信，常被用來證明她對丈夫的感情，信上提到費迪南一四九二年十二月在巴塞隆納逃過一次暗殺行動，但這件事在伊拉貝拉心中激起的情感，遠勝於愛。某個目擊者如此描述當時的狀況：有個揮著刀子的瘋子「喪失理智、精神失常已久」，他利用禮拜五固定的晉見時間（請願者可與國王面對面）突襲國王。表面看來，當時王后表達的心情深情無私，令人讚佩。「傷口好大，」她顫抖地說，瓜達路普醫生說，而我實在沒有勇氣去看——傷口既寬又深，四根手指頭加起來也沒那麼寬而深，讓我的心為之顫抖……看見國王承受著該我承受的痛苦，我很難受，他彷彿在我為犧牲，不該如此，我徹底垮了。

儘管對丈夫的不捨溢於紙上，但最讓伊莎貝拉悲傷和擔憂的還是她自己。她表現出的悲傷似乎比丈夫的痛苦更難受。宮中佞臣奧提茲對她說，她的痛苦「似乎更甚國王」。她很慶幸自己說服行刺者認罪，因而拯救了他的靈魂。信中大部分都在對神父說明她對死亡毫無準備。費迪南欲刺一事使她相信，「一國之君可能突然喪生，跟其他人一樣，光是這個理由就應該隨時準備瞑目而死。」她接著請神父列出她的罪，讓她有備無患，包括她在追逐權力的過程中打破的誓言。[19]

費迪南和伊莎貝拉對彼此的愛後來也許成了事實，但一開始卻是表演。國王和王后在公開場合交換的愛的語言，不能算是真情流露，比較像是宮廷特有的風氣，因為如此，西班牙王國的治理方式與現代相距甚遠。他們崇尚騎士精神，騎士精神可能是他們最接近意識型態的東西。這從伊莎貝拉對天堂的想像即可看出端倪。她想像天堂就像宮廷，周圍都是騎士精神的典範。騎士精神或許無法如一般預期的提升品德，卻能贏得戰爭。威尼斯使節就說，格拉那達敗於「一場美麗的戰爭……在場的貴族沒有一個不為某夫人著迷」，她「時常把武器交到戰士手中……要他們用行動表達對她的愛。」卡斯提爾王后死時仍不忘向「眾天使的王子騎士」大天使米迦勒祈禱。[20]

想知道騎士精神在當時有多重要，看騎士持槍比武的次數和熱烈程度就知道。（持槍比武是展現騎士精神最重要的儀式，是一種高尚無比的運動，也是黑箱政治的溫床。）一四七五年四月，西班牙與葡萄牙作戰期間，國王在巴利亞多利舉辦的比武大賽，當地編年史家譽為「約五十年來民眾看過最壯觀的比武大賽」。比武大賽的主持人阿爾巴公爵本身就是比武高手。他在眾人展現英雄氣概，「持矛衝刺時從馬上墜落，瞬間啞掉，說不出話，並傷了頭部，旁人趕緊幫他放血。但他還是持槍上場，比了兩次。」國王在他的盾牌致上敬意，上面寫：「我一聲不響默默受苦，只要任務在身絕不服輸。」但國王的祕書透露比武大賽背後真正的目的：團結國王最有力的支持者。因為他們必須知道誰是敵、誰是友。權貴也有自己打的算盤，據帕倫西亞的說法，他們打算藉比武大賽轉移費迪南對國事的關注，引誘他揮霍金錢，讓步妥協。

不是所有貴族都擁護騎士精神的一套標準。其中最殘忍的一項記載與唐．法南多．德．法拉斯科有關。他是王國最高朝臣的兄弟，有群喝醉酒的村夫誤把他認作收租的猶太人，將他痛打一頓，後來他竟將這群人活活燒死。國王面對陸續傳來的抗議聲的回應是，他為死者感到遺憾，可惜他們沒有及早認錯免於死亡，但法拉斯科以其人之道還治其人之身是種高尚的行為。

貴族的後代逐漸湧入卡斯提爾的許多大學。教育跟武器一樣，賦予人崇高的地位。「我的家世足矣／清簡度日也滿足」是阿隆索．曼里克主教的座右銘，但他本身就是個成功的詩人。

人的品味一擴展，就更想要累積財富。卡斯提爾艦長（此乃世襲頭銜，非海軍職稱）從宮廷獲得染料專賣權，但都雇人幫他打理事業，此人就是塞維爾的熱那亞富商法蘭西斯科．達．里瓦羅羅，哥倫布的贊助者之一。率先挺身對抗格拉那達的梅地那塞利諸公爵擁有自己的商船、鮪魚漁場和加工廠。他們的鄰居及對手梅地那希多尼亞諸公爵則重資投資當時的新興產業——製糖。貴族都得善加管理產業才能跟上通貨膨脹的腳步，後者已經成為經濟生活的常態。梅地那塞利的公爵腦筋動得快，靠糧租和領主稅增加收入，從修道院和神職人員領地的帳本即可見他們如何開源以敷日漸增加的開支。

有些作家質疑了貴族的本質，指出在亞里斯多德及其評論者的影響下（其作品在每間莊嚴的圖書館都可輕易取得），高貴與否取決於品德修養。「是上帝創造人，不是出身」是戈梅茲．曼里克的中心思想，他是騎士、詩人、對抗摩爾人的戰士，也是國王和王后的寵臣。這並不表示所有人的社會地位都平等，而是出身低的人若具備必要的才能，地位就可能提升，國王甚至會授與這些當之無愧者爵位。所謂的必要才能或許是知識學問。法瑞拉就說，「我知道侍奉君王不能只靠體力，還要運用腦力和智力。」帕倫西亞的《完美騎士論》將騎士的英勇舉動比喻為西班牙貴族追尋狄葵薰夫人的過程。最後他會在義大利——人文主義的原鄉——與她相遇。

不過，貴族的行為和用語的變化，不該被誤以為是「資產階級革命」。貴族雖然在經濟和文化上伸出觸角，卻仍然忠於所屬階層的傳統：崇尚英勇、追逐權力。伊莎貝拉的一名祕書就在給某權貴（與摩爾人交戰受傷）的信中寫道：「你在騎士團中展現的專業，必使你比一般人經歷更多危險，也比一般人值得更多榮耀，因為若你面對種種險阻未比其他人展現更多勇氣，吾等便與常人無異。」[21]

由於宮廷有義務展現國力，豪奢排場便成為宮廷日常生活的重要一環。在位者從勃根地和宮中僱請的北方藝術家，學到了炫耀國家榮景的重要性，以及用壯觀場面象徵國王威權如日中天的效用。許多觀察家詳細記下國王在每個場合穿戴的服飾，因為每件華服都有其特殊意義。伊莎貝拉對自己的奢華服裝感到心虛，因而喜歡強調其簡單的一面。「我只穿了一件有三道金邊的簡單洋裝，」她在告解信中為自己辯解。但誰都看得出她是故作樸實。

伊莎貝拉最大的花費就是置裝費。她需要大量黑絲絨來製作喪服，因為死亡是家族裡的常客。寶石用量也很驚人，尤其是神聖的寶石。自一四八八年起，伊莎貝拉的小禮拜堂想必就是個名符其實的十字架寶庫，裡頭都是鑲鑽鍍金甚至鑲了紅寶石的華麗十字架。政治支出跟私人花費越來越糾纏不清。攻下格拉那達後，伊莎貝拉出錢讓格拉那達人改穿卡斯提爾人的服飾，為強迫性的民族同化貢獻一己之力。一四八八年格拉那達的王子被俘，她也為他提供合適的衣服。此外，她還賜予外國使節重賞（其實是賄賂），出錢重建安特蓋拉的城牆。某信使在一四八六年帶回費迪南攻下摩爾人城鎮洛加的消息時，她還賞賜對方七卷之前提到的黑絲絨。

這類花費之外，我們還在史料上發現其他支出：為小孩買糖果、為小孩聘請拉丁文教師、聘用肖像畫家。國王喜歡把聖誕節營造成家族的一大盛事，會事先囤積榅桲醬並買禮物等到假期結束前再交換禮物。一四九二年他們送給女兒衣裙可置換的彩色洋娃娃。約翰王子是男生又是王儲，照理說應該對這類玩具不感興趣，卻也得到了一個繡花錢包和四打上好絲綢。除了聖誕節糖果，宮裡還會準備很多檸檬蜜餞。

對統治者來說，宮廷生活最重要的特色就是經常移動。費迪南和伊莎貝拉跟後來的西班牙國王的統治方式不太一樣，後者都在固定的首都治理國事，前者卻經常帶著朝廷眾臣走訪鄉鎮，像打頭陣的動物馬戲班。他們是西班牙最常旅行的統治者，深入數十載來從未見過君王的鄉鎮。有些地區因為地位重要較常造訪，最常停留的是舊卡斯提爾的心臟地帶，即中央山脈和杜羅河中間的區域，但他們也常造訪新卡斯提爾和安達魯西亞。當與葡萄牙的衝突加劇時，國王王后就會前往埃斯特雷馬杜拉，再到亞拉岡和加泰隆尼亞一遊。國王藉此跟子民保持接觸並扮演好治理者的角色，同時也分攤了款待朝臣的龐大花費，因為出遊時費用便由負責接待的地方人士或領主吸收。不過，他們還是要負擔運送華麗笨重的車隊所需的費用。伊莎貝拉到哪裡都攜帶的行李就多達六十二部車。

費迪南和伊莎貝拉跟現代的國王截然不同。兩人為了因應突發事件和回歸傳統，意外成為開創現代世界的先驅。他們的征服行動及為了剷除少數族群而採取的「清洗行動」（現今的用語），手段殘酷，有辱基督徒之名，但他們卻又是虔誠的基督教徒。兩人利用信仰差異排除異己，利用宗教辭令合理化自己的行動。他們稱王的時代是宗教狂熱的時代，因為伊斯蘭教徒過去攻城掠地，建立霸業，使基督徒更加蠢蠢欲動。也難怪費迪南在亞拉岡的國事顧問——繼承了亞拉岡人對土耳其人的仇視傳統——想把卡斯提爾的作戰資源，用於防守地中海基督教國家的東部邊境，而卡斯提爾人又希望亞拉岡助他們繼續征服摩爾人。這些期望又跟千禧狂熱互相作用，相輔相成。費迪南和伊莎貝拉的所作所為，都要放在一個背景下才能充分理解：末代君王將現身擊敗伊斯蘭、迎戰反基督，這個屹立不搖的信念再度風行。國王和王后正在準備迎接世界末日，但也致力於創造一種新的秩序，使信仰的界線與文明的分界互相重疊。

格拉那達淪陷後，「基督教國家團結一致」、對土耳其人發動聖戰的氣勢就快形成。伊斯蘭教和基督教隔海互別苗頭，有時言語交鋒，有時公然挑起戰爭，有時只是奮力爭取世界其他遙遠而漠然的民族挺身支持。一場局部地區的勝利似乎在全世界都造成影響。就在費迪南和伊莎貝拉努力處理這場勝利引發的後果之時，直布羅陀海峽對岸發生的事件——下章就要談到——更推波助瀾，豎起了基督教國家和非洲伊斯蘭未來的界線。

第三章　「軍隊正策馬逼近」

——伊斯蘭教在非洲奮力求生

一四九二年十二月二十日：宋海帝國大帝宋尼．阿里逝世。

家人加入格拉那達難民潮的隊伍時，阿哈瑪德．阿瓦讚可能才五、六歲，但他一直自稱為「格拉那達人」。他的流亡是一場終身流浪的起點，一開始是難民，後來成了商人，再後來是大使，之後又成了基督教海盜的俘虜。他誇稱自己最遠曾經到過亞美尼亞、波斯和歐亞大草原，只可惜沒有強而有力的證據。他對地中海和北非、西非肯定有許多第一手的了解，而他精神上的旅程也不輸給地理上的旅程。受困於羅馬期間，他成了基督徒，甚至變成教宗的寵信，並以喬凡尼．里歐或很多書封上可見的里歐．亞非卡努斯之名發表了當時關於非洲的最權威作品。一五二七年羅馬遭日耳曼民族洗劫，里歐趁機逃回非洲和伊斯蘭的懷抱。

里歐．亞非卡努斯最令人讚嘆的路線是橫越撒哈拉沙漠到當時所謂的「黑人國度」。他對黑人的態度一直搖擺不定，徘徊在互相矛盾、認知混淆的文學傳統之間。摩洛哥和北非其他地區普遍對黑人存在偏見，送到當地的黑奴就跟一般商品無二。里歐深受中世紀的史學名家伊本．赫勒敦的影響，也繼承了其偏見。「黑人國度的居民，」他寫道，「欠缺理智……才智

里歐．亞非卡努斯當時的非洲西北部

和常識皆無……生活方式有如牲畜，既無規矩也無法律。」但他發現「大城市……是例外，比較通情達理。」總之，他認為黑人多半

> 正直又有善念，待陌生人十分親切，常常跳舞自娛，開懷慶祝。他們沒有任何壞心眼，對博學多聞、信仰虔誠的人敬重有加。[1]

黑人的這種天性是伊斯蘭教在非洲緩慢成長但勢必開花結果的關

鍵，先從撒哈拉沙漠南部逐漸滲透，再打入尼日河河谷及薩赫爾大草原（**撒哈拉沙漠南部和中非蘇丹草原之間的狹長草原**）。

根據里歐自己的描述，他去過薩赫爾兩次，一次是小時候，一次是以費茲王國大使的身分前往，他的部分童年和青少年時期都在費茲王國度過。第一次遠遊他必須橫越亞特拉斯山脈，差點就落入強盜之手，幸虧尿遁脫身，卻又遇上暴風雪。以前在格拉那達家鄉時，他一定看過內華達山的雪白頂峰，但在亞特拉斯山差點凍死的痛苦經驗，讓他從此痛恨下雪。他坐在綁著滑輪的籃子橫越塞布河的溝壑，事後想起仍然心有餘悸。最後他來到塔格哈札，一座破舊的產礦小鎮，鎮上生產的礦鹽正是薩赫爾人喜愛的調味料，那裡連房子都是鹽塊堆成的。里歐在這裡加入了賣鹽的商隊，等人把閃閃發亮的岩鹽綁在駱駝身上，等了整整三天後才啟程。

這趟旅行的目的是用鹽塊換黃金，真正是一分錢換一分貨。人沒有黃金照樣能活，沒有鹽卻萬萬不能。鹽不只能增加食物的味道也能保存食物，食鹽還能補充流汗失去的重要礦物質。尼日河河谷和南方森林的居民由於當地不產礦鹽也無法取得海鹽，便缺乏一項人體所需的基本營養。另一方面，地中海世界鹽產充足卻缺乏珍貴的金屬。對地中海北岸的居民來說，似乎只有千辛萬苦穿越烈日灼灼的撒哈拉沙漠，才可見到黃金的蹤影。但連專跑這門生意的馬格里布商人也不確定金礦的位置，只知道大概在西非內陸深處，在尼日河、甘比亞河和塞內加爾河上

編按：文中出現在括弧內的粗體字為譯註或編按。

游之間的布爾地區，還有更西邊的富爾他河中游附近。

黃金往北運送的路線連從事黃金交易的商人也不知道。根據歐洲人拿到的資料，這是一門「糊塗生意」，寫這些資料可能是只是基於慣例。商人應該是把商品——有時是紡織品，但一定有鹽——放在習慣的指定地點讓人來拿，離開一陣子之後再回來收取神祕低調的顧客留下的黃金。一些奇怪的故事逐漸傳開，比方黃金會像胡蘿蔔一樣長大、螞蟻會把金塊變成黃金、黃金是住在地洞裡的裸人挖出來的等等。

十四世紀中，伊斯蘭世界旅行經驗最豐富的朝聖者伊本·巴圖塔，在西吉爾馬薩——黃金之路的起點——加入貿易商隊，往南尋找黃金貿易的源頭。他說這趟旅行的目的是想親眼見識見識黑人國度。他留下了無以倫比的紀錄，描述這趟橫越沙漠的驚險旅程，在「一山又一山的沙土中……前一秒看見沙土還在一個地方，再看時已經移到另一個地方。」據說最好的沙漠嚮導是盲人，因為在沙漠裡視覺會騙人，還有以害人迷失方向為樂的惡魔。

巴圖塔花了二十五天才抵達塔格哈札。那裡的水雖鹹，卻是商隊得付高價才買得到的珍貴商品。下一階段的旅程通常還要十天的時間，途中無法補充水分，除非從死去的動物胃中取得，但這種機會並不常有。最近的一座綠洲跟商隊的目的地相隔將近三百公里遠，那附近「有惡魔出沒」，「路都模糊難辨……只見漫天的飛沙。」[2]

儘管路途艱難，巴圖塔仍覺得沙漠「燦燦生光」，激盪人心，但後來商隊抵達薩赫爾邊界附近一個更熱的地區，害他吃盡苦頭。這裡他們必須趁寒涼的夜裡趕路，跋涉兩個月才抵達瓦拉塔，那裡有黑人海關駐守，還有小販供應加了蜂蜜的酸奶。

瓦拉塔是黃金之路的南端，也是馬利帝國的所在地，據稱黃金的源頭最遠只能追溯至此。馬利帝國掌控了尼日河中游，十四世紀有段時期還掌控了杰內、廷巴克圖和加奧三大河濱商業中心。主導國政的西非曼德族將勢力擴張到薩赫爾的廣闊土地及南方的森林外圍。曼德族是善於經商和統治的民族，打仗和貿易都是他們的強項。至於通稱「萬加拉」的商人階層則把據點設在帝國直接控制的範圍之外，例如在林中成立聚落，跟當地酋長低價買進黃金。對他們來說，離財源這麼近卻還得靠這些中間人供貨，實在令人沮喪。

但這些商人從未成功控制黃金生產，因為一直無法接近礦坑。每次他們設法對礦區施壓，當地居民就會發起消極抵抗或稱「罷工」：丟下工具，拒絕在礦坑工作。而馬利帝國確實掌控了往北的通路和以鹽換黃金的據點，一跨過馬利帝國的領土，價格就會翻三、四倍。帝國統治者把黃金當作貢品帶走，把塵土留給商人。

一般稱馬利帝國的統治者為「曼薩」，其傳奇色彩源於一三一二年到一三三七年在位的曼薩．穆薩國王。一三二四年，曼薩．穆薩展開壯闊的麥加朝聖之旅，從此聲名遠播。他是三名赴麥加朝聖的曼薩之一，光這點就可看出當時的馬利帝國有多強盛太平，因為這趟旅程長達一年多，很少統治者能放心離朝遠遊如此之久。一路上，穆薩出手闊綽，效果顯著，埃及人幾百年後仍未忘懷，因為他在埃及待了三個多月，散金無數，導致當地通貨膨脹。從各方記載來看，當時金價跌了百分之十到二十五。穆薩給了埃及蘇丹五萬第納爾（當時某些伊斯蘭教國家的貨幣單位），還送給他造訪的神殿和款待他的官員數千未加工過的金塊。雖有八十隻駱駝隨行，每隻載運三百磅黃金，但還是趕不上他揮霍的速度。回程時穆薩不得不對外舉債。據說他回國後就以每借三百就得還七百第納爾的利率還清債務。

馬利宮廷的繁複儀式跟其統治者的財富一樣令人印象深刻。巴圖塔認為曼薩比世界上的任何一位君王更受到子民的效忠愛戴。通常阿拉伯和拉丁作者並不怎麼讚賞黑人政治的繁文縟節，正因如此，文獻中對這類儀式所展現的敬畏就更加令人難忘。曼薩的一切都散發著威嚴：步伐莊嚴、隨從數百、權杖不離身、子民不得與他直接交談、進言者必須向他下跪和磕頭、聽者須喃喃稱是同聲附和、還有在他面前穿便鞋或打噴嚏被他聽到便予賜死等無理的禁忌。馬利帝國的附庸國形形色色，令巴圖塔大開眼界，尤其是食人族的使節團。曼薩曾送給他們一名女奴隸，一行人回來向他致謝，身上還塗抹著剛吃掉的活人鮮血。幸好「他們說吃白人有害無益，因為白人沒熟，」[3]巴圖塔寫道。

這個奇特的權力劇場還有個恰到好處的高貴舞台和眾多陪客。曼薩的覲見室是個圓頂亭子，安達魯西亞的詩人在亭內唱歌。他位在叢林中的首都有座磚造的清真寺。他的軍隊主力是騎兵隊，現存的赤陶上還可見馬利騎兵的圖案：披甲戴冑的貴族開口指揮，昂首挺胸，頭戴羽飾頭盔，直挺挺坐在裝飾華麗的馬匹上。有人揹著鐵甲或盾牌，或穿戴方式如圍裙的長條皮革甲冑。他們的坐騎頭戴花環籠頭，兩側也有裝飾。騎兵以短短的韁繩和綁緊的手臂控制馬匹，像馬術師。十四世紀大半時間他們都所向無敵，將入侵沙漠或森林的外來者趕出薩赫爾。

馬格里布商人和旅人把這個傳奇帝國的故事傳播到地中海周圍，就像張開雙手把塵土撥到四面八方那樣，曼薩王的偉大形象逐漸傳到了歐洲。一三二〇年代在馬約卡繪製的地圖，以及一三八〇年代初加泰隆尼亞製作得更為精細的地圖集裡，除了臉龐黝黑之外，留鬍子、戴王冠、坐在王位上的馬利統治者看起來就像個拉丁國王，地位不亞於任何基督教君王。「他的王國內盛產金礦，」圖片旁的文字註明，「使他成為世界上最尊貴富裕的國王。」[4]這樣的形象或許略經更改又傳至某幅東方三王（又稱東方三博士）的繪畫中，因為這層關係，當時的歐洲畫家常據此畫出想像中的黑人國王。畫中黑人國王送給剛誕生的耶穌的禮物，就是地圖上曼薩拿在手上的巨大金塊。

歐洲人想盡辦法繞過中間商，尋找直接通往金礦的路線。有些人試圖跟蹤沙漠中的商隊。一四一三年，安斯里梅·德伊薩古帶著一群黑人女眷和三名黑人閹人回到家鄉圖魯茲，據他說這些黑人是他從加奧（尼日河中游的商業中心）買來的。一四四七年，熱那亞的安東尼歐·馬方特抵達圖瓦特，卻只蒐集到有關黃金的傳言。一四七〇年，佛羅倫斯的史學家貝內德托·戴伊聲稱他去過廷巴克圖，親眼看見歐洲紡織品在那裡交易熱絡。一四五〇到一四九〇年間，葡萄牙商人設法從他們在撒哈拉沿岸新建立的貿易站阿爾金島著手，打開通往尼日的路線，後來成功使某些黃金商隊轉到該地交易。

馬利帝國就像所有傳說中的黃金國度，千里迢迢而來的人對它可能不免感到失望。「我很後悔來到這個國家，」巴圖塔嘆道，「因為他們粗魯無禮，輕視白人。」[5]馬利帝國在十五世紀中逐漸衰敗，外界對它的印象多半不佳。由於困在沙漠中的圖瓦雷克族和森林中的摩西族之間，馬利帝國節節拜退。謀奪王位者擾亂邊境，派系鬥爭又從中央顛覆政權，統治者逐步失去尼日河沿岸大片市場的掌控權。著名詩人和前朝學者的後繼者自貶身價，連帶也貶低了藝術和學術在宮中的價值。當歐洲探險家終於在一四五〇年代深入馬利帝國時，難免覺得幻滅。他們原本預期會看到一個高貴威嚴、留鬍子、手拿金塊的國王，就像加泰隆尼亞地圖集中的黑人國王，結果卻只看見一名模樣可憐、戰戰兢兢、飽受騷擾的統治者。後來的新地圖刪掉了排場豪奢的曼薩王，取而代之的是簡單幾筆畫出一個黑人擺盪著猴子似的性器。這是種族歧視史上的重要一刻。在這之前，黑人在西方白人心中只有正面形象，即繪畫中呈現的東方三博士，要不就是昂貴的家僕，跟主人關係親密，才華洋溢，特別是音樂方面。這個時候，白人對黑人的親近尚未衍生出侮慢。

把黑人當成天生的次等人，認為膚色越白的人越有理智和人性，其實是一種過去沒有的偏見，而對馬利帝國的反感是導致偏見形成的主要原因。白人對黑人的態度雖仍不確定，但對黑人的偏見卻日益加深。假如白人與馬利帝國相遇之後仍對黑人社會保持尊敬，之後的世界歷史會有多麼不同？大規模奴役黑人的事還是無法避免，因為伊斯蘭和地中海世界早已大量仰賴非洲的奴隸交易。但如果白人未對黑人產生偏見，貶低黑人的情況無疑就會更早受到更有力的挑戰，這麼一來，黑人平反的機會或許就會更大。

歐洲人看到馬利帝國的窘境滿懷失望，鄰國卻對此幸災樂禍。對信仰異教、長居森林、從南進犯的摩西族來說，馬利帝國就像一頭野獸，一旦消滅就有腐肉可供大家分食。對來自北方沙漠的圖瓦雷克族來說，馬利帝國一旦倒下，日後或許可以加以操縱或利用。十五世紀最後的三分之一，馬利帝國東邊的宋海人逐漸展露徹底併吞馬利帝國的雄心。

＊＊＊

史學家稱宋海帝國的統治家族為宋尼，儘管常見的用法是把它當成稱號而非家族姓氏。宋尼王朝是個很長壽的王朝，傳說是由一名屠龍英雄所建，他發明了魚叉，並利用魚叉從蛇精手中救出尼日河的居民。根據最傳統的說法，此後到一四九二年，宋海帝國陸續有十八位繼承者即位。看得出來這個傳說是外族人稱王的典型故事：運用領袖魅力和外族人的客觀中立化解權力鬥爭，當上統治者。

宋尼家族的歷史記載始於十四世紀初。當時他們負責治理加奧城，雖臣服於馬利帝國的統治卻蠢蠢欲動。加奧是個令人眼睛一亮的城市，周圍沒有城牆，里歐．亞非卡努斯說那裡擠滿了「富商大賈」。數百條又直又長縱橫交錯的街道，街上房屋樣式一致，圍繞著一個專營奴隸買賣的大市集。你可以用一匹好馬換七名女奴，當然也可以用鹽換黃金，或兜售馬格里布和歐洲的紡織品。城裡有衛生的井水、玉米、甜瓜、檸檬，還有大量稻米和肉品。總督府裡佳麗如雲，奴隸成群。「每天看到那麼多商品送到這裡，實在是一大奇景，」里歐．亞非卡努斯寫道（出自十六世紀的英國某譯本），「那些東西多麼昂貴奢侈。」馬匹的價錢是歐洲的四、五倍。威尼斯或土耳其來的上等紅布比地中海的價格高了三十倍。「但所有商品之中，鹽的價格最昂貴。」[6]

加奧城的統治者有不少發財的機會，也有不少脫離馬利帝國獨立的誘惑。為求保險，一三二五年曼薩．穆薩路經加奧城時，擄走總督的子女當作人質，但這畢竟不是長遠之計。十五世紀初，宋尼家族終於脫離馬利帝國的掌控。約在一四二五年，宋尼．穆罕默德．達歐認為時機成熟便出兵攻打馬利帝國，直達杰內，擄走曼德族人，寫下一頁傳奇。

宋尼家族喜歡給兒女取阿里、穆罕默德和烏瑪這類名字，表示篤信伊斯蘭教或至少熟知伊斯蘭教。數百年來，伊斯蘭教在撒哈拉沙漠成長茁壯，深入西非突出部的宮廷和朝廷之中。早在西元九世紀，拜訪過蘇寧基族酋長國及王國的阿拉伯人就指出，當地有些人信奉「國王的信仰」，即伊斯蘭教傳來之前的異教，但也有些人是穆斯林。雖然西非伊斯蘭教在十一世紀前並無太多史料有載的進展，但撒哈拉貿易路線帶來的移民和文化交流已為西非的伊斯蘭化事先鋪路。穆斯林前往黑人國度主要是為了商業目的，但他們南下也為了發動戰爭、尋求贊助（若是學者或藝術家的話）、傳播伊斯蘭教。伊斯蘭教在這個前線缺乏專業的傳教士，但穆斯林商人偶爾會吸引貿易夥伴甚或異教統治者對伊斯蘭教發生興趣。

十一世紀末有個專門收集西非資訊的阿拉伯人，在塞內加爾南邊的馬爾爾說了以下故事。大旱期間，某穆斯林來客勸說國王改信伊斯蘭教，如此一來「阿拉的慈悲就會降臨斯土斯民，敵人都會羨慕你。」甘霖果真在祈禱和唸誦古蘭經後降下。「之後國王下令拆除神像、驅逐巫師。國王與其後裔連同貴族誠心信奉伊斯蘭教，但百姓仍信異教。」[7]

除了和平方式之外，伊斯蘭教也透過戰爭加以傳播。當地明載的第一個經由聖戰而伊斯蘭化的史例是十一、二世紀由蘇寧基人統治的迦納王國。迦納比馬利和宋海帝國更早靠徵收撒哈拉沙漠的貿易稅及占領尼日河上游的類似地形而壯大，王國約座落在馬利帝國日後的心臟地區以東。十一世紀中，阿爾莫拉維德人——西方人稱穆拉比德，主張苦行禁欲、發動聖戰——突然從沙漠中崛起，征服了從西班牙到薩赫爾的帝國。他們將迦納視為巫師的巢穴，並根據收集的情報認定迦納人都以獻禮埋葬死者、「釀造獻酒」、在墓穴中養聖蛇。穆斯林（應該是商人）在迦納首都昆比薩勒或附近有一大地盤，但跟市區的王室官邸隔開。過去，迦納王國的蘇寧基人都成功將阿爾莫拉維德人擋在門外，但一〇七六年首都昆比薩勒失守，抵禦者遭殲滅。阿爾莫拉維德人掌控撒哈拉沙漠南方的政權為期並不久，但伊斯蘭教仍不鬆懈，持續抵抗異教。

西班牙和西西里旅行者的紀錄，讓我們對迦納的歷史有概略的了解。裡頭著墨最多的是對黑人女奴的讚美，文字煽情猥褻，說她們擅長料理「加糖的堅果和加蜂蜜的甜甜圈」，身材姣好，胸部尖挺，腰細臀豐，肩膀寬闊，性器「如此窄小，或可無限期如處女般享用。」[8]但裡頭也有對王國的生動描寫，迦納國內有三、四個繁榮、人口多的城鎮，產銅製品、鞣製皮革、染色長袍、大西洋的龍涎香，還有黃金。作者也清楚寫出伊斯蘭教在該地的傳播方式，一方面經由馬格里布商人在城中定居，一方面經由個別神職人員或虔誠商人與國王建立互信關係。國內的口譯員和官員早已是標準的伊斯蘭教徒，每個城鎮也有多間清真寺，但即使是支持伊斯蘭教的統治者也仍維持傳統的宮廷體制及穆斯林所謂的「偶像」和「巫師」。

到了十二世紀中，伊斯蘭教的聲勢日漸高漲。阿拉伯作家視迦納為伊斯蘭國度的典範，迦納國王不僅尊巴格達統治者為真正的哈里發，其公開主持正義的方式也足為表率。他們讚賞迦納國王的華美宮殿和宮中的藝術品及玻璃窗、象徵其威權的巨大金礦原石、國王用來繫馬的黃金套環、他身上的絲綢、他豢養的大象和長頸鹿。「過去，」駐西班牙的某學者寫道，「其國內人民都信仰異教……如今他們成了穆斯林，有自己的學者、律師、古蘭經的朗讀人，並在這些領域中出類拔萃。有些領導人……甚至去過麥加朝聖，並造訪先知穆罕默德的陵墓。」[9]

考古學也證實了這幅繁榮景象。考古學家從昆比出土的文物中，發現一座近一點五平方哩的城市，建於十世紀，居民約一萬五到兩萬，城市經過規劃，留有巨大且多層建築的遺跡，包括經挖掘人員確認的九房「豪宅群」和一間大清真寺。城內的工藝品有用來秤黃金的玻璃秤、許多精緻的金屬工具，以及當地貨幣的殘跡。[10] 但這樣的榮景並未持續下去。經過長期的停滯和衰退，異教徒入侵蘇寧基人的王國，毀了首都昆比。雖然如此，伊斯蘭教當時已在薩赫爾的士兵和商人之間廣為流傳，因此整個中世紀後期伊斯蘭教在撒哈拉南部仍擁有穩固的根基。

重要的問題是，放在全世界的歷史來看，那樣的根基有多穩固？能延伸多遠？伊斯蘭教能滲透得多深？它會如何改變人類的生活和思想？伊斯蘭教在西非的未來會如何發展，宋海帝國統治者的態度是關鍵。

這是因為伊斯蘭教在宋海帝國仍羽翼未豐。宋海國王仰賴加奧的伊斯蘭教知識分子在普遍識字的宮廷內擔任抄寫員、官僚、頌辭朗讀員及外交人員。但國王也不能放掉人民相信的傳統巫術。要統治宋海帝國，領導者必須同時結合兩個難以相容的角色，一個是虔誠的穆斯林，一個是高強的巫師。他必須是人民所稱的達利（dali），既是國王也是薩滿，具備預言、與靈魂溝通和向神禱告的力量。

一四六〇年代繼承王位的宋尼．阿里．貝爾（「貝爾」代表「偉大」），從小在母親的家鄉索科托長大，一個伊斯蘭教尚未真正傳入和發展的地方，連宮廷也不例外。阿里小時候喝的母奶還混了吉提（djitti），一種抵擋邪術的靈藥。他對伊斯蘭教有些認識，兒時唸過一點古蘭經，父母還讓他行了伊斯蘭教的割禮，但他一直以來似乎都比較偏好異教，至少從史料上看來如此（皆由神職人員或其友人所寫）。某些可客觀證實的行為也符合他的反教會作風，比方他寧可住在王國第二大城古基亞，一座商隊不會去的宮廷城市，也不願住在穆斯林聚集的國際城市加奧。

宋海帝國運作的方式，把宋尼．阿里跟古老的、異教的過去綁在一起。宋海帝國是個實施納貢制度的國家。宋尼．阿里出生時，王國各地送來小米和稻米等貢品當作賀禮。公牛、小母牛、山羊和雞各四十隻，全部斬頭後把肉分送給窮人。這是農業王國行之有年的古老儀式，因為國王的職責就是儲存糧食並控制存糧，確保糧食公平分配，儲存糧食以備饑年。送來的貢品還有鐵製品，經火神怒吼噴出的火焰熔煉而成。每個鐵匠都為國王的軍隊提供百支長矛和百支弓箭。二十四個負責供應宮中奴隸的附庸國，都要獻上特別的貢品：國王坐騎的飼料、魚乾和布料。

掌控河流是這個體制得以運轉的關鍵，因為尼日河是連起森林和沙漠的重要通道，但要掌控河流就非控制薩赫爾不可。宋尼．阿里深知這點也循此途徑向外擴張。他之所以以殘忍手法聞名，多半是因為宗教仇敵加油添醋，但跟他採取的策略也不無關係。為了征服他必須製造恐懼，他藉由劫掠行動擊退並征服了圖瓦雷克族和摩西族（之前在富爾他河上游一帶所向無敵的勇士），每隔一段時間就突襲納貢國以確保其忠誠，並在王國內成立三支宮廷警衛隊加強管控。

宋尼．阿里的高壓獨裁或幾近高壓獨裁的統治方式，為國內帶來強制性的和平。這樣的和平有益貿易發展，對尼日河河谷的城鎮尤其是。當時最蓬勃發展的城鎮是廷巴克圖，它「精緻純淨，美妙輝煌，生氣盎然，神聖富庶」。里歐．亞非卡努斯描寫了廷巴克圖城內的出色建築：黏土外牆、茅草屋頂的枝條屋；石頭和灰泥建成的宏偉清真寺；總督府；「非常大量」的工匠、商人、尤其是棉布織工開的商店。這座城市跟所有熱鬧的都會區一樣，「常受祝融之災」。里歐親眼看見狂風煽動火焰，半座城市「在五個鐘頭之間」燒毀，另一半的居民急忙將財產搬到安全之地。[11]

「城內居民，」他寫道，「非常富有，」尤其是外來的馬格里布商人和學者等菁英階層，他們對馬格里布進口的書籍需求很大，所以里歐才說「這類交易的收益比其他商品都多」。里歐認為，這裡的人「生性愛好和平，習慣在晚上十點到一點之間幾乎不間斷地在城市漫步（金販除外），彈奏樂器和跳舞……居民有許多奴隸服侍，男女皆然。女性保有蒙面的習俗，兜售各種食品的奴隸除外。」[12]

大家用金塊和瑪瑙貝交換「嚴重缺乏」的鹽，還有奴隸、歐洲紡織品及馬匹。「這個國家出產的馬，」根據里歐的觀察，「都又小又弱，是商人外出旅行或朝臣在城內移動的代步工具。但好馬都來自巴巴利，由商隊引進，進城十到十二天就會帶到統治者面前任其挑選並支付公道金額。」[13]

宋尼．阿里在位期間，馬利國王對廷巴克圖的統治權已經名存實亡。有兩方人馬都對廷巴克圖虎視眈眈，一方是沙漠中的游牧民族圖瓦雷克族，馬利人再也無力與之對抗，另一方就是宋尼人。廷巴克圖要保有實質的獨立地位，必須小心維持平衡，讓兩方敵手保持敵對狀態。阿里在位早期，廷巴克圖的總督是年邁狡猾的穆罕默德．納德，他對宋尼人謹慎以待，一面納貢取悅，一面又以圖瓦雷克族為後盾與之對抗。穆罕默德．納德的官邸之宏偉可比國王的宮殿。里歐描寫他坐在駱駝上，聽跪地臣民請願，收取錢幣、金條和大量金塊等金銀財寶。這些財富供養「約三千騎士和無數步兵」組成的軍隊。發動戰爭是為了得到貢品和俘虜，「若他打了勝仗，就會把包括小孩在內的所有俘虜送到廷巴克圖市場販賣。」儘管如此，穆罕默德．納德知道何時該採拖延戰術。宋尼．阿里初次攻打南方的森林住民時，他也加入阿里的陣營，表示歸順，這是附庸國跟主宰國之間的常態。

穆罕默德．納德的兒子兼繼承人阿瑪就沒有這種外交手腕。阿瑪不願承認自己是宋海帝國的附庸，還寄了一封信表示反抗：「家父告別了除了一襲亞麻壽衣之外別無所有的一生。如今我掌握了難以想像的強大軍力，疑者大可前來親眼求證。」但不久就證實他無法不依靠宋海帝國。當圖瓦雷克族突擊廷巴克圖，威脅阿瑪交出尼日河貿易通行費所得的部分收益時，他跟宋尼人達成一項協議。一四六八年一月某日，當地平線那頭揚起一片塵土時，他正在招待圖瓦雷克族的酋長阿基爾。

「沙塵暴，」身為主人的阿瑪大著膽子說。

「你書看太多了，」阿基爾答，「我的眼睛雖然老了，但我看得到軍隊正策馬逼近。」[14]後來圖瓦雷克族把廷巴克圖讓給宋尼．阿里。傳說他把該城比作女人，「怯怯轉動眼珠，款步輕移，誘惑我們。」[15]不過，穆拉（伊斯蘭教神學家）並沒有跟著總督和商人階層一同誘敵或投降稱臣，他們堅持站在圖瓦雷克族那邊，其中的因果關係很難釐清。究竟是宋尼．阿里的異教信仰令神職人員反感，還是神職人員的敵意迫使宋尼．阿里選擇認同古老的諸神？無論如何，他對穆拉的輕蔑和仇視態度日漸明顯。

把阿里的態度看成平衡廷巴克圖派系的一種權力運作，似乎比視之為出於異教信仰而產生的反教權主義，或是對穆拉的仇視，來得更具說服力。反教權主義和信仰虔誠有可能並存。以對宗教的看法和觀感來看，阿里對伊斯蘭教的尊崇似乎不像神職人員說的那樣少。他在位期間年年舉辦伊斯蘭教齋月的節日禱告。「儘管未善待學者，」據晚期一名立論可謂公允的編年史家說，「他仍肯定他們存在的價值，並常說『少了神職人員這世界就不再美好』。」[16]相反地，穆罕默德・納德的子孫就不那麼勤於舉辦伊斯蘭教儀式，但神職人員卻較少批評他們。

另一方面，宋尼・阿里對廷巴克圖貴族階級的敵意倒是不乏證據，尤其在一四六八到一四七三年由於雙方互不信任導致關係緊張這段期間。據里歐・亞非卡努斯的觀察，穆罕默德・納德對城內菁英一直很友好。「廷巴克圖有許多法官、教師和神職人員，」都由「對學識高度推崇」的穆罕默德・納德「慎選指派」[17]。阿里反對這種作法，他對廷巴克圖嗤之以鼻，出巡期間很少在該地停留。

阿里接收廷巴克圖之後，菁英紛紛出走。千隻駱駝組成的商隊帶著流亡者逃到瓦拉塔投靠圖瓦雷克族，阿里則殺害、奴役、囚禁了大法官安德亞・穆罕默德・阿爾卡比的子女。他還羞辱了——詳情編年史家並未明說——另一個大法官阿爾卡第・阿爾哈吉家族，並殺害其中欲逃往瓦拉塔的一行人。阿里這麼做不只是為了報復，也是為了壓制宋海帝國內潛在的反抗勢力，因為阿爾哈吉家與阿斯基亞・穆罕默德關係密切。阿斯基亞將軍是宋尼・阿里的副手，聲勢如日中天，也是唯一可能挑戰宋尼政權的對手。反抗、屠殺和出走在一四七〇和一四七一年仍舊持續，阿里和廷巴圖克之間的恩恩怨怨逐漸危及王國。因為新一批難民把慘烈悲壯的故事散布到流亡者之中，極端仇視阿里的學術傳統便由此發軔。雪上加霜的是，廷巴克圖的日漸衰頹打斷了貿易，宋尼王朝的稅收因此受到影響。

然而，宋尼·阿里此時卻越來越覺得高枕無憂。一四七一年（或許更晚一些，史料的年代混亂不清）他征服了杰內，儘管敵方對宋海艦隊發動火船攻擊。杰內是尼日河最大也是最末端的一個河港，據說從那裡的清真寺大尖塔呼喚教徒頂禮朝拜，聲音可以傳到七千個地方。阿里如今已經建立了一個規模可比馬利帝國巔峰時即的帝國，於是鞏固國力取代征服行動，成為他主要的目標。約從一四七七年起有八到九年的時間，阿里都試圖與廷巴克圖的貴族和學者重新建立關係並重振國內的貿易。他計畫在尼日河到瓦拉塔之間興建一條運河，但從未如願。他還任命曼薩·穆薩帶到薩赫爾的某賢哲後代為廷巴克圖的大法官，這個動作本身就在向傳統致敬。他甚至把攻打富拉尼族時俘虜的女人當作禮物送給廷巴克圖的學者，儘管有些收到禮物的人認為這是種羞辱。就算這種種作為都是出自善意，卻還是來得太遲也太薄弱。後來宋尼王朝再度與摩西族陷入征戰，打斷了阿里的重建計畫，也促使他展開另一波鎮壓行動。

一四八五年，阿里免除穆罕默德·納德之子對廷巴克圖的治理權，任命自己提名的人選就職。約在一四八八年，他下令執行編年史家所謂的「清空」行動。[18]沒有其他證據可證明神職人員描寫的殘破荒涼景象，因此阿里可能只是將可疑的家族驅逐。此後神職人員更加強火力砲轟阿里，他成了虔誠穆斯林心中的牛鬼蛇神。在埃及，他的崛起被說成伊斯蘭的災難，可比安達魯斯（指摩爾人統治的伊比利半島）落入基督徒手中一樣悲慘。一四八七年，麥加的穆拉對他下了詛咒，後來有個馬格里布的法學家甚至完全否認阿里是穆斯林。[19]同時間在薩赫爾，阿里對戰爭的重視也使權力從穆拉和商人階層手中，轉移到軍事將領手中。

其中最傑出的軍事將領就是阿斯基亞．穆罕默德。他是阿里的知己、愛將和顧問，對阿里忠心耿耿，但宋尼王朝的敵人自然視他為可利用的人才，起碼是需要拉攏的中間人。阿斯基亞的聲望和成就令王位繼承人宋尼．巴羅頭痛。巴羅試圖挑起父親對阿斯基亞的疑心，稱阿斯基亞將軍信仰伊斯蘭教就表示他可能與謀反的神職人員勾結。

這個指控並非毫無根據。阿斯基亞曾出手營救廷巴克圖的穆斯林，並利用其影響力緩和宋尼．阿里對神職人員的報復行動，因而獲得許多崇拜者和支持者，尤其在視他為救星的城市。相反地，宋尼．巴羅作風可憎並繼承了他父親最殘忍的一面：支持異教、貶低神職人員、壓迫廷巴圖克。一四九二年十二月，當宋尼．阿里去世的消息傳來時，很多穆拉和商人都準備發動叛變。一四九三年一月國王駕崩的消息在廷巴圖克正式宣布時，阿斯基亞剛好就在那裡。

一名訓練有素、可十天不離馬背橫越全國的信使，帶著令人屏息的消息抵達：

> 阿里大帝，你我的君主，宋海帝國的國王，世界之星，眾人心中的豔陽，敵人心中的恐懼，在十天前駕崩……當時他結束遠征，正在返回加奧的途中……在橫越尼日河的某個小附庸國時，一陣巨浪倏地騰起，我們的王、他的馬匹、行李和隨從都淹沒在洶湧浪濤中。軍隊在岸上眼睜睜看著這一幕卻無能為力，我也在現場。大家都莫可奈何，因為一切都發生得太快。[20]

廷巴圖克人走出家門高喊：「暴君死了！穆罕默德王萬歲！」某神職人員痛批「信仰不虔

誠、遭人唾棄的獨裁者，有史以來最殘暴的壓迫者，摧毀城市，心狠手辣，對智者和信徒極盡羞辱和輕蔑，殺人無數——唯有上帝知道這些無辜受害者的姓名。」[21] 但眾人愛戴的阿斯基亞卻打斷他的控訴，他對駕崩國王展現的忠義反而提高他的聲望，使擁他為王的呼聲更盛。編年史家將他的雄心壯志加上忠貞為國的色彩。

據說最後阿斯基亞勉為其難接受了王位。人民哀求他，軍隊擁護他，先王臨終派來的信使也證實阿里希望他繼任，免得無能或信仰不誠的宋尼．巴羅毀掉王國。實際的狀況是，阿斯基亞無法承受屈服於巴羅的後果。兩人長久以來都是對手，不斷較量誰對先王的影響力大。阿斯基亞決定向巴羅宣戰，聲稱要他認同真正的信仰。自古以來，對叛徒發動聖戰都是訴諸暴力的藉口。

存留至今的編年史一致倒向阿斯基亞陣營，賦予宋尼．巴羅怪力亂神的色彩。巴羅吞了迷藥，在恍惚狂喜中準備赴戰，與他崇拜的諸神交流，尤其是孕育尼日河的萬渡神。一名巫師為巴羅召來父親的幽靈，巴羅看見幽靈的嘴開開合合，但沒聽見聲音。靈媒給他如下訊息：「國王為你的英勇感到欣喜，願你勇敢對抗伊斯蘭。」在此同時，宋尼．巴羅招待阿斯基亞派來的特使——一名年邁的伊斯蘭教族長，此行的目的是要求巴羅悔改並改信伊斯蘭教——欣賞魔術表演。有名托缽僧吐出一長條金鏈，另一人在無風之地使一棵樹瑟瑟抖動。族長試圖逃離妖術現場時，宋尼．巴羅起身將他揍個半死。「憑著血統和諸神的守護，我就是國王，」他高喊。[22]

對於記載或編造這個事件的編年史家來說，巴羅的行徑是雙重的不敬，因為唯有阿拉有權賦予王位。虛假不實的占卜蒙蔽了巴羅的心智，即使之後兩軍激戰時也一樣。然而，阿斯基亞戰勝的決定性因素似乎不是超自然力量的介入，而是沙漠中的圖瓦雷克族給他支援。

這是全世界最重要的戰役之一，但西方傳統不是將它遺忘就是忽略。宋尼・巴羅對穆拉毫無虧欠，大可阻止伊斯蘭教往撒哈拉沙漠南部擴散，要是他成功，伊斯蘭教說不定就會在薩赫爾外圍停下腳步。相反地，多虧了穆斯林，阿斯基亞才能坐上王位，因此他積極地將伊斯蘭教發揚光大。一四九七年，他率領千名步兵和五百匹馬前往麥加朝聖，有意仿效曼薩・穆薩的驚人陣仗，藉此重現馬利帝國的諸位曼薩對伊斯蘭教的虔誠忠貞。他將權位讓給麥加的守護者（sharif，原指阿拉伯部落及其財產的守護者，後來被遜尼派用來稱呼先知穆罕默德的孫子哈桑・伊本・阿里的後代。自一二〇一年至一九二五年間由統治漢志的哈什米家族世襲「麥加的守護者」一職。）以合理化侵占宋海王位的行動。一四九八年返回宋海之後，他馬上採用哈里發的封號——等於自詡為穆罕默德的傳人，龐大的野心昭然若揭。

阿斯基亞之所以擅用哈里發稱號，可能與當地的權力鬥爭有關。波努王國（位在查德湖周圍的薩赫爾區）的國王阿里・干吉採用此封號直到一四九七年逝世。波努王國是個好戰的國家，常用奴隸換取馬匹。里歐・亞非卡努斯抵達當地時，在位者是干吉國王的繼承人卡塔卡馬比。里歐發現波努王國盛產一般少見的穀物，村落裡不乏富商，但高地居民要不赤身裸體要不獸皮裹身。「他們毫無信仰……生活野蠻，妻子和兒女都彼此共有。」但波努王國擁有三千騎士和大批步兵，由人民的捐糧和戰利品供養。國王雖然對商人很吝嗇（根據商人的說法），但「似乎相當富有；他的馬刺、馬勒、碗盤、鍋盆……都是純金製成；沒錯，他的狗鏈和獵犬鏈也是。」[23] 總之，波努王國是新崛起的宋海帝國在這個區域的一個強敵。無論如何，哈里發的稱號都很符合阿斯基亞自我投射的穆斯林形象。後來他發動戰爭就堂而皇之稱它為一場聖戰。

伊斯蘭教的前進腳步如今已經不可逆轉。這並不表示它毫無對手或沒有受到限制。異教雖然流血屈服，但還是存活下來。長遠來看它韌性十足，一直都是一種民間信仰或「另類」的次文化，伊斯蘭教很難不受到融合的影響。一五二九年，年邁的阿斯基亞被罷黜並囚於尼日河的某座小島，他的繼承人則開始採用種種曖昧儀軌，不禁又讓人想起了宋尼．阿里。

＊＊＊

宋尼．阿里已在尼日河溺斃，另一種新來的宗教則在同時滲透撒哈拉沙漠以南的西非地區，那就是基督教。基督教相對於伊斯蘭教有個很大的優勢：可經由海路傳播。這麼一來就可以包抄伊斯蘭教徒，避開森林，直接經由海岸深入熱帶非洲。

基督教第一個前哨站是葡萄牙探險家一四八二年在聖熱若．達．米納建立的堡壘。該城位於西非突出部的底側，接近班雅河和普拉河的河口，離富爾他河約一百公里遠。有五十多年的時間，葡萄牙人都以傳播基督教為由，有恃無恐地在大西洋沿岸的非洲掠奪奴隸，進行交易。

野心勃勃的昂利克王子一直贊助這些航行直到一四六〇年逝世（史學家稱他為「航海家」實為誤會，因為他只有兩次短程出海的經驗），連續幾位教宗也給予支持，探險隊最遠曾到今日的獅子山，不過他從未兌現送傳教士到該地的承諾。西班牙修士設法要彌補這個缺憾，但葡萄牙人視他們為外來的間諜，因此進展有限。更何況一四六九年到七五年的探險行動是由葡萄牙商人和私人企業家主導，根本沒有必要把精明的投資浪費在宗教事業上。

到了一四七五年，探險事業改由葡萄牙王室接手，原因可能是為了迎戰西班牙入侵者。西非的航海探險事業落到若昂王子的肩上，此後葡萄牙不僅有了一個王位繼承人，當若昂王子於一四八一年即位為若昂二世，葡萄牙又有了一個熱中於進一步探索及開發非洲的國王。若昂二世似乎把非洲大西洋沿岸視為某種「葡萄牙大陸」，由沿岸貿易站負起守衛防禦之責。在這之前，塞內甘比亞區已經有很多非正式、未設防的葡萄牙前哨，多半由個別移民設立，他們在那裡「入境隨俗」，過著當地人的生活。然而若昂王子好戰又善於組織，這都是一四七五年到八一年間在幾內亞攻打西班牙人時練就的本領。

當若昂王子派遣百名石匠和木匠前往聖喬治建立堡壘時，他是在展開一項建立永久據點、規範貿易、王室先行的全新政策。當地人看得到也害怕這種轉變。當地有個酋長說他比較喜歡「以前在這裡做生意、穿得破破爛爛的人。」[24]另一項新政策是將非洲貿易集中在里斯本，在皇宮底下設立貨棧，所有航行都要登記，貨物也要寄存。這個計畫更重要的一點是，王室要跟沿岸有權有勢的酋長培養友好關係，包括塞內甘比亞的沃洛夫族酋長、繁榮港都貝南的統治者

（當地人稱之為「歐巴斯」），還有更南邊的剛果國王。傳教不一定有助於建立友好關係，但也不無幫助。在歐洲，傳教變成葡萄牙搶先進入某地區進行貿易的正當理由，讓其他也想分一杯羹的強權只能在一旁眼紅。在非洲，葡萄牙人可以利用傳教跟當地人建立關係。

因此，若昂二世掀起一場大逆轉，許多見風轉舵的黑人酋長都受洗或重新受洗成為基督教徒。在一四八八年一次精彩的政治啞劇中，若昂二世以王室規格款待一名沃洛夫族的流亡領袖，桌上擺滿銀盤，流亡領袖還穿上歐洲服飾赴宴。[25]從非洲大西洋沿岸往東走，葡萄牙傳教士的力量仍然薄弱，但聖熱若的堡壘就是那一區的基督教櫥窗，努力吸引當地人的目光。雖然派頭和規模不算大，但在製圖者筆下卻輝煌奪目，有高大的堡壘、飄著三角旗的角樓和閃著光芒的尖塔，簡直就像黑人國度的卡美洛（亞瑟王的宮廷）。堡壘本身沒有明確的傳教功能，但的確有常駐牧師。久而久之，牧師就成為當地首領及其敵手的詢問對象，雙方都知道他們若對基督教表示興趣，就會從葡萄牙人那裡得到諸如提供技術人員或武器之類的幫助。貝南的歐巴斯更高竿，從來未曾真正加入教會卻仍能得到幫助，就像專找「特價品」的超市顧客。就基督教化而言，這些接觸達到的成效並不大；在這個地區互相較勁的基督教或伊斯蘭教一開始的成效都很有限。但西非從此定型，變成宗教事業的競技場，伊斯蘭教和基督教在這裡比賽誰的信徒較多。

沿岸再往南走是剛果王國，葡萄牙船隻已在此地出現，但穆斯林商人和伊斯蘭傳教士仍未有所聞。當地人對基督教反應熱烈，跟葡萄牙半冷不熱的傳教熱情難以相比。約從十四世紀中開始，剛果王國就掌控了適合航行的剛果河下游。一四八〇年代葡萄牙探險家與之接觸時，當地統治者的野心一目了然。一四八二年，葡萄牙航海家狄奧戈．康與本吉拉洋流艱辛搏鬥之後，終於抵達剛果沿岸，接下來的幾次航行更將剛果使者帶往葡萄牙，也將葡萄牙傳教士、工匠和傭兵帶往剛果。

剛果統治者很快發現葡萄牙人有可利用之處，便舉辦盛大遊行，敲鑼打鼓迎接葡萄牙人。剛果國王揮舞著馬尾作成的撣子，頭戴棕櫚葉編成的禮帽，坐在覆上閃亮獅皮的象牙王座上。他和善地要求葡萄牙人在當地建一所教堂，底下的人對這種褻瀆古老諸神的行為議論紛紛，國王便放話要將這些人當場處死，葡萄牙人則基於宗教立場表示反對。

一四九一年五月三日，剛果的恩金加．恩庫武國王和恩金加．姆本巴王子都受洗成為基督徒。兩人皈依基督教可能是向外求援以解決政治內鬥。剛果國內的繼位方法規範不清，姆本巴（他自稱阿方索一世）面臨爭取繼承權的挑戰。他把最後的勝利歸功於聖母馬利亞和坎波士特拉的聖詹姆斯（即「聖地牙哥」）在戰場上顯靈——這兩位上天派來的戰士過去常出現在對抗摩爾人的伊比利戰場上，往後在西班牙和葡萄牙征服美洲的多次戰爭中也會再度出現。剛果王國積極採用葡萄牙人帶來的技術，並與他們並肩在非洲內陸擄掠奴隸，攻打鄰國。基督教成為這些有如天之驕子的外國人給予他們的援助之一。王室的宅邸按照葡萄牙的樣式重建，國王以葡萄牙文發送公文，王室的成員前往葡萄牙接受教育，後來還有個王子成了大主教，此後數百年的歷任國王也持續使用葡萄牙文的受洗名。

因為這層關係使剛果成為十六世紀記載最完整的西非王國。無論一開始皈依基督教的目的為何，阿方索一世（指恩金加·姆本巴）都誠心支持也積極推廣基督教。傳教士的記載上稱讚這位「天使般」的統治者

比我們還要熟悉天主耶穌基督的預言和福音，還有聖徒的生平事蹟和聖母教堂……我總覺得聖靈透過他發聲，因為他好學不倦，好多次伏在書上睡著，也有好多次為了研讀天主的話語而忘了吃喝……連面對群眾，聽取意見時，他談的也都是上帝和聖徒的事。[26]

基督教能傳到宮廷以外，多少也是阿方索鼎力支持的結果。同一名作者在稟報葡萄牙國王時，提到阿方索在「全國上下」

分派許多人，都是當地皈依基督教、自己辦學的人，這些人把我們的聖潔信仰教給大眾。另外還有女子學校，他自己的某個姊妹就是老師，大概已經年屆六十但能讀書識字又博學多聞。陛下看見一定倍感欣慰。當地還有些女人不但識字還天天上教堂。這些人在彌撒中向我們的天主禱告，陛下不久將會聽聞他們的基督教信仰和品德都進步神速，因為他們正在往真理的道路上邁進。此外，但願陛下持續資助他們且樂於援助他們，並寄書給他們作為對他們的救贖，為了贖罪他們需要這些書勝過其他一切。[27]

阿方索或許很愛書，但他最需要的是我們今日所說的醫療援助，例如內外科醫生、藥師和藥物。與其說是因為崇拜西方醫學，不如說是擔心傳統療法跟異教信仰劃上等號。他對葡萄牙國王解釋，

這裡各種疾病層出不窮，使得我們經常處於只好訴諸異端的困境中。同樣的情形也發生在我們的兒女、親戚和同胞身上，原因在於國內缺乏具備專業知識、知道如何治癒這些疾病的內外科醫師。由於沒有診所或藥物幫助我們度過痛苦，很多已經接納和相信耶穌基督的聖潔信仰的人都陸續喪命，其餘的人則多半利用藥草、符咒或其他古法自我治療，如果存活下來，他們就全心相信這些藥草和儀式，即使死了也相信自己是得救了。這樣離侍奉上帝之路實在太遠。28

阿方索為了推廣基督教所做的努力並不全然是溫和善意。傳教士就稱讚他「燒了偶像崇拜者及其偶像」。但結合了傳教、推廣、教育、鎮壓種種作法，到底收到多少成效很難估算。葡萄牙當局嚴控讓剛果基督教化所需的資源，貪婪的葡萄牙奴隸販子也妨礙了傳教工作。阿方索向葡萄牙國王投訴白人奴隸販子違反了王室對歐洲貿易品的專賣權，任意抓走奴隸。「為了滿足貪婪的欲望，」他們

抓走我們的人，有豁免權或自由的人，甚至常常綁架貴族、貴族子弟及我們的親屬，再把人賣給我們國內的白人。他們會把抓來的人藏起來，或趁夜行動免得被認出來。黑奴一送到白人手裡就被戴上手銬腳鍊、用火烙印……為了避免這種罪大惡極的事發生，我們通過一條法律，規定我國境內欲購買商品的白人都必須先告知三名貴族和負責此類事宜的官員……他們會調查欲購商品是俘虜還是自由人，一經釐清就不再有疑慮，也不會收到禁止買賣的命令。若白人不遵守規定，就會損失前述商品。但若我們網開一面，自動讓步，那是看在陛下的份上，因為我們知道那些取自我國的商品也是為了服侍陛下之用。[29]

儘管在剛果傳福音受限，基督教在撒哈拉沙漠以南展現的動能仍為未來先鋪好路。撒哈拉以南的各種在地文化非常容易就接受新來的宗教，雖然在十九世紀傳教事業火力全開之前，當地只達到零星而表面的基督教化，但以爭取信徒這點來看，基督教在當地一直比伊斯蘭教掌握更多優勢。

因為與基督教的連結，剛果的統治階層多少彌補了同樣也是基督教化的東非所帶來的孤立和停滯狀態。自從西元四世紀中，衣索比亞的伊札那國王在記錄其豐功偉業的碑文上以「聖父、聖子、聖靈」取代對戰神的讚美，此後衣索比亞的統治者就一直信仰基督教。帝國的下一輪千年多災多難，但衣索比亞仍舊存活下來，成為自成一路的基督教前哨，也保有自己獨特的異教傳統。這是因為衣索比亞的教士認同基督的人性和神性都融於一種全然神聖的本質中，但此說在五世紀中遭羅馬傳統思想摒斥。十四世紀末，原本跟歐洲徹底隔絕的衣索比亞又開始翻山越嶺征服周圍地區。修道院成了傳教士的學校，其任務是在被征服的異教國度索瓦和戈札姆鞏固衣索比亞的權力。同時期，統治者也致力於重新打開前往紅海乃至於印度洋的古老通路。一四〇三年達維國王奪回紅海的馬莎維港，衣索比亞的權力觸角從此伸向東非大裂谷沿途的貿易路線，奴隸、象牙、黃金和麝香貓從那裡往北送，通行費帶來可觀的收益。

但是到了一四六〇年代盡頭札拉雅庫國王去世時，衣索比亞已因擴張耗盡資源，以致征服行動就此打住。這段期間的衣索比亞歷史可以從記錄聖徒的生平事蹟中窺見，鞏固內政多向外擴張少，修道士則忙著把荒原變成農地。當王國逐漸感覺到問題叢生，統治者便向外求助，甚至要求遠方的歐洲伸出援手。歐洲人在衣索比亞本來就很常見，因為衣索比亞的馬莎維路是前往印度洋的必經之路。渴望從印度洋撈點好處的義大利商人會上溯尼羅河一直到肯奈，再加入駱駝商隊橫越東努比亞沙漠，經過三十五天才抵達紅海。因為之前跟歐洲人有過接觸，衣索比亞統治者便派使者到歐洲宮廷接洽，甚至半認真地說出要把衣索比亞教堂交由羅馬管理的提議。一四八一年，教宗讓某教會安排來訪的衣索比亞修士住在梵蒂岡花園中。

當時衣索比亞王國的廣大富裕仍然足以讓歐洲訪客留下深刻印象。葡萄牙外交使節團陸續抵達衣索比亞，第一次約在一四八八年，以佩羅・達・科維良為代表，第二次在一五二〇年。歐洲人發現那裡「人、黃金和糧食多如海中的沙、天上的星」，五萬隻騾載著「無數帳棚」充

重現威尼斯修士弗拉·孟若一四五〇年代畫的世界地圖。從中可見拉丁世界的基督教國家對衣索比亞相當了解。

當流動宮廷，走遍全國。[30]一次有兩千群眾排隊前往觀見國王，由坐在羽毛裝飾、披掛錦緞的馬匹上的護衛帶領。衣索比亞統治者內古斯·艾斯肯達一眼就看出科維良是很寶貴的資產，不但留他住在宮中還給予他厚賞。

然而，衣索比亞到處征伐已經疲態盡露。南有異教移民，東有穆斯林

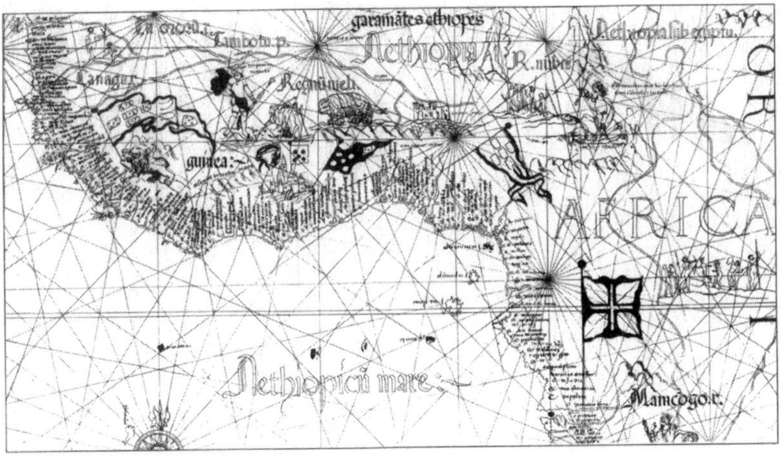

迪約戈・歐蒙繪製的西非地圖（一五五八年），圖中可見聖熱若・達・米納港（最高處有面五點旗）、當地掠奪奴隸的行動，以及宋海帝國的統治者（頭戴華麗頭飾者）。

入侵，情勢日漸吃緊。不過幾代，穆斯林已逐步逼近高地，衣索比亞險些覆滅，基督教的前線開始往後退。

同時期，在衣索比亞之外，穆斯林打進非洲東岸，基督徒卻被擋在門外。到了十六世紀，葡萄牙商人、流亡者和駐軍繞過好望角由海路進入非洲東岸，但基督教仍沒有足夠的人力或誘因與伊斯蘭教對抗，至於內陸國家則多半仍在基督教或伊斯蘭教的可及範圍之外。

非洲東岸最強大的國家都在東非大裂谷的盡頭，遍地黃金的贊比西河周圍。往後延伸的肥沃高原盛產鹽、黃金和大象。這些地方跟衣索比亞一樣，都仰賴印度洋跟亞洲的航海國家進行長程貿易。與衣索比亞不同的是，贊比西河河谷的族群要進入印度洋並不難，但他們面臨一個可能更棘手的問題：其出海口位在季風系統以南，因此就不在一般的貿易路線內。儘管如此，大膽的商人（多數可能來自阿拉伯南部）仍然冒險出海，從亞洲帶來工藝品換取黃金和象牙。齊爾瓦（今日的坦尚尼亞）的清真寺內擺設的十五世紀中國瓷碗，就是阿拉伯商人飄洋過海運來商品的一個明證。

另一些貿易效應留下的證據要到內陸裡找。數百年來，堡壘高築、石頭砌成的行政中心（當地稱「辛巴威」）在當地相當常見，十四、十五世紀末更是達到顛峰。其中最有名的城市是大辛巴威，城內有一座建在三百五十呎高山坡上的宏偉城堡，另有其他城堡留下的遺跡則散落各地。以牛肉為主食的權貴就埋在石造建築附近，陪葬品有黃金、珠寶、鑲寶石的鐵製品、大銅塊及中國瓷器。

十五世紀走到四分之三時，隨著新的區域強權崛起，權力中心北移到贊比西河河谷。來自今日莫三比克和夸祖魯那他一帶的好戰民族，在往北遷移的過程中逐漸強大，其中有位領袖征服贊比西河河谷中部後，採用了姆威那·穆塔帕的稱號，意思是「納貢者之王」，後來此名又延伸為國名。約從十五世紀中開始，穆塔帕王國往東部沿岸擴張，常走的貿易路線也隨之改變，但穆塔帕王國的勢力從未到達海岸。當地商人都在內陸市集交易，無意開發直接通往海洋的出口。他們只要靠沿岸的中間商就能做生意，既沒有從事海上貿易的動機也沒有實際的經驗。穆塔帕往北擴張雖然並非出於被迫，但薩比河越來越不利航行可能是原因之一。

一四九二年發生的事件對偏遠的非洲內陸和非洲南部影響不大。但宋尼·阿里在尼日河溺斃、葡萄牙的影響力隨剛果的恩庫武國王受洗而日漸壯大、同一時間衣索比亞跟其他基督教國家恢復外交關係，這些都是伊斯蘭教和基督教試圖瓜分非洲大陸的決定性事件。隨著阿斯基亞・穆罕默德取得宋海帝國的政權、阿方索一世在剛果即位，以及葡萄牙大使科維良在衣索比亞成功達成任務，今日非洲宗教版圖——伊斯蘭教支配撒哈拉沙漠及薩赫爾地區，最遠延伸至北邊的森林地帶及印度洋沿岸，其他地方則是基督教的天下——就算不是顯而易見，也算是高度可預期。

第四章 「最悲慘的景象」

——地中海世界及西班牙猶太人的流亡

一四九二年五月一日：王室下令將未受洗的猶太人逐出西班牙。

「任何基督徒都會感受到他們的痛苦，」牧師兼編年史家安得斯・德・勃納德茲寫道。一四九二年夏天，他目睹卡斯提爾的猶太人踏上流亡之路。他們邊走邊唱歌奏樂，搖鈴打鼓，提振士氣，「辛苦吃力地走在馬路和原野上，有的跌倒了，有的奮力再站起來，有的死了，有的病了。」看到大海時，「他們痛哭哀號，男女老少都哀求上帝垂憐，希望上帝降下奇蹟，使大海分成兩半讓他們通過。但等了好幾天毫無進展，只是招來麻煩，很多人都但願自己從沒出生。不管他們去的地方是基督徒還是摩爾人的國度。」這是勃納德茲看過「最悲慘的景象」。[1]

儘管深表同情，勃納德茲仍舊痛恨猶太人。猶太人頑強地拒絕接受耶穌就是彌賽亞，使得他們無權成為神的選民。出埃及記裡的角色如今徹底翻轉——猶太人是「邪惡、背信、拜偶像的人」，而基督徒是「以色列的新子民」。勃納德茲痛恨猶太人傲慢自大，自居上帝寵民。他厭惡在猶太人的呼吸中、住家和猶太教堂裡聞到的臭味，並認為那是他們烹調時使用橄欖油所致。這點會讓今日熟悉西班牙料理的人難以置信，不過中世紀的卡斯提爾人很少使用橄欖油，豬油才是他們主要的食用油。勃納德茲對猶太人的厭惡源於他對猶太人富裕的妒羨，因為猶太人住在「城市裡最好的地段，最昂貴、最高級的土地」，而好逸惡勞的猶太資本家「故意找賺錢的工作，做少許工作就能發財……這些狡猾的人通常靠敲詐或放高利貸給基督徒維生。」[2]

最令他厭惡的是猶太人享有的特權。猶太人不用繳納什一稅，住在猶太區的猶太人（猶太人並不全都住在猶太區）也不一定要繳地方稅。猶太人可以自己選出社群內的幹事，也有自己的司法體制，一四七六年之前甚至可以按照自訂的法律規範猶太社群內的商業往來，在這之後猶太人之間的訴訟也不在一般法律管轄的範圍，而是由國王特別指派的法官負責。人人畏懼的宗教法庭也動不了猶太人，除非他們有收買基督徒或瀆神之嫌。根據猶太人的慣例，他們的利率比基督教法律規定的來得高，因此只要跟借貸有關的生意，他們就比別人享有優勢。他們替政府收取稅金，占去宮廷和莊園裡的肥缺（雖然在十五世紀末逐漸減少）。也有很多猶太人是教會、王室或貴族的承租人或被保護人。當然大多數猶太人都是窮工匠、小商人或勞工，但勃納德茲觀察到了我們今日稱之為「涓滴效應」的現象：有錢的猶太人使貧苦的猶太人連帶受惠。就這點來看，猶太人在中世紀社會是一個獨特的社群，一個超越貧富階級的「階層」，禍福與共的感覺使他們團結一致，努力在財富和教育上高人一等，捍衛族群的認同和共享的特權。

後來「猶太」變成罵人的話。罵人的話很少意指字面上的意思。比方「法西斯」就被用

《紐倫堡編年史》的主要作者哈特曼・謝德爾收集了許多希伯來文書，或許是想避免這些書因他的預言而被焚；他預見了世界末日將至。

來隨便罵跟法西斯黨毫無關係的人；「自由派」在美國也正快速地變成不特定的名詞；遭幫派粗話罵「操你媽」（motherfucker）的人也不是真的跟自己的媽亂倫。在十五世紀的西班牙，沒有個別證據可證明那些被罵「猶太」的人，是否與猶太血統、文化或信仰有所牽連。「猶太」這個字眼若有任何意義，應該是指「思考方式類似一般猶太人」，實際上就是說像法利賽人那樣：例如對法律的看法死板僵化，或是重視物質或守法勝於精神提升。這些思考模式當然非猶太人獨有，而是各種信仰的人都有，但熟讀保羅書信的讀者認得出他們來，因為這就是耶穌的門徒斥為非基督的思考模式。

反猶主義如此超乎理性，任何腦袋清楚的人都很難理解。基督徒的信仰源於猶太教，很多教義、儀式和經文都取自猶太人過去的歷史，照理說應該不會受到反猶主義的毒害。再說，耶穌、耶穌的母親和他所有的門徒都是猶太人。猶太人在科學、藝術、文學和學術上對世界貢獻極大，與其人數完全不成比例，全世界沒有其他類似規模的族群為其他人類帶來這麼大的貢獻。然而，任何表現突出的少數族群——猶太人不管到哪都會變成引人矚目的少數族群——似乎都會引發偏見和反感。享有特權的少數族群引燃的仇恨更是激烈。基督教並非導致反猶主義的原因，早在基督出現之前的古希臘羅馬時代就已盛行反猶了，但基督教提供了新的反猶藉口。常有人跑去搶劫猶太人，因為在教會唸誦的經文提醒他們，與基督相同信仰的猶太人要人把耶穌釘上十字架並大喊：「他的血歸到我們和我們的子孫身上！」

一四九一年，有個著名的案子在艾維拉進行審理。根據傳聞或拷問留下的紀錄顯示，有群猶太人和前猶太人（**指改信基督教的猶太人**）將一名兒童釘死在十字架上，他們不但模仿了許多耶穌受難的儀式，甚至仿照彌撒聖餐禮吃了該名兒童的心臟。除此之外他們還為了練習巫術偷走並濫用聖體。那位受害兒童的姓名從未公布，屍首也從未尋獲，說不定此人根本不存在。但後來他成了煽情聳動的文學作品中的英雄、流行儀式的崇拜對象，以及某聖堂供奉的神靈，至

編按：文中出現在括弧內的粗體字為譯註或編按。

今仍吸引聖徒前往艾維拉朝拜。大家認為的凶手被處以絞刑或以燒紅的長鉗肢解，駭人的遺骸燒成灰以免污染土地。宗教法庭貼出大張傳單昭告眾人，大法官親自審理該案，調查結果也昭告周知，但巧妙地隱藏多數指控的不合理處和證詞的矛盾之處。西班牙幾位最博學的法學家也為此判決背書，儘管證據明顯不足。

此案揭露了猶太人的名聲在西班牙日漸惡化所隱含的三個問題。第一，大眾輕信傳言，可見反猶主義滲入文化之深。第二，基督教的道德訓誡雖源於猶太教，但耶穌釘死在十字架上及化為聖餐的意象，卻可輕易被扭曲成反猶儀式。第三，事後再看，審判本身明顯帶有政治目的。法官藉由證明猶太人和前猶太人共謀儀式性謀殺和巫術，在決策者心中建立猶太人背叛基督教的假設性連結。

贊成驅逐猶太人的團體真正擔心的是，只要猶太人社群仍然存在，改信基督教的猶太人難保不會受到猶太環境的毒害。在上述名為拉瓜地亞案的案件中（拉瓜地亞是案發所在地），其中一名嫌犯唯一成立的罪名是

> 為了人道考量，我們的神聖信仰規定，他和其他所有猶太人皆有權利結交天主教會的虔誠基督徒並與之交談。但他對此仍不滿足，更進一步利用虛假錯誤的勸說和布道，引誘某些基督徒相信他心中的可憎律法，並宣揚異端邪說，灌輸他們摩西的律法是唯一得以解救他們的純正律法，而耶穌基督的律法則是虛假不實的律法，絕非上帝頒布或制訂的。[3]

有鑑於此，宗教法庭採取的方針是避免社會受猶太人影響。這個理由很常見。根據勃納德茲的說法（他常抱持懷疑論調，應足以代表當時普遍的偏見），基督徒和猶太人自由交往的結果就是，改信基督教的猶太人及其子孫往往不是變成「檯面下的猶太人」就是「既非猶太人也非基督徒」，如一四八八年某宗教傳單上所說的，他們「就像穆罕默德的馱獸，既非馬亦非騾」[4]。他們更像是不信神的信仰至上論者，不讓兒女受洗，不遵守齋戒，不告解，不施捨，只為了滿足口腹之慾和肉體之歡而活，更糟的是自甘墮落重回猶太教，吃猶太人的食物，遵循猶太人的傳統。

有些較不聳動的指控中或許揭露了某些事實：那就是在一個文化界線模糊且輕易就可以越界的社會背景下，人就會逾越傳統，逸出教條，並集體創造出新的作法。宗教法庭的調查揭露了許多無視於宗教或徹底懷疑宗教的案例。十五世紀末有位改信基督教的阿方索・撒母耳，希望自己下葬時腳邊要放十字架，胸前放古蘭經，「頭頂」則放摩西五書。記錄此事的諷刺作品罵他瘋瘋癲癲。[5]另有一名老於世故的猶太人改了宗，後來成為主教和王室審判官，他認為「改信天主教的猶太人既聰明又富學養，不可能也不會相信或奉行那些皈依天主教的非猶太人所信奉及宣揚的鬼話。」[6]在猶太人相對眾多的地區，文化上普遍會受到猶太人影響。「要知道，正如宗教法庭所發現的，」勃納德茲斷言，「一般人的習慣變得跟猶太人的習慣並無不同，也沾染了他們的臭味，這就是大眾持續與猶太人接觸的結果。」

反猶主義是了解西班牙為何驅逐猶太人的背景之一，但並非驅逐行動的起因。伊比利半島容忍猶太人確實比西歐其他地方更久。英國在一二九一年驅逐境內的猶太人，法國是一三四三年，西德很多邦國都在十五世紀初跟進。驅逐行動本身的問題不在它為什麼發生，而在它為什麼在當時發生。西班牙驅逐猶太人的背後動機並不是為了錢。卡斯提爾和亞拉岡的國王拒收要他們取消驅逐令的賄款，讓原本以為這整個政策只是為了大撈一筆的猶太領袖出乎意料。猶太人是可靠的國庫財源，驅逐猶太稅收員會直接危及稅收，前後要五年的時間，稅收才會恢復原來的標準。鄂圖曼帝國的蘇丹蘇萊曼一世據說對驅逐行動大感訝異，因為這就相當於「丟掉財富」[7]。「我們很驚訝，」費迪南國王在給某個反對驅逐行動者的信中為自己辯護，

你竟認為我們想侵占猶太人的財產，這與我們的原意相差甚遠……雖然我們想拿回猶太人積欠的稅款或其他債務，合理拿回我們本該屬於我們的一份，但一旦他們償清借款並解決其他債務，其餘錢財皆該歸還猶太人，每分錢都該回到原主，任憑原主自由運用。[8]

西班牙國王似乎真的下定決心不想從驅逐行動中獲利，對他們來說，這是一場靈魂淨化行動。他們將猶太教堂改為教堂、救濟院或其他公共機構，公墓多半變成公用牧場，但猶太人的其他共有財產則要另外保管，留待用來償清猶太人的欠款，理論上基督教和猶太債權人都可以拿回欠款。猶太人很清楚自身財產的現金價，他們依據原驅逐令的某條修正條文，將錢財和珠

寶、債券、匯票之類的各種可移動資產全數帶在身上。這是很大的讓步，因為亞拉岡和卡斯提爾的法律嚴禁輸出金錢和貴重物品。連輸出貴重金屬都給予特別例外：流亡猶太人的領袖以薩．阿巴拉內爾就獲准帶走價值一萬達卡幣的黃金和珠寶。放眼西班牙國內，動得了這麼一大筆錢的人大概不超過一打。

國王在每個教區都派人看管猶太人留下未售的個人財產，變賣後再把收益寄到流亡猶太人的新家，也讓他們拿到該拿的應收帳款。有些行政人員投入此工作長達數年，結果有好有壞，我們可以從他們留下的紀錄看到某些意料不到的後果是多麼地可惡。例如買家強奪走投無路的猶太人的財產；當局非法沒收猶太人的財物，利用各種想得到的藉口把東西占為己有。在供過於求的市場裡，猶太人的資產要取得公平的價格根本不可能。貪婪的官員搶走流亡者身上的現金，向他們非法收賄或勒索不法費用；向猶太人借錢的債務人當作沒這件事；運輸業者獅子大開口。即使國王下令行政人員要誠信行事，但大部分的惡劣行徑可能從來都沒有匡正過。總之，整個過程欠缺考量，國王就是不肯在驅逐猶太人之前給予充分時間解決種種問題。

驅逐行動的真正動機，也就是可以解釋何以選在這個時候行動的理由，必須從行動當時的局勢中去尋找。宗教狂熱有升高之勢自是一個原因，戰爭是導火線，恐懼又再搧風點火。攻打格拉那達需要全國上下團結一致，而坊間又有猶太人約在八百年前曾支持第一批穆斯林征服伊比利半島的傳說。於是，宣傳人士從歷史中尋找材料，重新喚起人民對猶太人忠誠度的疑慮。一四八三年，國王批准了安達魯西亞將猶太人驅逐出境的請願，彷彿猶太人就像聚集在邊境的可疑外來者似的。征服格拉那達之後，國王便將裡頭的猶太人一點一點遷出，似乎是怕把可能吃裡扒外的「第五縱隊」（西班牙內戰時，國民軍以四個縱隊包圍馬德里，當時圍城的莫拉將軍聲稱，城內有「第五縱隊」與他們裡應外合。後來這個名詞就用來指涉內應或內奸。）給養大了，然後祕密地從內部破壞安定。除此以外，千禧末日的來臨就像籠罩在猶太人頭上的陰霾。根據基督教末世論的說法，世界的變動正是末日將臨的徵兆之一。

宗教法庭也是推手。一四七八年，國王說服教宗讓王室掌控西班牙宗教法庭的任命權和運作權，成功把宗教法庭從教會的分支變成國家的利鞭。宗教法庭變成唯一無須遵守國家分界和法律差異、在亞拉岡和卡斯提爾皆可運作的機構。過去，宗教法庭在伊比利半島很少運作，只專注於研究教義並處理嚴重異端。如今卻變成某種思想警察，一個由審判官和密告者組成，讓人不寒而慄的恢恢大網，窺探各個社會階層，將司法權從信仰、道德等層面延伸到私人生活。神學界對此提出的辯解有點無力，大意是說道德偏差是信仰不當的初步證據，而個人的生活和習慣呈現了一個人的信仰真貌。

宗教法庭成了維持、加強社會服從的利器，有如一個大鍋子，把各種不同的成分往內丟，最後完成的料理就是一個團結一致的國家。宗教法庭名義上的職責是清除「異端邪說」，而西班牙常見的逸離正統也只是人民教育程度太低、太過無知，或者工作過量或欠缺訓練的神職人員未善盡教義問答職責而導致的結果。但是一般人卻普遍相信異端主要源自猶太人，或是改宗者的後代對猶太教念念不忘，而這樣的相信勝過了事實。宗教法庭打出的「公平正義」牌，吸引了所有想指控鄰居、對手或仇敵的人，也置所有受人嫉妒或仇視的人於險境。而且不用付很大代價就能告發別人，不像其他告上法院的事不可能全無費用或風險。再者，宗教法庭給的公平正義還很隱密，其他法庭絕不可能不讓被告知道原告的身分。由於法庭有權在審判期間扣押被告財產，因此宗教法庭有很好的理由可以認真審查以拖延案件。以上種種都使宗教法庭大受歡迎，告發者樂於一而再、再而三地提告，如此造成的可怕後果則是連法庭的官員都難以處理也無人能控制。控告案的龐大數目似乎坐實了審判官們的恐懼，就像當時歐洲其他地方的獵巫狂潮，或是現代社會接二連三因為「記憶恢復」所冒出的「虐童案」。突然間，西班牙充滿了證據薄弱的叛教案件。

費迪南和伊莎貝拉很嚴肅看待這場危機。因為費迪南就是馬基維利筆下的完美君王，馬基維利眼中的他是一個工於算計、追求成功、不受道德良知束縛的國王。這個迷思將費迪南塑造成一個思想現代、世俗傾向的政治家。其實，費迪南思想傳統，信仰虔誠，容易輕信預言，深切了解自己對上帝的責任。當時的國王不可能不受傳統王權的觀念影響，打從他們在當王儲時每天所受的教育、家庭教師所指定的讀物，還有即位後所聽的布道和所作的懺悔，其中最常重複的傳統準則就是：統治者有責任讓子民獲得救贖。

勃納德茲或許點出了驅逐行動最迫切的理由：改宗者（猶太人改信基督教）正以驚人的速度增加。少數族群只要人數不到危險門檻就尚可容忍，至於到什麼程度才算危險則要視不同情況和社會而定，但門檻一定存在，而且一旦跨過門檻就會觸動警鈴。再加上，當時西班牙剛結束戰爭，具潛在危險的少數族群更使社會神經緊繃。西班牙籠罩在巨大的恐懼中，但因為是非理性的恐懼所以無藥可救也不顧事實，好比今日西方民主國家對恐怖分子、弱勢移民和「日漸增加的犯罪案件」同樣非理性的恐懼。改信基督教的人數增加，照理說王室和教會應該感到欣喜，但恐懼卻凌駕了欣喜。每個改宗者都是潛在的叛教者或「檯面下的猶太人」。突然有那麼多人改宗表示這些人只是表面臣服，說不定有很多人別有目的。在這種情況下，或許應該驅逐改宗者而非驅逐猶太人，但在位者絕不可能採取這種策略。改宗的人數太多，少了這些人，社會就無法正常運作，而且這些人受自然法和教會法保護。但猶太人實際上受王室管轄，王室只是暫時容忍他們的存在，隨時可以翻臉。此外，宗教法庭對改宗者有審判權，可以控制其信仰，但法庭無權干涉猶太人的信仰。因此，宗教法庭的審判官認為，只要猶太人不煽動蠱惑，改宗者就可能獲得救贖或被導向救贖之路。

有鑑於此，審判官們遊說王室將他們認為的問題癥結移除。王室頒布了命令驅逐安達魯西亞的猶太人，也試圖在其他地區推動類似命令，但最終因為地方上厭惡這種蠻橫手段而失敗。宗教法庭的大審判官托瑪斯·德·托爾克馬達，在一四九二年三月擬定第一個驅逐全國猶太人的法令草案。法案送到宮中又經修改，國王和王后在三月底的最後一天批准用印，其中清清楚楚地說明了影響國王決定的立論。我們沒有理由不相信法令中的聲明。關於上述對猶太人的指控，就算國王和王后相信，也不表示這些指控是事實，但他們確實相信了這些指控。「根據消息，」法令上說，「我國境內有些基督徒行為偏差，受猶太教影響，悖離了神聖的天主教信仰，其中很多都是因為基督徒和猶太人之間的來往。」法令還詳細列出實例，其中大多是在宗教法庭召開的審訊上獲得證實：

（這些情事）荼毒基督徒甚劇……都因跟猶太人交往、接觸、互通資訊而起。據有力證據指出，猶太人想盡辦法挑撥虔誠基督徒背離天主教信仰，誘使基督徒改信他們可憎的信仰和見解，教唆信徒奉行其儀式和傳統；集結眾人以宣揚、灌輸他人猶太信仰和猶太習俗，說服當事人或當事人之子行割禮，贈書要人唸誦書中禱詞並解說該遵守的齋戒，陪人一同朗讀經文並教人猶太歷史，提醒人逾越節的日期及該節應行的儀式，從家中帶來無酵餅及肉類祭品分發給其他人，教人不可吃何種食物和其他猶太律法禁止的行為，勸人盡力遵循摩西的律法並向人解釋摩西律法是唯一律法或真理。以上都來自猶太人本身及受他們欺騙蠱惑之人的自白和聲明。9

此項法令接著說明，國王批准安達魯西亞的驅逐猶太人行動，目的是想解決當前的社會問題，因為猶太人已對該地區造成莫大危害。然而結果不盡人意，當局決定採取更徹底的策略，因為「前述的猶太人只要跟基督徒在一起，就會變本加厲持續遂行他們的惡習」。不過，統治者因顧慮到行事要公平正義而覺得良心有點不安，因為驅逐所有猶太人，會造成無辜者受到有罪者的牽連。對此他們把猶太人形容為一個集團，就好比一所學院或大學：

> 學院裡只要有人犯下罪大惡極或不可原諒的惡行，就應當要解散並廢除該學院，而且下位者必當承擔上位者引發的後果，反之亦然。

跟大多倉促制訂的政策一樣，驅逐行動非但沒達到預期的效果，反而收到反效果：假改宗以求自保的猶太人大幅增加。驅逐行動的統計數字引發激烈但莫衷一是的辯論，不過有兩個令人放心的事實無可置疑。一是本來就沒有那麼多猶太人可驅逐，二是其中很多猶太人（據當時某位猶太觀察家的推論，這些人可能占大多數，包括多數的拉比）寧可受洗也不願被驅逐。「驅逐」一詞似乎有失精準，或許應該稱為強迫改宗更為適當。

雖然找不到可靠的紀錄，但所有資料一致同意當時猶太人口起碼有十五萬，或許多達二十萬，但沒有證據可支持更高的估計數字。編年史家估計的驅逐人數可能是故意灌水，或自己幻想有那麼多而往上加。基督教編年史家估算的總人數介於十萬到十二萬五千之間；猶太編年史家可能為了誇大而估到二十萬或三十萬，這個數字至少相當於、甚至可能超過國境內猶太人的總人數。假如我們認定有很多猶太人受洗皈依，其他在國外遇挫的猶太人又回國皈依，那麼斷言驅逐人數超過十萬就太過輕率。切記真正的數字可能遠低於估計數字才不失謹慎。總之，在驅逐令的大纛下，改宗的猶太人多過被驅逐的猶太人。

堅持出走的猶太人多半歷經艱辛，要不就是半途喪命。鄰國那瓦爾和葡萄牙雖然願意收留難民，但沒有持續太久。費迪南和伊莎貝拉施加的外交壓力，再加上移民潮帶來的恐懼和反感，讓兩國的統治者急著趕流亡的猶太人再度上路。少數猶太家庭花錢買了葡萄牙的居留權，到頭來卻是一筆賠錢的生意。一四九七年葡萄牙也開始驅逐本國猶太人，當作是跟卡斯提爾結盟的條件；一五一二年那瓦爾跟進，因為費迪南併吞了庇里牛斯山以南的那瓦爾領土。偷渡到葡萄牙或違反簽證期限的猶太難民可能會淪落為奴，子女則被抓走並送往葡萄牙最偏遠、最荒涼的殖民地：幾內亞灣的聖多美島——葡萄牙人希望可以在那裡實現製糖及交易奴隸、銅礦、象牙和香料等大陸奇貨的美夢。聖多美島上的殖民者不多，到了一四九〇年代末也才五十個人，但幾乎都是遭到流亡的罪犯。殖民地總督形容這是片邪惡之地，一窮二白，既沒有商品可供交易，也沒有多餘的食物給猶太小孩吃，只好把他們送到附近的普林西比島「才能吃到東西」[11]。

有些難民逃到摩洛哥。記錄這段艱辛歷程的西班牙編年史家可能過於誇大，因為他想呈現不信（基督）會導致「何種禍害、恥辱、考驗、痛苦和磨難」，也趁機記下穆斯林的野蠻。但他聲稱這些故事都是他從獲釋返家、重回「理智人之國度」的難民那裡聽來的。他列出的暴行令人嘆息：沿路上「摩爾人來把他們的衣服剝光，強暴女性，殺死男性，剖開他們的肚子看裡頭有沒有藏黃金，他們知道這些人把黃金吞下肚。」[12]

摩洛哥的宮廷城市費茲是猶太人最想去的目的地之一。里歐·亞非卡努斯對費茲很熟悉，對這個城市的描述卻很矛盾。他邀請讀者一同讚嘆「這城市的人稠地大和堅固堡壘」[13]，並列出城內有多少便利設施：下水道的一百五十條水管會把污水排入河流；房屋建設良好，色彩奇特，磚瓦鮮豔，屋頂有「金色、天藍色和其他美麗的色彩」，貴族的城郊避暑別墅每棟都有「水晶噴泉，四周圍繞著玫瑰和其他芬芳花朵跟香草」。澡堂超過一百間，旅館兩百間，比基督教國家的所有建築更漂亮，波隆那的西班牙學院（波隆那大學裡專供西班牙學生就讀的學院，從十四世紀開始運作，一四八八年起獲西班牙王室贊助。）除外。另外還有兩百間學校、七百間清真寺以及兩千多間麵粉廠。大清真寺裡的九百盞燈是從基督教教堂搜刮來的鳴鐘鑄造成的。但醫院破舊，學院窮困，里歐認為「這或許就是這裡的政府如此糟糕的原因」。城裡的菁英也一樣墮落：「要是拿他們跟歐洲貴族紳士比，他們就像一群可悲又低俗的人，不是因為缺乏食物，而且因為缺乏教養和潔淨。」他們坐在地上吃東西，「不用刀叉只用十根手指頭……坦白說，全義大利也找不到這麼寒酸的紳士，儘管他們吃的大餐、用的高貴家具還比不上非洲最有權的王公貴族。」[14]

根據其中一名流亡者的回憶（驅逐當時他才十歲），抵達費茲的猶太人遭到「摩西五書的所有詛咒甚至更慘」[15]。他們在當地蓋茅草屋，後來被大火吞噬，其他貴重物品和希伯來文藏書也全毀。但對倖存者來說，費茲起碼具備國際性都市的優點，對多元宗教和異質觀點更有包容力，基督教或異教流傳下來的儀式都是當地文化的一部分。無論信仰何種宗教，當地人都會在耶誕節準備豆類食物，據里歐所記，新年時帶面具的小孩「只要唱頌歌或唱歌就會獲贈水果」。占卜招魂在當地很流行，但里歐說後來被「伊斯蘭裁判官禁止」。猶太學問有一定市場，卡巴拉（猶太神祕學）尤其受歡迎，這方面的專家「料事神準，從未出錯，卡巴拉因此備受推崇。雖被視為一種自然現象，卻是我看過最接近超自然和神祕知識的學問。」猶太人壟斷金銀製品市場，而穆斯林禁止從事這個行業，因為金匠銀匠靠別人拿金銀製品來典當所賺取的暴利，是伊斯蘭教義所不准許的。[16]

從里歐的紀錄看來，從西班牙湧入的猶太難民對費茲的猶太社群有害無益。猶太人占據了城內的一條長街，「裡頭有他們自己的商店和猶太教堂，而且自從猶太人被逐出西班牙後，人數就大幅增加。」原本的少數族群人數日增也令人不安。過去受歡迎的猶太人如今受到排擠，原本的稅金漲了一倍。「這些猶太人，」里歐寫道，「受盡所有人的鄙視，因為不准穿鞋，他們就用海邊的燈心草給自己做襪子。」

特萊姆森跟費茲一樣，原本就有很大的猶太社群。猶太難民對此地滿懷憧憬，抵達後卻幻想破滅。里歐說「沒看過比它更宜人的地方」，但是根據某難民的回憶，剛抵達的猶太人在街上遊蕩，「赤身露體……緊貼著垃圾堆。」[17]後來爆發瘟疫，數千猶太人病死，但存活下來的人數仍足以使種族和宗教的緊張關係惡化。猶太人「以往」雖然「都家財萬貫」，但一五一六年的政治空窗期引發暴動，「他們的財產都被洗劫一空，如今幾乎只能行乞過活。」[18]憂慮的居民指控猶太人帶來梅毒：「很多來到巴巴利的猶太人……帶來了西班牙的傳染病……有些不幸的摩爾人跟猶太女人混在一起，十年之內，沒有一個家庭沒受傳染病荼害。」起初，患者被迫跟痲瘋病人住在一起，據里歐說，「治療傳染病的方法就是呼吸黑人國度的空氣。」[19]

有些猶太人漸漸往摩洛哥的大西洋沿岸移動。費茲王國的邊界正逐日崩潰，因為撒哈拉游牧民族占領了農地，導致供出口的小麥產量減少，統治者的稅收來源也嚴重受到影響。在薩非和阿茲默兩港，幾乎感受不到費茲王國的存在，真正掌權的是游牧民族的首領。由於當地還是有足夠的可耕地可種些小麥，部落頭目便與西班牙人和葡萄牙人合作，以低價賣出剩餘農產，換取時常收到賄款甚至伊比亞半島的貴族頭銜。於是，摩洛哥沿岸變成了西班牙和葡萄牙的共治區，至少可算是保護區，亦即某種自由港區，不受費茲的蘇丹控制，也不受教會禁止與異教徒交易的規定所限。

由猶太難民來擔任這類交易的掮客再適合不過了。他們被逐出西班牙對貨物的流通造成重大影響，摩洛哥沿岸因為猶太人聚集，在十六世紀初成為葡萄牙進口小麥的主要通路。猶太人也經手奴隸和銅鐵買賣。另外，札梅洛和李維家族專攻鮮豔羊毛衣的製作流程，此類羊毛衣在沙漠以南盛產黃金的地區奇貨可居。因為如此，從一四九二或九三年到一四九〇年代底，薩非港賺到的西非黃金比聖若熱還多。[20]

但猶太人在馬格里布甚或薩赫爾都不得安寧。激烈反猶的巡迴傳教士馬革希利在馬格里布到處追趕騷擾猶太人。在圖瓦，他煽動人民殺害猶太人以及放火燒掉猶太住家和猶太教堂。一四九八年，自從他在撒哈拉以南展開傳教任務，就把尼日河河谷變成一個危險地帶。在宋海帝國，阿斯基亞·穆罕默德「公然與猶太人為敵，禁止猶太人在城內定居，若聽聞柏柏爾商人與猶太人往來頻繁或進行交易，他就將此人的財產沒收歸於王室金庫，只留下足夠回家的錢。」[21]

對經由地中海沿岸港口逃出西班牙的猶太人來說，義大利是個吸引人的目的地。這個由大小不一的邦國組成的半島有太多權力相互較勁，不太可能對所有族群抱持同樣的敵意。西西里島和薩丁尼亞島無法通行，因為受亞拉岡國王控制，並下令將猶太人驅逐。那不勒斯是暫時的避風港，但那裡的猶太人就算逃過瘟疫，也會在一四九四年法王查理八世占領該城時，再度面臨逃亡的命運。

在此同時，就如某流亡者所說，「義大利和黎凡特全區（地中海東岸地區）都充斥著……奴隸販子和付不出旅費而被船員扣留的猶太人。」許多猶太難民最大的希望就是找到某個既有的、友善的猶太社群，讓他們有地方容身。在干地亞（威尼斯人統治的克里特島首府），猶太編年史家伊萊亞．卡普薩里的父親「受惠良多」，他在一四九三年募到兩百五十弗洛林金幣用來援救猶太難民。而猶大．本．雅各．哈亞則在幾經歷險之後——包括在特萊姆森入獄、在費茲為奴、在那不勒斯染上瘟疫險些送命——終於在威尼斯得到救援，被西班牙同胞收留。他在曼圖亞也有人對他張開雙臂，讓他最後得以在一個安穩的猶太社群中安詳辭世。對始終忠於信仰的猶太人來說，他們經歷的苦難就像對信仰的試煉，是上帝給信徒的新考驗，是前往新迦南寶地的新版出埃及記，或是約伯所受苦難的再版。[22]

最歡迎猶太人的城市中，威尼斯和羅馬（或許有點諷刺）算是其中兩個。威尼斯由紳商權貴統治，知道把可能致富的人趕走並非上策；而在羅馬，教宗無須懼怕猶太人，也沒道理拒絕利用猶太人所能得到的利益。猶太人就像古往今來的可憐移民，不得不屈就沒人想做的行業。

十六世紀初，改信基督教、往來羅馬和威尼斯兩地的猶太作家法蘭希斯科．德利卡多，寫下了最早的社會寫實小說：《安達魯西亞孤兒》。故事背景是猶太人和改信基督教的猶太人棲身的羅馬煙花界，這些人從妓院和貧民窟挖出不為人知的底層生活，那個世界骯髒下流，梅毒肆虐，存活下來的唯一辦法就是打迷糊眼、逃避現實和適應環境。我們很容易誤以為猶太人不老實。一五三〇年代有個羅馬散文家就認為，改信基督教的猶太人奸詐又愛說謊，就像伊索寓言中的蝙蝠，遇到小公雞就說自己是鳥，遇到貓就說自己是老鼠。所羅門．伊本．維加就是這樣變來變去，在里斯本假扮成基督徒，安全返回羅馬後又重拾原來的信仰。他在羅馬聽到一名歷經磨難的流亡同胞高喊：

> 宇宙之王啊！祢已想盡辦法要我放棄信仰，所以請昭告天下，我是個猶太人，永世不會更改，儘管有人上了天堂也一樣。無論祢之前或以後如何考驗我，都不會更改。[23]

但很多流亡者放棄掙扎，返回西班牙受洗。勃納德茲的紀錄上說，他自己的教區洛斯．帕拉西奧（鄰近塞維爾）就有百名猶太人從葡萄牙返國受洗。他還看見有人歷盡艱辛從摩洛哥趕回來，他們「裸身赤腳，身上到處是跳蚤，餓到快沒命。」[24]

流亡的猶太人最保險的目的地是鄂圖曼帝國。猶太社群和文化在那裡最容易受到歡迎並蓬勃發展，而且這樣的情況持續了數百年之久。鄂圖曼帝國是當時擴張最快的國家之一，版圖幾乎涵蓋整個安那托利亞（今小亞細亞）、希臘和大半東南歐。鄂圖曼統治者長久以來都自居為捍衛及鞏固伊斯蘭教的戰士，但鄂圖曼帝國仍是一個文化多元、異族融合的國家，國內的基督徒和猶太教徒都受到容忍但納的稅比一般人多，且要為國家盡一些強人所難的義務，其中最為人詬病的是每年強行帶走基督教家庭的小孩，把他們當作穆斯林養大再送去當軍人或蘇丹的奴僕。整體來說，鄂圖曼帝國喜歡猶太子民勝過基督教子民，畢竟他們不太可能同情自己的死對頭。吸引猶太人遷往鄂圖曼帝國的誘因有財務上的優惠、住宅地免費及可自由興建猶太教堂。基督徒則只能使用鄂圖曼人征服之地原有的教堂，不能興建新的教堂。

鄂圖曼帝國的環境之所以對宗教難民特別包容，是持續兩代往外擴張的結果。當大多數歐洲國家都在追求一致認同、徹底歸順和文化統一帶來的權力時，鄂圖曼人展開了融合各種文化以及在多元之上建立大一統帝國的實驗。從一四五一年即位後三十年間，穆罕默德二世全力投入這個目標。他麾下的某個將軍在回憶錄中說，穆罕默德二世之前，土耳其人強取豪奪以聞名，就像「暴雨」，

雨水打到的一切都被帶走也被摧毀……但突如其來的傾盆大雨不會持續很久。所以土耳其侵略者……也停留不久，但他們每到一個地方就燒殺擄掠，摧毀一切，因此有好多年未曾聽見當地的公雞報曉。[25]

穆罕默德二世之後，再也沒有人把鄂圖曼軍隊看作掠奪者，或把鄂圖曼的政策視為毀滅性的政策。他把征服行動轉化成一種建設的力量，將鄂圖曼建設成一個文化包容、兼容並蓄的帝國。

穆罕默德二世之前的君王都意識到自己繼承了雙重的遺產：一是伊斯蘭教的捍衛者，一是先帝從草原一路征服世界的志業。穆罕默德二世不但沒有辜負這兩個期望，還給自己多加了一項使命：古希臘文明及羅馬帝國的繼承人。他聘請義大利人文學者到宮中，每天為他朗讀凱撒大帝和亞歷山大大帝的歷史故事，並引進新的宮廷禮儀規範，結合了羅馬和波斯的傳統。一四五三年他征服君士坦丁堡（當地人仍自稱是羅馬人）並將該城定為首都，當時君士坦丁堡衰敗多年，荒涼又蕭條，穆罕默德二世揚言要「讓這座城市再現榮華，重振雄風，全方位成為世界最富庶、最強大的城市。」[26]為了讓人口湧進，重建威名，穆罕默德二世對移民相當寬容：

跟我們站在一起的人啊，願神與他同在，讓他順利抵達伊斯坦堡，我國王室的所在地。讓他在最肥美的土地上定居，人人都在葡萄藤和無花果樹的庇蔭下，金銀財寶圍繞，牲畜成群。讓他在這片土地居住，進行交易，然後擁有自己的土地。

據鄂圖曼的一位猶太居民說，猶太人因此「從土耳其各城聚集過來」。十五世紀當時，受

君士坦丁堡局部，《紐倫堡編年史》的主要繪者佛格姆和普萊登渥夫熟知當地所有的觀光景點。

穆罕默德二世贊助的猶太拉比在德國的猶太難民之間及當地的驅逐行動中遊走，相當於活生生的宣傳手冊。「我被趕出祖國，」其中一位猶太人寫信給留在德國的同胞，「來到土耳其人的國度，這是片受上帝眷顧、美好宜人的土地。我在這裡找到了平靜和快樂。土耳其

早在西班牙驅逐猶太人之前，猶太社群就把鄂圖曼帝國視為適合經商及安身立命之地。[27]

穆罕默德二世的征服行動多半往帝國西邊、多瑙河以南進行，將越來越多基督徒納入統治。他把義大利藝術家帶進宮中，還為自己繪製了文藝復興風格的肖像畫和勳章，並學習希臘文和拉丁文，甚至自學基督教教義以更加了解基督教子民。他知道立國成功的關鍵在於把降服者變成盟友或支持者，壓迫很少奏效。他贏得了國內多數基督徒的擁戴，這些人甚至為他的軍隊增加了許多新血。他還讓希臘、塞爾維亞、保加利亞和阿爾巴尼亞的貴族擔任高官，但其中多半都已改信伊斯蘭教。他有計畫地橫跨歐亞兩洲，自稱是安那托利亞和魯米利亞（鄂圖曼帝國的歐洲部分）的統治者，既是伊斯蘭蘇丹也是羅馬皇帝，是土耳其人和羅馬人共同的皇帝，也是兩海——黑海和地中海——之王。他開始大力投資海軍，一四八〇年土耳其軍隊攻下義大利的奧托蘭多城。由此看來，穆罕默德二世不只想向羅馬帝國看齊，還想重新打造羅馬帝國。教宗已經做好撤出羅馬的打算，並緊急呼籲發起新一波十字軍東征。

然而，穆罕默德二世的征服大業勞民傷財，亟需休養生息。再者，帝國體制的一大弊端就是繼任制度不明，導致每任蘇丹駕崩後都極易爆發內戰。一四八一年穆罕默德二世逝世，國家陷入混亂，奧托蘭多失守，新任蘇丹巴耶濟德二世掌權後，朝廷就出現對前朝政策的反彈。巴耶濟德行事更加謹慎，他約束鄂圖曼戰爭機器並否決了前任統治者的羅馬化政策。他把穆罕默德二世為了籌措戰爭資金而釋出的土地還給清真寺，並宣稱要將伊斯蘭教律法重新訂為國家律法——起碼對外辭令如此宣稱。他還把戰爭重新定位成護教聖戰，儘管號召入伍的對象是「所有願意加入聖戰，熱愛突擊及討伐異教徒、渴望侵略和奪得戰利品的人，以及所有以打仗維生的英勇同志」[28]。可見鄂圖曼帝國發動戰爭的主要目的還是奪財掠地。

耶路撒冷神殿的分枝燭台，據說是摩西獲得神啟後所設計的。《紐倫堡編年史》的編者以此象徵猶太教。

然而，巴耶濟德並沒有背離穆罕默德二世的原則。他把一四九二年的驅逐猶太人行動看作為國家增富的良機，持續為猶太人提供無條件居留權。編年史家把這看成悲天憫人的表現，其實這更是精心計算的結果。巴耶濟德開過的玩笑有少數留下紀錄，有一次他挖苦了西班牙國王的「智慧」，說他驅逐猶太人是「窮了自己，富了我們」[29]。

巴耶濟德選擇支持前任蘇丹的航海政策，這對地中海世界的未來造成重大影響。他持續建立海軍，毫不鬆懈，甚至比過去更加積極。鄂圖曼帝國轉變成一個航海強權，可以說是地中海史上最驚人的一章。自從羅馬打敗迦太基之後，就沒有哪個不懂航海的國家能如此快速而成功地投入航海事業。土耳其人的航海大業不是一夕之間就羽翼齊備。從十四世紀初開始，土耳其首領就掌控了地中海黎凡特沿岸的海盜巢穴，有些據說有多達百艘船可供指揮。隨著鄂圖曼陸軍往西進犯所征服的海岸線越長，聽命土耳其人的海盜留在海上的機會就越大，也越容易取得岸上的給水和物資。然而，十四世紀的土耳其人對海上探險的野心不大，只靠一些小船和「打了就跑」的戰術撐起場面。

從一三九〇年代開始，鄂圖曼帝國的蘇丹巴耶濟德一世便成立一支永久艦隊，但他採取的策略跟前朝蘇丹並無太大不同。然而，地中海的風向和洋流對從北或從西投入戰爭的戰艦較有利，因為從那裡出發的戰艦比較容易順風而行，這讓地中海沿岸的基督教勢力通常都能打敗伊斯蘭教對手。威尼斯、熱那亞和西班牙等國建立了某種軍事平衡：一個覆蓋地中海的表面張力，而土耳其人無法打破。土耳其人雖然試圖發動大型集結的海戰，但最終都以戰敗收場。最晚到一四六六年，君士坦丁堡還有威尼斯商人誇口，起碼要四、五艘土耳其戰艦打一艘威尼斯戰艦，土耳其才可能贏得戰爭。然而，到了那個時候，鄂圖曼對海軍的投資可能比任何基督教國家都多。高瞻遠矚的蘇丹穆罕默德二世深知陸上的征服行動若要繼續，就一定得靠海上強權支持。

一開始，巴耶濟德二世希望繼續組織大規模軍隊，並跟威尼斯達成協議，穩住帝國在地中海地區的勢力。但後來證明威尼斯人不太可靠也不願意讓鄂圖曼人使用他們的港口。鄂圖曼帝國的擴張野心雖然沉寂了一陣子，但還是得擺平海盜、保護貿易。因此巴耶濟德訂製了「敏捷如海蛇」的船艦，吸引來基督教技術人員一同打造。然而王位之爭的陰影打斷了他的計畫。弟弟傑姆在與他競奪王位失敗後，先是到埃及尋求馬木魯克人的庇護，後來又跟西方基督徒合作。巴耶濟德要守住鄂圖曼與馬木魯克的邊境很難，一四九一和九二年在歐洲前線發生的激戰又導致奧地利失守，不過他倒是鞏固了對黑海西岸的掌控。然而，隨著傑姆出局後，巴耶濟德的野心就再也關不住了。等到一四九五年，與他爭奪王位的對頭一死，（傑姆後來成為教皇英諾森八世的俘虜，又隨著法王查理八世出征那不勒斯被俘，病死於獄中。）他就放心地挑戰威尼斯在東地中海的海上霸權。一四九九年到一五〇二年的戰爭戰況空前。第一年，巴耶濟德派出三百艘船艦對抗威尼斯人，到了戰爭尾聲，他派遣了多達四百艘軍艦的艦隊，包含兩百艘配有大砲的大帆船，威力之大，沒有其他地中海國家比得上。威尼斯相形見絀，鄂圖曼則躍升為類似超級強權的地位——軍力比敵軍想得到的任何盟國都大。新世紀一開始，埃及和遠至摩洛哥的北非沿岸多半都落入鄂圖曼掌控之中。

就在鄂圖曼人征服東地中海之際，西班牙也在西半邊的地中海爬到類似的地位。西班牙自作自受，因為驅逐猶太人而元氣大傷，但一旦元氣恢復，卡斯提爾、亞拉岡和格拉那達結合成的勢力就變得難以超越。費迪南國王繼承了西西里島、科西嘉島、巴利亞利群島、薩丁尼亞島以及西班牙東岸的國土；還有那不勒斯的王位繼承權，到了新世紀初便藉由征服行動搶到；不久之後又多加了北義大利的大片領土；再加上一四九七年拿下北非沿岸的梅利拉——儘管如此，西班牙在這個地區的其他多次征服行動卻很少成功，也都持續不久。

因此，一四九二年之後，地中海拉起了下個世紀的戰線，這或許是這一年發生的諸多事件造成的一個結果。隔海相望的兩大巨頭從未有一方坐上霸主的位置，部分是因為地中海的航海條件自然而然把此區分成兩半。麥西拿海峽和西西里周圍的海洋就像瓶塞，湍急的洋流和危險的漩渦擋住了從兩方向前來的船隻。由於風向和洋流的關係，土耳其人雖在戰艦數量上取勝，卻一直處於下風。兩方僵持不下的結果是，地中海世界——由古典時期的希臘和腓尼基航海家打下的基礎，由羅馬帝國完成的統一——再也不曾合而為一。地中海沿岸有類似的氣候、生態系統和許多共同文化的元素，卻仍然一直維持分裂狀態，伊斯蘭教占據南岸和東岸地帶，北邊和西端則是基督教的地盤。地中海曾是西方文明的「中海」，如今卻成了邊界，從此再也無法跨越。

從更進一步且不可忽略的重要面向來看，無論鄂圖曼人在航海事業投資多少時間和金錢，仍舊無法克服自然環境。麥西拿海峽縮減了土耳其人到西地中海的通道，狹小的紅海和波斯灣同樣阻擋了往印度洋的途徑，土耳其人往東的通路都受這兩個易於管控的海峽看守。一四九二年之後，我們將會看到歐洲人開始探索海上通路，進而橫越大西洋並掌握全世界的風系，而土耳其人面臨的不利條件將越漸明顯，最後變得難以克服。

* * *

從各種理性的觀點來看，西班牙驅逐猶太人的行動看似一個愚蠢且多災多難的政策。它的基本假設就是錯的，用來支持其假設的證據漏洞百出，提出的論證更無法說服人。西班牙損失的財富和人才難以估計。改宗者信仰不虔誠的問題不但沒解決，陽奉陰違、一知半解的人數不減反增。不過，這項行動某程度必須被視為是成功的，如果把它放在更長久更寬廣的歷史脈絡來理解的話，即歐洲國家日漸鞏固及同化的歷史趨勢。這時期，西班牙和歐洲其他地區都對所謂的外來族群採取排擠政策。西班牙國王雖然沒有驅逐其他外來族群，但這些族群仍遭受各種不公平的待遇，比方財產被沒收或被迫歸化。

費迪南和伊莎貝拉跟當時及後來的其他統治者一樣，都希望人民對自我的認知越來越一致，而且無條件地效忠共有的認同。他們並不想要（或許也無法想像）一個政治統一的國家。費迪南亞拉岡和卡斯提爾長久以來的歷史發展和國家制度都截然不同，各有各的特色和認同。費迪南和伊莎貝拉雖自稱為「西班牙的國王和王后」，並不表示他們想建立一個超級大國，而是要為兩個不同的國家開啟一段緊密的合作關係。但他們確實希望兩國有一致的文化和共同的信念。某方面來說，西班牙的猶太政策造成了正面的結果。選擇改信基督教的猶太人變成西班牙的資產，人數比被驅逐者還多，這是額外的好處。這麼多人才，這麼多使猶太社群壯大的潛能，都因為被迫改信基督教而落入西班牙國王手中，不得不加入西班牙的主流生活。學者喜歡追究

十六、七世紀西班牙文化的大人物有哪些是改信基督教的猶太人，因為這些猶太人及其後代在文學、科學、藝術和知識上的成就十分驚人，與其人數完全不成比例。他們就是西班牙打造黃金時代所用的煉金材料。

第五章　「上帝在生我們的氣嗎？」

——義大利的文化和衝突

一四九二年四月八日：「偉人羅倫佐」逝於佛羅倫斯。

事發之前的預兆有的聖潔，有的可笑。在一四九二年之前，羅倫佐．德．梅迪奇在佛羅倫斯當家作主已超過二十年。他從未擔任過官職，卻從二十歲就開始統治佛羅倫斯，操控當地的制度和財富，鼓勵贊助城內的作家、學者和藝術家，無情打壓政治仇敵。惡兆出現之前，他的地位似乎堅不可摧。

一四九二年四月五日早上，有個女人在聖塔瑪利亞諾維拉的教堂作彌撒時，突然從位子上跳起來，「大喊大叫跑來跑去」，說她看到「一頭氣沖沖、頭上的角著了火的公牛正在拆這間大教堂」。過不久「天空剎時烏雲籠罩」，閃電劈倒了大教堂著名的圓頂——當時世界上最高的教堂圓頂。頂端的大理石擋光板倒塌，撞向北面牆壁，「尤其是可以俯瞰梅迪奇宅邸的那一邊，巨大的大理石碎塊遭強力扭曲變形。還不只如此，屋頂上那些鍍金球，有一顆被閃電擊落。」[1]這是一大惡兆，因為那些鍍金球就是梅迪奇家族的象徵，當初是羅倫佐下令加到屋頂上，讓鍍金球成為天際線的一部分。

三天後羅倫佐去世。一位受羅倫佐贊助的詩人玻利提安，很擔心與他通信的友人所看到的並非幻覺。果然天象預言了羅倫佐的死亡：「羅倫佐去世那晚，一顆比平常大而亮的星星掛在他臥床的鄉間別墅上方，就在證實他斷氣的那一刻，那顆星似乎就墜落、熄滅了。」[2]也就是說，羅倫佐的死亡跟耶穌降生一樣，都伴隨著異象。羅倫佐死後閃電持續了三天，照亮了麥迪奇家族的墓穴。關在籠裡嚇唬、娛樂市民的兩頭獅子打了起來，彷彿在預告接下來的內鬥。天空閃現詭異的亮光、母狼發出號叫。在諸多被視為惡兆的事件之中，甚至某知名醫師自殺身亡都被解釋成「給領主幽魂的獻祭」，因為「梅迪奇」（Medici）的字面意義就是「醫師」。

羅倫佐死前曾開玩笑說，他希望死神等到他讀完圖書館裡的書再來找他。一名人文學者寫給玻利提安的弔唁信用詞偏頗：「上帝在生我們的氣嗎？為什麼帶走這世上最睿智的人，帶走了所有希望，所有美德的象徵和指標？」但他接下來所下的結論應該不會有人反對：「邪惡有如落雪，降臨在我們四周的山丘上，當山頂上的積雪融化，就會變成磅礡的河流。」[3]那不勒斯國王則感嘆羅倫佐這一生「長到足以功成名就，短到不足以讓義大利茁壯。」如今他走了，安定和平何以持續？

「我不是佛羅倫斯的統治者，」羅倫佐在一四八一年寫道，「我只是個掌握了某些權力的市民。」[4]這句話嚴格說來並沒有錯。在一個共和國精神根深蒂固的國家，成為領主是種不切實際的志向。佛羅倫斯省的其他城鎮在中世紀末都曾臣服於領主統治，但不包括佛羅倫斯這個城市，至少佛羅倫斯人如此自嘲。十五世紀初佛羅倫斯的偉大思想家里奧納多・布魯尼便相當自豪：當僭主**（tyrant，又譯為暴君，非經世襲或合法程序取得政權的統治者。）**紛紛在各地當政時，佛羅倫斯依然守護著傳統，以古羅馬共和國的根據地自居（據傳如此）。一四七八年，反抗分子策劃暗殺羅倫佐並自視為羅馬政治家布魯特斯的化身，當年布魯特斯暗殺凱撒就是為了保有羅馬共和國的純正。「人民和自由！」是反抗分子常喊的口號，但我們不能太相信字面上的意思，因為反抗行動多半都是遭排擠的家族，挺身對抗梅迪奇偏袒的家族。事實上，很少人願意犧牲寡頭政治帶來的好處，他們只是想要自己能夠隨心所欲利用這些好處。人文主義者阿拉曼諾．里努契尼也站在反抗分子這邊，他在《論自由》這本未發表的著作中暗批羅倫佐，但砲火主要瞄準受梅迪奇提拔而走上仕途的暴發戶。

羅倫佐坦承自己握有「某些權力」，這使他的地位高於一般市民。他從未擔任官職，甚至從來不是佛羅倫斯執政議會**（即元老院，Signoria，九名成員皆由行會組織選出。）**的一員，更不是國家元首，**（即正義掌旗官，Gonfaloniere，由元老院的九人小組中產生。）**但這都無所謂。佛羅倫斯的體制深受共和國體制影響，因為種種防堵獨裁統治的規定而四分五裂，到頭來官員變得有名無實，毫無實權可言。官員每隔兩個月換一次，由間接選舉及抽籤這種混合制度選出，合格的候選人名單包括貴族成員和有錢人，但名單也經常變來變去。掌握權力的關鍵不是擔任官職，而在操控體制。羅倫佐正是檯面下的統治者。

編按：文中出現在括弧內的粗體字為譯註或編按。

《紐倫堡編年史》特別呈現了佛羅倫斯的壯觀景象，可見兩城市的人文學者關係緊密。

他的統治手法的第一要素，就是巧妙地操縱體制和人脈。羅倫佐什麼組織都願意加入，什麼人都願意栽培。他跟梅迪奇家族以前的統治者不同的是，他會在大教堂和廣場上跟市民聊天。他參加的宗教團體、行會和委員會比誰都多，那都是他累積人脈、掌握消息的手段。他參與的組織會把正式事務向他報告，更重要的是，會中的流言閒語也會傳回他的耳中。統治一個共和國就是主宰控制的學問，關鍵在於操縱間接選舉和抽籤制度，因為這些制度會決定執政階層和其他有影響力的委員會的成員。舉例來說，曾把羅倫佐的父親逼下台並走上流亡之路的里納多．阿爾比齊，就忽略了操縱選舉的重要性，到最後支持者被趕走，對手又東山再起。走旁門左道是唯一保險的方式。羅倫佐利用賄賂或脅迫等方式操縱選舉規則，偏袒自己人，動手腳決定抽籤的結果。

如此一來，即使沒有正式的司法權（當時被視為掌握統治權的主要指標），羅倫佐還是可以隨心所欲分派正義。一四八九年他做了一件惡名昭彰的事：他下令執行一項公開處決，並且將一群膽敢跟他唱反調的旁觀者處以鞭刑。他唯一可供辯解的理由是，一直困擾他的痛風那天特別嚴重。梅迪奇家族是佛羅倫斯實際上的王室，羅倫佐是家族的第四代，他死後，城內的重要人士紛紛前來請求他兒子接任其位。

羅倫佐撒錢買下他無法強奪或詐取的權力。慷慨施捨使他顯得偉大。一四七八年當他逃過一次暗殺行動，前來支持他的群眾大喊：「給我們麵包的羅倫佐！」[6]他榨取國家的財產（證據雖非鐵證，但參考價值頗高），侵吞與他合夥做生意的親戚的錢。他濫用金錢以獲得並鞏固權力，從不解決入不敷出的問題，他有句名言：「在佛羅倫斯，控制是通往安定的唯一途徑。」但控制要花錢，而羅倫佐跟前人一樣有過分揮霍的傾向。他繼承了一筆據他估計超過二十三萬弗洛林金幣的遺產，在當時的佛羅倫斯無人能出其右。但這筆錢從他祖父的時代就開始減少，後來被騙走了一些，新事業（出口明礬）又幾乎將之虧空。羅倫佐個人的揮霍無度更使情況惡化。[7]

羅倫佐的統治方式的第二要素是：善用宗教。雖然他只是個出身寒微的平民，他對宗教的影響力卻有如一國之君。他的情詩寫得不錯也廣為人知。他的宗教詩對政治的影響較大，但並不代表這些詩不夠虔誠，要成為偉大的聖人，以坦承自身罪孽為起點並非壞事。羅倫佐的詩有些確實頗具說服力，比方渴望在上帝身旁「歇息」及讓「疲憊的心靈」得以「喘息」：心的昭然渴望被俗務蒙蔽，良知被權力賦予的責任擾亂。他在〈至善〉一詩中提問：

一顆心如果被貪婪所惑
充滿這類不知節制的希望
以及無止盡的恐懼
如何能找回平靜？[8]

他所屬的教會團體都讚揚他對悔過自新的呼籲。他在家族贊助及擁護的宗教組織上砸下重資，尤其用心扶植佛羅倫斯的聖馬可道明會——孕育偉人之地，安基利軻曾在此地作畫。聖馬可曾陷入財務困境，徵求自願從事神職者，直到羅倫佐解囊相助才脫困。羅倫佐的動機不全是為了宗教，對他來說聖馬可修道院是支持者的匯集地，修道院就位在佛羅倫斯的中心地帶，該地跟梅迪奇家族的關係最為久遠。羅倫佐設法把它變成托斯卡尼（佛羅倫斯是托斯卡尼地區的城市）道明會修士的根據地，由此擴展對教會事務的影響力。他也試圖推動讓他父親寵愛的佛羅倫斯大主教安東尼諾封聖，但未成功。羅倫佐死後，他的支持者視他為聖人。[9]

最後一招統治術是，羅倫佐將威嚇手法發揮得淋漓盡致，跟他口口聲聲說的崇高目標很難連得起來。他用財富買到了最粗暴的權力：惡棍和殺手在城內欺壓人民，傭兵和外國盟友則從城外恐嚇。羅倫佐到處拉攏關係，有時是教皇，有時是那不勒斯國王，但絕不會漏掉米蘭公爵。雙方的條件一定包括必要時派兵幫助羅倫佐平定政變或革命。大家對他心懷恐懼，不只是因為他隨時可派傭兵或外籍兵團鎮壓反抗行動，也因為他實施恐怖政治讓反抗者不敢妄動。佛羅倫斯的啟蒙運動其實發生在一個殘酷、野蠻又血腥的地方，死刑犯的屍塊散落街上，報復者以模擬吃人儀式來終結世仇的生命。羅倫佐利用殘忍的手法和血腥的復仇讓仇敵不敢輕舉妄動。

其中最狠毒也極具代表性的一次報復行動，鎖定的是一四七八年暗殺行動的參與者。平常，死刑犯都在城牆外處以絞刑以免污染城市，但羅倫佐卻命人將人犯從議會所在地的窗戶丟下去，讓大廣場的民眾看見他們攞盪掙扎、尖叫哀號、痛苦抽搐的慘狀，直到身體撞到地面，四分五裂，這才滿足了觀眾的復仇之心。羅倫佐把復仇變成一種政策，讓受害者的遺族從此一無所有。有一陣子，佛羅倫斯政府甚至禁止人民娶這些痛失親人或成為孤兒的女性遺族為妻，這麼做等於要這些女人活活餓死。

羅倫佐的偉大之處不只在政治領域，在藝術領域也不遑多讓。雖然梅迪奇家族是藝術贊助者，卻從來不是品味的領先者。對梅迪奇家族來說，藝術代表了權力和財富。但羅倫佐不是這樣，他並非現代學者所描述的那個鄉巴佬。他是個不折不扣的藝術愛好者，光是他寫的詩就足以證明他有充分的敏銳度和好耳力。他的眼光也許沒那麼完美，主要是收藏稀有、視覺效果搶眼的珍品，例如珠寶、小型青銅古董、金飾和寶石飾品。梅迪奇家宅的庭院陳列了許多古代碑文，同樣也是品味和財富的展現。

以梅迪奇家族的標準來看，羅倫佐在建設方面不算太鋪張，可能是政治上有所受限所致。但他仍對公共建設計畫保持高度興趣，也默默整修家族贊助已久的宏偉建設和宗教建築。但他偏愛的建築都帶有一絲俗麗和炫耀，光看大教堂屋頂的黃金圓球便知道，尤其是當預言中的閃電將球擊落時，更提醒了人們這一點。羅倫佐喜愛的繪畫明顯遺傳了梅迪奇家族歷任統治者的特點，但以文藝復興的標準來看已經過時，例如戈佐利和烏切羅的畫作那種寶石般的濃硬色彩，他們所用的鍍金、天藍和豔紅等鮮豔顏料，就像羅倫佐收集的名貴珠寶一樣閃閃發光。他喜愛的戰爭畫作多少展現了他對騎士精神的著迷。騎士比武大會是他最喜歡的場面之一，他還會搜集華麗的比武盔甲以加入收藏品之列。不過他在金飾、珠寶和精緻小巧的古董上砸最多錢，這類財富摸得到、感覺得到，政治情勢轉向時也能快速搬動，還可當作流亡時的慰藉——羅倫佐的父親和兒子都曾面臨流亡的命運。[10]

無論羅倫佐的藝術品味或花錢方式有何缺失，他都是當時最重要的藝術贊助者。他的死不只讓政治體制瓦解，也使我們稱之為文藝復興的偉大藝術和文化運動險些斷絕。

如今看來，文藝復興已不能算是獨特的文化運動了。史學家發現，從西元五世紀到十五世紀間，幾乎每個世紀都有復興古典時代的價值、品味、思想和風格的現象。西方社會從未跟古希臘羅馬留下的遺產一刀兩斷，伊斯蘭世界也不例外。古典時代的文化和後來的復古運動都是大規模文化互動的產物，橫跨歐亞大陸，反映且混合了東亞、南亞、西南亞和西亞帶來的影響。文藝復興的實際狀況也跟其響亮的名聲不符。如果我們從歷史中去尋找歐洲走向進步、繁榮和今人認同的價值觀等等跡象，不免會被十五世紀末西方作家期待新「黃金時代」降臨的興奮激動感染。因為如此，如果你受的是西方主流教育，想到文藝復興時你想到的一切可能都是錯的。

說文藝復興是具有「革命性的」，錯，學者發現在這之前出現過六次文藝復興運動。說它是「世俗的」或「異教的」，不全然是，因為教會仍是多數藝術和學術的贊助者。說它是「為藝術而藝術」，錯，它仍然受財閥和政客操弄。說這時期的「藝術作品前所未有地寫實」，不完全是，透視法在當時是一種新技術，但許多前文藝復興時代的藝術作品在情感表達和人體構造上也很寫實。說「文藝復興提高了藝術家的地位」，錯，中世紀的藝術家可能封聖，相較之下財富和頭銜反而有損品德。說它「否絕了經院哲學，開啟了人文主義」，錯，文藝復興是從中世紀的「經院人文主義」中產生的。說它是「柏拉圖學派及希臘文化迷」，錯，柏拉圖主義只占部分，過去也一樣，而且大部分學者對希臘文涉獵不深。說它「重新發現了古典時代的經典」，不算是，因為古典經典一直都在，一樣給人啟發，只不過十五世紀的人對古典時代的興趣大幅增加。說「文藝復興發現了自然」，稱不上，過去歐洲沒有純粹的風景畫，但自從十三世紀聖方濟在戶外發現上帝之後，自然就獲得了神聖的地位。說它是「科學的」，錯，因為每個科學家背後都有一個巫師。說它「開啟了現代」，錯，每個時代都有自己的現代性，而所謂的現代都是過去孕育而生的。如果對我們來說，現代性約在羅倫佐死後浮現，那麼我們就得把眼光放大，看它在全世界如何蠢蠢欲動。

即使在佛羅倫斯，文藝復興也只代表少數人的品味。布魯內列斯基設計的洗禮堂大門——一般認為一四〇〇年的該項計畫為文藝復興拉開序幕——因為太前衛而遭駁回。一四三〇年代，將透視法和雕塑寫實主義融入聖塔瑪利亞德卡敏教堂壁畫的畫家馬薩其奧，其實只是該案的助理，監督他的大師是個保守反動的畫家。義大利當時最受歡迎的畫家通常都是最保守的畫家，例如平圖里喬、巴多維內蒂和戈佐利，其作品類似中世紀精美的微型畫，金箔閃閃，顏料燦燦，而且都是昂貴的顏料。米開朗基羅設計的大廣場——以古典列柱將之包圍——從未真正動工。很多激勵十五世紀佛羅倫斯人的「古典」藝術都不是真正的古典藝術：洗禮堂其實是西元六、七世紀的建築；鑑賞家誤以為是羅馬神殿的聖米尼亞托教堂，歷史不會早於十一世紀。

由此可知，佛羅倫斯其實並不古典。有些讀者可能認為這樣斷言太過輕率。畢竟我們可以套用類似的邏輯認定雅典古城也不古典，因為雅典城內的多數居民都有著其他價值：他們崇尚奧菲神祕主義，相信非理性的神話，排擠或譴責當時最前衛的思想家和作家，偏好的社會制度和政治政策是嚴守道德的「家庭價值」——就像今日「沉默的大多數」所偏好的一樣。亞里士多芬的劇作（諷刺了當時貴族的惡習）比亞里斯多德的《倫理學》更能反映希臘人的道德觀。佛羅倫斯也有自己的「沉默的大多數」。他們的聲音，到了一四九〇年代，迴盪在道明會修士吉羅拉摩．薩佛納羅拉激動熱烈的布道中，以及幾年後受這些布道激勵而上街高喊革命的吶喊中。

一四九二年義大利的主要城邦

薩佛納羅拉生於一四五二年，出身優渥，享盡富貴榮華。他後來怎麼會放棄富貴已經不得而知，有可能是受虔誠的祖父激勵，或是被沽名求利的父親逐出家門。他向父親坦承自己投入神職的信中，用字遣詞帶有一絲譴責和反抗。

> 促使我投入神職的原因如下：第一是全世界的苦難，還有人類的罪惡、邪惡的肉慾、通姦、偷竊、傲慢、偶像崇拜、褻瀆神聖，這些都無所不在，導致好人難尋……因此我天天向主耶穌祈求，請祂把我拉出這片泥沼。……希望你相信，我的生命中沒有比放棄這身血肉之軀投向我不認識的人群，將自己的肉體獻給耶穌更加痛心傷神的事……我拚命揮舞抵抗，阻止惡魔跳上我的肩膀，我越是奮力抵抗越是想到你……這些傷口淌血的時光會很快過去，我希望終有一天我們會在這一世的恩典、下一世的榮耀中獲得安慰。[11]

他最大力抨擊的是同性戀和出賣肉體這兩種罪，相較之下他對其他罪惡就比較含糊其詞。二十歲那年，薩佛納羅拉就深信自己會「與世界為敵」。他加入了道明會，一個以傳道為天職、積極向窮人布道的修士會。他奉行最嚴格的行為準則，連最微不足道的私人財產都要全部放棄。

但薩佛納羅拉不是個熱愛引用聖經的熱血傳教士。他原本是一名學者中的學者，在所屬教會中是頗富聲望的邏輯學教師。早期來聽他布道的人都是「笨蛋和少數小婦人」。一四八〇年代末他發現自己有布道的天分。群眾的恭維使他改變了方向，開始相信「耶穌經我的口說話」。他常誇大其辭到瘋狂的程度，並稱之為上帝的愚行。他一向犀利的看法越來越極端，比方羅馬已經顛倒錯亂、真正的教會是窮人的教會且唯有上帝知曉。他把自己塑造成對生活不滿、走投無路之人的領導者，他痛批富人之惡的演說也越來越具政治煽動力。他宣稱「惡魔利用權貴來壓榨窮人」，並譴責能「用錢買到一切」的人的貪婪和自私。版畫上描繪出他在波隆那完成三年學業、於一四九〇年返回佛羅倫斯時對群眾「表演」的模樣（稱之為「布道」不夠貼切）：他對著擁擠的人群揮舞雙手，激烈比劃，一手往外伸表達譴責，另一手則指著天空。[12]

根據薩佛納羅拉後來的回憶，當時他正在朗讀聖經，從創世紀開始唸，「但我不知道自己為什麼唸」。這等於是說，他是受到神啟才唸出經文。「當我唸到大洪水那裡的時候，」他寫道，「就再也無法繼續。」末日將臨、天將降災以懲罰邪惡世界的感覺強烈無比。他突然從布道轉向預言。一四九一年四旬齋的第二個禮拜日，他做了一次據他說令他自己感到害怕的布道。過了輾轉難眠的一夜，他預言浪費奢侈的生活已到終點，貧窮和慈善及「耶穌在人心」的新體制將取而代之。[13]

他開始一再看見幻覺，並反覆在布道中提起。他多次看到刀劍如雨降下羅馬；耶路撒冷上空出現黃金十字架；上帝伸手打擊惡人，天使分發十字架給願意展開精神聖戰以拯救教會及避免城市腐化的人；天使帶著滿溢的聖杯回來，給收下十字架的人美酒，給拒絕的人苦澀的糟粕。最受薩佛納羅拉的擁護者歡迎的一幅版畫中，耶路撒冷人都脫光衣服接受洗禮，一旁的佛羅倫斯人則別開目光。一枚為了搶占薩佛納羅拉紀念品市場而打造的勳章，呈現了天降災禍和豐饒富庶並存的矛盾景象。薩佛納羅拉在道出其布道精髓的回憶中寫道：

我透過想像的力量，看見一個黑色十字架出現在墮落的羅馬上空，上面寫著「上帝的憤怒」一行字，刀劍矛叉和各種武器如雨降下，冰雹碎石亂飛，長而駭人的閃電劈打陰暗渾濁的天空。我還看見另一個黃金十字架，出現在耶路撒冷上方，從天空延伸到地面，上面寫著「上帝的慈悲」，這裡的天空平靜祥和，清澈無比。我因為這幅景象所以要告訴你們，上帝的教會需要革新，而且要快，因為上帝發怒了……另一幅景象：我看見義大利上方有把劍，劍在顫抖，我看見天使前來，一手拿紅色十字架，另一手拿多條白色聖帶。有些人拿了聖帶，有些人不想要……頃刻間，我看見那把在義大利上空顫抖的劍尖朝下，風馳電掣剝了這些人的皮……皈依吧，佛羅倫斯，除了懺悔別無救贖。趁還有時間快披上白色聖帶……再晚就連懺悔的機會都沒有了。[14]

對薩佛納羅拉的狂熱提出指控並不令人意外。「我沒有瘋，」薩佛納羅拉反駁。一開始他不願說明自己的預言從何而來，因為「過去我也會嘲笑這類事情……我並不是說上帝對我說話，我也不曾這樣告訴你們。我既不承認也不否認。你們離信仰太遠所以不信，寧可相信跟人一起妖言惑眾和預言未來的惡魔。」薩佛納羅拉也沒犯下自我吹捧或妄稱上帝的恩寵即能證明上帝慈悲的錯誤。「這種靈光，」他坦承，「不能證明我是對的。」靈光指的就是他的預言天賦。但到了一四九二年一月，他越來越輕率。「說這些話的人不是我，是上帝，」他開始改口。[15]

只要提到佛羅倫斯（而不是教會），薩佛納羅拉對財富、腐敗和這城市的普遍道德狀態的不滿，都明顯地指向偉人羅倫佐。但羅倫佐絲毫不焦慮也不惱火。他曾經驅逐另一名慷慨激昂的方濟會布道者博納多．達．費爾特，因為懷疑他想造反，但他對薩佛納羅拉卻百般容忍。羅倫佐很重視對道明會的付出，他把佛羅倫斯的道明會當作梅迪奇家族特別扶植的計畫，希望利用宗教改革者的行動和論點擴大自己家族對教會的影響力。

然而，薩佛納羅拉公然挑戰羅倫佐的意圖越來越明顯。他挑戰羅倫佐的理由不只是也不主要是政治，還有哲學和品味，他也積極尋求知識分子和平民大眾的支持。在說出預言之前，他會先剖析占星術的謬誤，因為占星術是羅倫佐所屬的圈子熱中的神祕學。兩人的另一個衝突點跟理性和科學的效用有關。薩佛納羅拉將邏輯學狼吞虎嚥之後寫成的《邏輯概論》，是一四九二年最有影響力的出版品之一。他在書中把理性貶為惡魔，對他而言，若說亞里斯多德和柏拉圖這類異教徒有什麼可以教給聖經讀者的思想，簡直令人作嘔。薩佛納羅拉譴責尚古的神學家似是而非的論點，因為他們想把古希臘羅馬人放進上帝的救贖計畫。他指出這些人用取巧的語源學把天神朱比特（Jove）跟耶和華（Jehovah）連在一起。他不屑古典學者讓異教神兼作基督教美德的化身，並對他們煞有介事地召喚維吉爾扮演基督教先知予以百般諷刺。他還鄙斥人文主義極為重視的一個論點：古希臘人也曾經驗過某種神啟。

同年十一月，玻利提安以《拉米亞》一書提出反擊。書名指的是一個家喻戶曉的希臘神話人物拉米亞女王，她因為痛失愛子而失去理智，變成弒童的怪物。在文藝復興時代學者的認知中，拉米亞代表虛偽，（到了文藝復興時期，拉米亞經常被描述為上半身為人下半身為蛇的形象。據說天神宙斯給了她挖掉自己眼睛的能力，讓她可以預知未來。）玻利提安藉此批評薩佛納羅拉濫用學問來攻擊學問。當時的歐洲對女巫極端排斥畏懼，玻利提安便把對手比作據說夜裡會挖出眼睛進行惡

薩佛納羅拉批評當時人文主義者偏愛用來預測政治走向的占星術「不僅背離聖經也違反自然哲學」。

魔儀式的老巫婆，或是會摘下眼睛和假牙、不懂自我反省的老頭子。玻利提安強調哲學是對真理和美的思忖，而上帝是人類靈魂和心智的源頭，祂賜人靈魂和心智以觀察自然，自然再倒過頭來揭示上帝。

薩佛納羅拉對詩的看法也跟羅倫佐的圈子南轅北轍。羅倫佐本身及其追隨者都熱愛詩也寫詩，薩佛納羅拉卻公開表示他厭惡詩。一四九二年二月二十六日，玻利提安出版了一本名為《萬物書》的知識大綱，在書中為他最喜歡的詩提出乍看之下很了不起的理論：詩是一種特別的知識，與理性、經驗、學識或權威毫無關係。詩是一種啟悟，來自神的啟悟，幾乎等同於神學，都是使上帝現身於人前的方式。玻利提安提出的論點代表了大多數學者的意見，是佛羅倫斯學術圈普遍的看法。同年夏天，偉人羅倫佐逝世，薩佛納羅拉寫書反駁玻利提安的理論。他認為詩可以讚美上帝這種說法太過猖狂。「詩人用骯髒發臭的嘴，」他認為，「褻瀆了神聖。他們不識聖典和上帝之美善，以最噁心好色的朱比特神和其他偽神及淫蕩女神的名義批評我們全能的、神聖無比的造物主，其他人不該擅自提起祂的名，除非祂在聖典中恩准。」他還說詩「屬於最低俗的」一種藝術形式。[16] 同樣受羅倫佐贊助的畫家波提且利，則以名為《毀謗》的寓言畫，用神祕隱諱的方式為薩佛納羅拉痛批的詩神學進行辯護。[17]

另一方面，薩佛納羅拉開始在布道中號召眾人燒毀詩人和柏拉圖主義者的書。幾年後他的支持者奪得佛羅倫斯的政權，將羅倫佐的繼承者趕下台，並放火燒了梅迪奇家族的奢侈品，嚴禁古典文學中崇尚享樂的異教風俗。

一五〇〇年描繪薩佛納羅拉的版畫《預言的真相》，佛羅倫斯的版畫家想像薩佛納羅拉正在跟各個宗教的博學之士辯論。

事後看來，薩佛納羅拉似乎把羅倫佐的死看成跟他痛恨的價值一決勝負、藉由神聖的力量來證明自己的關鍵點。他聲稱早就算到會有這麼一天。閃電擊中大教堂的前一晚，他失眠的毛病又犯了。當時是四旬齋的第二個禮拜日，經文選讀的是拉撒路的故事（約翰福音第十一章），但薩佛納羅拉無法集中精神，上帝占據了他的心思。「這句話，」他後來回想，「浮現我腦海：『看那上主之劍，迅捷如飛，覆蓋大地。』所以那天早上我才在布道時對你們說，上帝的怒火被激起，劍已備妥，近在手邊。」[18]

薩佛納羅拉自稱早已預知的另一起死亡發生在七月二十五日。教宗英諾森八世在當天逝世。要了解此事的重要性，我們有必要回顧他的一生。大多數人對英諾森的印象都不佳。佛羅倫斯大使谷坦托尼歐・維斯普契委婉地總結了一般對他的觀感，他說教宗「適合接受建議更勝於給予建議」。[19]英諾森一四八四年在一次僵持不下的選舉會議中當選教宗，據說當晚他是在自己的房間裡簽署請願書。（在這場各派系均無法取得多數的情況下，英諾森獲得朱利安諾樞機主教一派的支持而當選。）英諾森的和藹善良眾所皆知，但他實在無法勝任教宗的工作，連少數健康狀況良好的時期也不例外。

英諾森在位期間飽受那不勒斯國王的質疑和騷擾，對方否定歷任教宗對那不勒斯王國的司法權，甚至在教宗管轄的城邦內煽動叛變。西班牙、法國和英國為了那不勒斯及受其連動的西西里王位爭論不休已逾兩百年，從西班牙征服者建立亞拉岡王朝，推翻法國的安茹王室就已開始。安茹王室的後代一直設法奪回權位並持續策劃政變及發動攻擊。安茹王室的主張在其後代王室間引發爭議：洛林公爵態度強硬但掌握的實權不足以落實其主張；英國國王早已放棄西西里；法國國王則因權力日漸擴大而成為最有可能獲勝的競逐者。

薩佛納羅拉還預言法國會攻占義大利以奪回安茹王室的繼承權。法國就像一把劍，刺穿他看見的許多幻象。不過就算不是先知，也能猜到法國進攻義大利是遲早的事。英諾森一上任，大家就有這種預感。

所有期望都落在法王路易十一身上。他宣稱自己擁有那不勒斯和西西里的所有權，因為他是安茹王室的繼承人。可是路易太謹慎而實際，不敢冒險發動遠程戰爭。路易不是註定要揚名立萬的那種人，他工於算計，行事審慎，目標實際。「我不認為我看過比他更好的國王，」他的大臣寫道，「他雖然壓迫自己的子民，但絕不准許其他人這麼做。」精明加上好運使他在位期間國運昌盛。一四七七年，他的死對頭勃根地公爵「大膽的查理」試圖重建洛林古國，卻在南錫之戰陣亡。英國人十五世紀初曾進犯法國，試圖在當地建立王國，但在一四五三年被趕出歐陸，他們之前占領的土地也仍對法王忠心耿耿。如此一來，路易就能主張過去那些有名無實的法國國土歸他所有，包括南邊的朗格多克和北邊的布列塔尼。法國成了基督教世界擴張最快的國家。勝利養大了野心，引來了妒忌，也使外邦自動靠攏過來要求結盟。

路易的兒子及繼承人查理從小所受的栽培，可能有意要讓他走上與父親不一樣的道路。路易不是個稱職的父親，但他有機會參與兒子的教育時卻反常地拉高標準。

我們的造物主上帝賜與我們許多恩典，因為祂樂於讓我們成為世上最傑出的地區和國家——法國王國——的領袖、統治者及君王。過去的法國君王高貴又英勇，因此獲得正宗基督教之王的稱號，他們讓許多大國和異教徒所在的不同國家接受正直的天主信仰，根除國內的異端和罪惡，保留羅馬教宗和教會的權利、自由和特權，並從事各種值得永久留念的善行，其中有些人甚至榮獲封聖，將生生世世在天堂陪伴上帝，沐浴在祂的榮光之中。[20]

這套說法在法國王室中常聽到，此外諸如國王乃人民公僕之說也是。但它跟其他大多說詞一樣，違反的部分比遵循的部分更多。查理的價值觀，即他理解自己身為基督教國王的架構，多半來自騎士故事和騎士精神，而非聖人故事和經院傳統。一四八三年他登基成為查理八世時才十三歲，就決心要成為跟父親截然不同的國王。兩人的個性也很不同。路易實際，查理情緒化；父親是現實主義者，兒子是浪漫主義者。查理大半童年都跟在母親身邊，讀母親的書，漸漸迷上我們現在所謂的都會女性小說，換成當時就是富浪漫色彩的騎士文學，差不多也是讓哥倫布一頭栽進去的冒險故事，相當於中世紀的廉價小說。這類小說中的英雄通常會踏上危險重重的旅程，征服遙遠的國度，娶異國公主為妻。查理在《梅露辛的故事》中讀到，某王后的幾個兒子（跟他一樣的年輕人）前往賽普勒斯和愛爾蘭探險、征戰。

皇后陛下，請聽我們說，我們出外遠遊的時候到了。踏上旅程才能認識他方的土地、國家

> 和風土民情，在遙遠的地區贏得榮譽和盛名……在那裡我們會知道遙遠的國度跟我們有何不同點，又有何共同點。之後如果命運或好運願意眷顧我們，但願我們能征服其他國度和土地。[21]

這個遠行計畫十分精準地預示了查理的野心。梅露辛跟愛好冒險的兒子告別，准許他們去做「自己想做的事，以及自認為有利且光榮的事。」她建議他們遵循騎士生活的所有準則，另外也給了他們一些忠告，其中似乎預見了查理征服土地的方式：

> 若上帝賜給你好運，使你得以征服土地，勿忘根據每個人的本性和階級來管理百姓和臣民。若有人反抗，一定要加以壓制，清楚讓他們知道你是他們的統治者。萬萬不可放掉身為國君的權利……向臣民收取租稅，不再另外徵稅，除非有正當的理由。[22]

然而，這些孩子的繼承者沒有聽從她的其中一個忠告。「絕對不要，」這位女中豪傑說，「灌輸給自己不合理或非真實的事。」偏偏騎士文學的作家寫的故事都是奇聞傳說、妖魔鬼怪、不可思議的事件和不可能做到的事。讀者把這些故事當作真實發生的事，就像現代電視迷把肥皂劇當真一樣。薩柏和夏特爾兩地大教堂的彩繪玻璃上就畫了虛構故事中的朝聖之旅。很多人都沉迷於騎士故事，查理八世也不例外。

跟查理的未來更切身的是《三王子故事集》。書中，法蘭西、英格蘭和蘇格蘭的王位繼承人偷偷離家，前去援助那不勒斯國王和他美麗的女兒尤蘭達抵抗土耳其人。「只要踏上旅程，」求助於王子的騎士大力慫恿，「你們就能通曉全世界的知識，任何人都願意向你們臣服。你們將青史留名，連特洛伊的赫克特或亞歷山大大帝也望塵莫及。」一四九二年八月，查理正計畫前往那不勒斯探險時，又重溫了一遍這本書。他的道德養成多半來自這類俠義小說、騎士典範，故事都擷自特洛伊戰爭的故事，並以赫克特王子和智慧女神的對話形式呈現。[23]

史學家一直試圖推翻查理八世沉迷於騎士故事、滿腦子浪漫幻想的傳統觀點。問題是，針對他的行為提出的其他解釋都難以成立。入侵義大利對他並沒有經濟或政治上的好處，但騎士故事對其自我認知造成的影響似乎無可否認。身為赫內公爵（安茹王室）的傳人，查理也繼承了一項充滿浪漫色彩但註定失敗的大業。耶路撒冷——久違了的十字軍東征之地——在那不勒斯和西西里之外向他招手。雖然其他國王提出質疑，但耶路撒冷國王的頭銜仍歸西西里國王。從查理的相關紀錄看來，他終其一生都熱中於收集騎士故事。他認同義大利過去的一位征服者——跟他同名的查理曼大帝，後來很多作家將他重新塑造成故事中的英雄人物。查理將兒子名為查理歐蘭，因為查理曼大帝的好伙伴名叫羅蘭。羅蘭的傳說同樣孕育出許多故事，故事中的他到南義大利流浪，行俠仗義，甚至在另一個同樣虛構的英勇故事中，為了抵抗穆斯林犧牲了生命。查理曼大帝不只是歷史上的人物，傳奇故事還將他塑造成一名十字軍戰士，還有故事說他曾旅行到耶路撒冷，但實際上從來沒有。他既是過去也是未來的國王，傳說中他從未死去只是暫時沉睡，待統一基督教國家的時機成熟就會醒來。這個傳說與末代君王即將出現的預言結合，預言家認為這位末代君王將征服耶路撒冷，擊敗反基督的力量，開啟一個新紀元，迎接基督復臨。

另一方面，各懷鬼胎的義大利人則對查理的美夢表示支持。查理攻進西耶納山城時，市民高舉他和查理曼大帝（查理崇拜的先帝）的肖像迎接他。佛羅倫斯的政治分崩離析時，有些人想拉攏他一同抵抗其他陣營。威尼斯人和米蘭人希望與他合作對抗那不勒斯和教宗。教宗跟那不勒斯起爭執時，又希望他站在教會這邊。查理還是個小男孩時，教宗思道四世曾送他一把劍（他得到的第一把劍）當作聖誕禮物。

如果查理曼大帝前往那不勒斯之路最後通往耶路撒冷（至少在虛構故事裡），不難想像查理八世也會一路追隨他的腳步前進。重拾對抗土耳其人的十字軍東征似乎越來越有可能成功。鄂圖曼帝國的嚴重內鬥使覬覦蘇丹王位的傑姆大公投向羅德島騎士團的陣營，後者在一四八二年把傑姆送到法國以確保安全。《三王子故事集》曾寫到一個土耳其親王皈依基督教並促使人民改信基督教，這對查理來說簡直就像某種預言。埃及的蘇丹這次把政治置於宗教之上，砸了百萬達卡幣支持新一代的十字軍。（傑姆大公爭奪王位失敗後，最早是逃往埃及受馬木魯克人庇護，見第四章。）在此同時，土耳其勢力對地中海的威脅加劇，攻擊行動擴散到義大利，還有一支土耳其特遣部隊占領了奧托蘭多城。一四八八年，威尼斯一名遊說者到法國爭取支持。「現今，」他批評道，「信仰淪落，熱情已死。基督徒的理想直直跌落，我們再也無法說是為了耶路撒冷或亞洲甚至希臘——羅馬教廷為此派我們前來拜見陛下——而戰，只能說是為了義大利。為了神聖羅馬教會的城鎮和人民，我們前來請求各位的支援。」[24]

在前往耶路撒冷和土耳其人國度的路上，那不勒斯和西西里的王位顯得特別誘人。早在一四八二年，當時的教宗思道四世就把可能性攤在反應遲鈍的路易十一面前，清楚地暗示年輕的查理王子可從中獲益：如果法國想征服那不勒斯，「現在就是適當的時機……照繼承權來說，這片土地本來就屬於陛下。……教宗的希望是，陛下或王太子能為此王國投注心力。」[25]

一四八〇年代末，那不勒斯王國的內鬥似乎使這個計畫更加可行。一四八九年，查理在宮中接待了一群那不勒斯來的貴族異議分子。往後三年他們的人數持續增加。一四九〇年間，這群異議分子在查理朝廷中反覆開會，擬定征服計畫。教宗的使者帶回他們審慎觀察後的報告：法國終於下定決心要展開征服行動。後來查理跟米蘭結盟，打通南向路線；為確保北側的安全，娶了布列塔尼的安妮為妻，終於將危險而獨立的布列塔尼公國納入法蘭西。當一四九二年一月格拉那達失守的消息傳來，彷彿在鼓舞查理進一步完成輝煌的征服大業。幾週後，英諾森與那不勒斯講和，條件大致就是教宗可保有在那不勒斯的司法權（但必須尊重那不勒斯國王的意見），而那不勒斯則會以武力支持教宗。為了達成協議，那不勒斯人送給教宗他們最珍貴的收藏：據說是當年耶穌被釘上十字架時刺進他側身的長矛尖端。諷刺的是，當那不勒斯與羅馬教廷交惡時，法國對那不勒斯並不感興趣，如今兩方講和，法國反而對那不勒斯王位的興趣大增，此後造成的影響將變成一大禍害。一四九二年三月到五月，米蘭使節在巴黎慫恿法王做出最後的決定。他們的計謀激怒了亞拉岡王國的御用編年史家彼得．馬泰，這樣「把蛇蠍放在自己床上，期望藉此毒死鄰居的作法很蠢……等著看吧，查理要是還有點判斷力，就該知道如何利用手中的機會。」[26]

各方勢力互相拉扯的同時，偉人羅倫佐去世的消息傳來。最大的絆腳石消失了。佛羅倫斯因為羅倫佐的死元氣大傷，因為薩佛納羅拉的煽動布道戰戰兢兢，無力抵抗法國入侵。另一方面，英諾森跟那不勒斯談好條件、慎重收下聖矛不久，就被一場大病擊倒，最後一命嗚呼。醫生對他的病束手無策，據說有位醫師自願提供兒子的鮮血讓教宗喝，但教宗不肯。到了七月，英諾森胃痛難耐，腿上的潰爛慘不忍睹，看得出來已經時日不多。群眾躁動不安，樞機主教們開始安排教宗選舉會議。據佛羅倫斯大使說，到了七月十九日，教宗的肉體已死，但靈魂猶存，五天後才真正斷氣。但法國的征服行動還沒開始，就又出現了另一個絆腳石。英諾森八世已經決定支持另一個競奪那不勒斯王位的對手，卻因為猶豫不決和疾病纏身，不足以對查理的計畫構成嚴重威脅。

英諾森死後的教宗選舉在腐敗瀰漫的氣氛下進行。衛道人士喜歡找羅馬教廷麻煩。據當時反對教會最激烈、下筆最有力的日記作者們指出，羅馬城裡有六千八百名妓女，「還不包括以妾室之名進行邪惡買賣或祕密交易的人」。最有可能繼任英諾森八世的人選，似乎代表了羅馬的所有腐敗墮落。在上一次選出英諾森八世的選舉會議中，羅德里哥．波吉亞大獲支持，得到第二名，但據某佛羅倫斯大使的紀錄，他名聲不佳，給人虛偽又驕傲的觀感。人們之所以原諒他複雜的男女關係和育有三名私生子，是因為他的魅力教人難以抗拒。波吉亞靠著賺取聖俸和占據肥缺所累積的財富，擺平所有對他不利的事。據某個認識他的日記作者觀察，「他擁有多不勝數的銀盤、珠寶、掛簾、絲質及金織的道袍，所有物品都是國王或教宗使用的一級品。我看過他那奢侈華麗的轎子、馬具，還有金銀跟絲綢，以及他的豪華衣櫥和收藏的寶物。」[27]

為了順利當選，據說波吉亞用四頭騾載著銀幣到樞機主教斯佛札家，表面上要他幫忙看管，實際是要買動他的選票。其他選票他多半沒花錢就拿到了，他只答應幫投票給他的人安排教會的肥缺。人文學者史特法諾．因非蘇拉，也是個很有諷刺天分的日記作家，曾解釋新主教如何在選舉時「把財富分給窮人」，進而掌握權位，換句話說就是「期約賄選」。八月十日晚上波吉亞當選教宗，成為教宗亞歷山大六世。

這雖然是個可恥的選擇，在當時卻非不當的選擇。波吉亞是個手腕高明、韌性十足的商人。他明目張膽偏袒自己人的作風使他臭名傳世。他把頭銜和榮耀都留給自己的兒女。據費拉拉的大使說，「十個教宗」也養不起充斥羅馬教廷的波吉亞家族成員。不過，濫權並非羅馬教廷衰敗的主因，真正棘手的問題是外交。

從教宗的觀點來看，過去前幾任教宗都巴不得法國入侵，但如今若是成真，將會變成一大災難。畢竟英諾森八世跟那不勒斯達成的和平協議相當令人滿意，那不勒斯王位的新繼承人（阿方索二世）則改善了教廷的狀況，並付給教宗大筆獻金以爭取他的支持。教宗知道查理八世一旦入侵就會到處破壞，廣發禁令。亞歷山大奮力鞏固那不勒斯王室時，查理採取攻勢，質疑亞歷山大當選教宗的合法性，激起他心中最深的恐懼。亞歷山大的教宗頭銜其實是用錢買來的，合法性本來就大有問題。查理召回法國的樞機主教，禁止所有原本該付給教廷的錢流入羅馬。他要求教宗更進一步證明自己的合法地位，但連教宗自己也無能為力。查理還立下發起十字軍的宏誓，發誓不會在那不勒斯停下腳步，而是把它當作征服耶路撒冷的起點。

查理分別跟英格蘭和荷蘭的統治者簽下協定，化敵為友，鞏固後方和側面的領土，但遲至一四九四年才展開征服行動。一四九四年一月那不勒斯國王費迪南一世駕崩，法國蓄勢待發。同年九月三日，查理帶領約四萬大軍進攻那不勒斯，眼看事件發生的馬泰悲憤填膺地說：「哪個義大利人能夠拿起筆而不會悲泣，不會傷痛欲絕？」南侵部隊勢如破竹，城邦公國紛紛投降，教宗支持者逃的逃、變節的變節。有些地方支付贖金以免被洗劫，查理因此賺了一票。教宗亞歷山大似乎接受了無可避免的命運，把羅馬交到法王手中，只慶幸自己沒被罷免。羅馬的達官顯要和貴重物品全數消失。「人民陷入恐慌，」米蘭的使節一四九五年五月時寫道，「不只財產不保，性命也是。羅馬第一次如此黯淡淒涼，貴重奢侈品都不見蹤跡，沒有一個樞機主教有足夠的餐具能招待六個人。房子都毀壞瓦解。」[28] 亞歷山大拒絕封查理為那不勒斯國王，只好遠走他鄉。

但這場勝利也害了查理。他輕易就攻下那不勒斯王國，導致歐洲中立國甚至過去的盟友，開始跟其敵國一樣，對法國勢力的逐漸壯大懷有戒心。教宗聯合威尼斯、西班牙、英格蘭和米蘭公國的力量，表面說是要對抗鄂圖曼人，實際上是要牽制查理。這個聯盟一開始在軍事上並不積極，但卻有效鼓舞地方勢力挺身反抗查理。查理七月帶著戰利品返回法國時，米蘭軍隊伏擊他，幾乎搶光了他收受的所有金銀財寶。此後幾年，西班牙帶領的軍隊不斷追趕他留在那不勒斯的駐軍。

我記得我上的第一間學校的歷史老師曾在黑板上寫下歷史大事表，上面有一條：「一四九四年：查理八世入侵義大利。現代由此開啟。」過去為什麼習慣把這個事件標示為現代性的起點，其背後的原因是：法王查理征服義大利之前，文藝復興只是義大利自家的事。是查理把門打開，帶著義大利的藝術和思想一起翻過阿爾卑斯山，使孕育今日世界的要素傳播到歐洲各地。

不過，現在已經沒有人持這種看法。從歷史來看，義大利文藝復興不再是世界歷史的新開端，只能說延續或加強了中世紀的人文主義傳統和對古典文明的崇仰。當時的創新觀念不全都源於義大利，而人文主義和古典主義在歐洲其他地方也有各自的起源，尤其在法國、荷蘭和西班牙。義大利的學術、工藝和藝術上的成就，在歐洲早就炙手可熱。在西班牙，格拉那達淪陷對引進義大利品味的貢獻最大，因為當地迫切需要古典風格的新教堂和新宮殿。從各方面來看，查理八世對發揚義大利文化的功勞都不大，連在法國也不例外。就查理八世跟義大利的關係來說，一四九二年跟一四九四年一樣關鍵，因為他在一四九二年下定決心攻打義大利。

偉人羅倫佐逝世和查理八世入侵義大利，兩件事加起來使文藝復興陷入危機。費琴諾認為柏拉圖留下的寶藏因為羅倫佐逝世而隨之瓦解。[29]「虛榮之火」（一四九七年，薩佛納羅拉支持者在佛羅倫斯燒了無數書刊、藝術品等可能敗壞道德的虛榮品。）事件過後，連波提且利都放棄情色畫的委託案，回歸老派的宗教畫。文藝復興似乎停頓下來，但全盛時期其實早就過去。到了十五世紀中葉，布魯內列斯基（一四四六年逝）、吉貝爾帝（一四五五年逝）、多那特羅（一四六六年逝）、阿爾博第（一四七二年逝）和米開洛左（一四七二年逝）那一代的義大利藝術家有的老，有的死，有的已經來日不多。共和國體制已在單一家族統治下瓦解，但一向卓越的藝術和學術傳統仍延續下來。例如雕刻家安德里亞·維洛奇歐和舉世無雙的畫家波提且利（1445-1510）就住在探險家亞美利哥·維斯普奇隔壁，而維斯普奇寫的文章使得很多人認識了以他命名的大陸。波提且利還和吉爾蘭達（1448-1496）接受維斯普奇家族的委託，到歐尼桑提的諸聖教堂（方濟會）作畫。

雖然一四九四年的革命推翻了梅迪奇家族，導致贊助活動停擺，但下一代的人才已經蓄勢待發，吉爾蘭達的學徒米開朗基羅就是其中一員。當時，馬基維利還是個沒沒無名的二十來歲小伙子。而佛羅倫斯所孕育的天才似乎是源源不絕。大半青年歲月都在佛羅倫斯度過的達文西，在一四八一年離開前往米蘭，設法找人贊助他畫畫、為專制君王建造宏偉的青銅雕像或設計工程案。年方十八的米開朗基羅因為羅倫佐的死，不得不離開梅迪奇家族的庇護，回到父親家。他努力工作，爭取青睞，終於在一四九四年一月受梅迪奇家族的新領袖皮耶羅委託製作一座雪雕。在政治動盪迫使梅迪奇家族下台時，這座雪雕甚至還沒融化，米開朗基羅（還有其他藝術家）便跟著梅迪奇家族一起逃到威尼斯了。

若說羅倫佐的死甚或之後的革命使佛羅倫斯的人才散落到義大利各地也有失公允。長久以來，義大利的藝術品和雄辯術就有一定的市場，羅馬又是其中最重要的據點，因為歷任教宗都有收藏骨董、贊助藝術，以及僱用宗教、法律、外交、修辭、宣傳企畫等領域專家的傳統。義大利城邦的獨裁者和專制者崛起，其實促進了藝術和學術的市場，這樣的結果令崇尚古老共和體制者大失所望。專制君王需要雄辯家宣揚其功績，合理化他們篡奪王位及發動戰爭的行動。僭主需要雕刻家和建築師為他們設計及建立紀念碑，使他們永恆不朽。宮廷需要藝術家為宮中成員作畫，設計其權力場域，如化妝舞會、比武大賽，或是可嚇阻敵人、鼓舞支持者的隊伍和遊行。由於藝術家常兼任工程師，擅長鑄銅的雕塑家便可將所長發揮在造槍上。義大利的政治情勢日漸緊張，於是為義大利半島上的藝術家創造更多機會。

即使跟一四九四年的事件放在一起看，一四九二年發生的事也並無促進文藝復興的發展，將它從佛羅倫斯解放或散布到全世界。由此來看，偉人羅倫佐和查理八世並非現代的開路先鋒。他們共同的精神世界是騎士的世界。他們回望過去以尋找自身的價值，羅倫佐是古典時代，查理是虛構故事中呈現的古典和中世紀時代。或許，更能代表或影響未來世界的人物是薩佛納羅拉。乍看之下，薩佛納羅拉似乎比深受騎士故事影響的同時代人更保守反動，他奉行中世紀末的清規戒律，甚至到了今人多半會覺得困惑或厭煩的程度。他對千禧年之說的著迷、對幻象的堅持、他大聲疾呼的預言、他對藝術的痛恨及對非宗教學術的不信任，都把他跟多數現代人最討厭的某些事物連在一起，如宗教反啟蒙主義、宗教狂熱、非理性的基本教義主義。某方面來說，他挑起的爭端是歷史上永無止境、各地皆有的爭端，如世俗和宗教道德觀的衝突；

理性、近乎理性或超理性的想法之間沒有交集的辯論；宗教和非宗教、科學和神學派系之間的權力鬥爭。但以這些爭端在當時的密集程度與激烈程度而言，已經可以說是現代政治中很新很罕見的現象。雖然我們不能說現代的文化戰爭始於薩佛納羅拉，但他體現了其中最駭人的某些特點。

薩佛納羅拉為基督教提出的改革方法雖然不算創新，但根據馬基維利——他年輕時曾聽過薩佛納羅拉在講台上憤慨激昂地講道——的看法，他本人似乎「聖潔無比」。中世紀末教會的改革先知疾呼已久的訴求，藉由薩佛納羅拉獲得前所未有的力道，如反對教會入世過深及財富和世俗權力敗壞宗教；批評教宗對神職人員、神職人員對一般人擁有過度的權力；擔心教會似乎被偽善的法利賽人掌控，用公式化的規定和無意義的儀式窄化、僵化救贖之路。他相信聖經本身就包含了上帝給人的所有訊息，人人皆可得，除了禱告和禁慾，讀者並不需要其他知識。他批評羅馬揮霍無度雖不像馬丁．路德那麼生葷不忌，充斥廁所和妓院的相關詞彙，但其語氣和內容都預告了新教改革運動發起人的毒舌風格：

> 到羅馬去看看！在高級教士的豪宅裡，大家在意的只有詩和雄辯術。去那裡看看！你會發現他們手上都拿著人文主義的著作，孜孜不倦地告訴人，他們可用維吉爾、賀瑞斯和西塞羅導引人的靈魂……過去的高級教士沒有太多主教金冠和聖杯，就算有，也都將之砸碎分給貧困的窮人。但我們現在的高級教士會為了得到聖杯，奪走窮人唯一的維生工具。你不知道我想表達

什麼嗎？……主啊，請你前來拯救教會擺脫惡魔、僭主及邪惡的高級教士的控制。[30]

薩佛納羅拉主張只要相信上帝就會榮獲恩典，得到救贖（但必須藉由改革者之手，他們藉此批判教會對行善和信仰虔誠的規定），這也是路德的先聲。雖然這完全就是正統天主教的教條，後來卻成了宗教改革的口號：

> 上帝寬恕了人類的罪，並降下恩典赦免其罪。天堂的悲憫如同人間被赦免的人一樣多，因為他們都不是靠自己獲救的……如果當著神的面，我們可以問這些獲赦的罪人：「你們是靠自己的力量獲救的嗎？」大家都會異口同聲回答：「不是我們，主啊！不是我們，一切都歸功於祢！」因此，哦神，我尋求祢的恩典，並不是我把義帶給祢，而是當祢施恩赦免一個人的罪，祢的義就變成我的，因為恩典就是上帝之義。[31]

一四九八年的一幅匿名畫呈現了薩佛納羅拉最後的下場，以及佛羅倫斯人多麼希望其他人記住他的命運。畫中，這位先知站在幾年前他點火燒掉「虛榮品」的地方，慘遭火焰吞噬。這幅畫畫出他死於火刑柱上的情景：柴堆高大壯觀，不像刑架倒像一艘船，往天空延伸的模樣有如桅杆，最上面是一個十字架。有條挑高的走道連到市政廳，薩佛納羅拉就從那裡被帶去公開處決。但曾經受眾人矚目、使人熱血沸騰的傳教士如今卻反常地受人冷落。小孩嬉戲，商人路過，領主廣場上一切如常。只有搬運木頭到柴堆上堆放的人員參與了這場行刑。死刑場面要傳達的訊息一目了然：佛羅倫斯當局儘管表面放任，實際上卻會不計代價、不擇手段燒死異端邪說。

薩佛納羅拉犧牲後幾年，馬丁．路德來到了佛羅倫斯。即使沒有參與過這城市的歷史，馬丁．路德仍這位將殉教的修士視為英雄也深受他的影響。信徒對薩佛納羅拉的愛戴，梅迪奇家族垮台後他對佛羅倫斯共和政體行使的非正式權力，種種都使他在台上說過的每句話印成文字。因此，路德對他的布道內容很熟悉，還重印了其中兩本並附上自己的前言表達讚賞，將之視為先驅。「當時的反基督勢力消滅了世人對這位偉人的記憶，」他批評道，「但你們看！他音容宛在，永存吾人心中。」[32]

第六章　前往「黑暗的國度」

——俄國和基督教的東方邊境

一四九二年六月七日：波蘭國王兼立陶宛大公卡齊米日四世駕崩。

從莫斯科出發的使者掉轉回頭。莫斯科是莫斯科公國（古俄羅斯）的首都，該國經過二十年的征伐行動，迅速成為基督教國家中擴張最快的王國。這團使節的目的地是卡齊米日四世的王宮，他是波蘭的國王及立陶宛的統治者——當時稱作「大公」或「大公爵」。卡齊米日是基督教世界公認最偉大的統治者，其領土北起波羅的海南到黑海；東邊領土深入俄羅斯，延伸到第聶伯河及伏爾加河河谷之間的防波堤；往西最遠到薩克森、及多少受制於卡齊米日的附庸國：波西米亞和匈牙利。在地圖上，卡齊米日的疆域是自羅馬帝國瓦解以來，拉丁世界裡版圖最大、最令人畏懼的地區。

但莫斯科來的使者沒有因此氣餒。他們此行的目的是要卡齊米日交出大半俄羅斯領土，在這之前，莫斯科公國的大公早就把他的雙手伸進這片土地。他們掉轉回頭不是因為屈服於波蘭和立陶宛的威權，也不是因為在夏季趕路天氣熱、沼澤多、蚊子肆虐，而是因為世界改變了面貌。

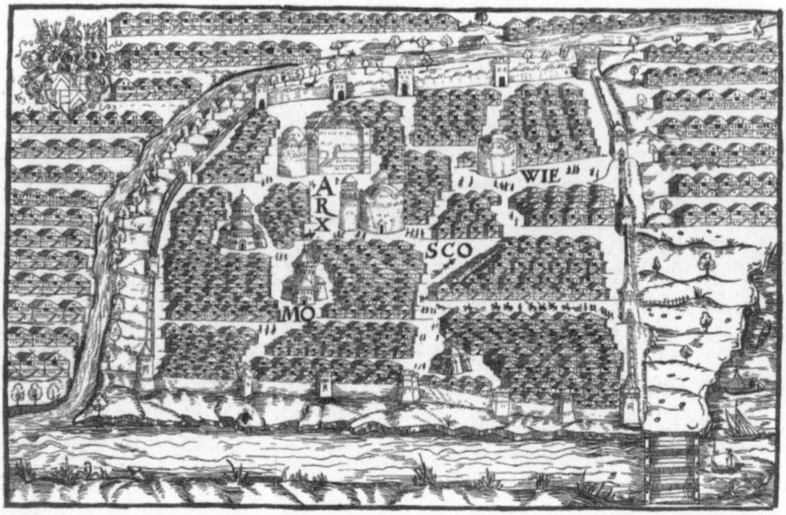

一五一七年神聖羅馬帝國某大使眼中的「莫斯科的城堡」：克里姆林宮，石造建築在一片木屋中顯得特別突出。

這世界照理說應該已經快走到終點。根據俄羅斯人的預測，一四九二年是上帝創世後的第七個千年的尾聲，先知和預言家莫不感到興奮或恐懼（視個人偏好的詮釋而有不同）。所有曆書都停在一四九二年。雖然不乏有人對末世論提出質疑，但都被嚴正推翻甚至遭到迫害。一四九〇年，莫斯科主教對異教徒進行審判，嚴刑拷打直到他們承認自己詆毀了三位一體的教義和聖潔的安息日。這些犯人受控的罪名之一，就是不該懷疑世界末日即將到來。

導致莫斯科使者原路折返的原因，就在六月的第二個禮拜傳來：卡齊米日四世在特拉卡爾打獵時駕崩，該地就在使者團原本打算前往進行協商的維爾紐斯不遠。對俄羅斯來說，這樣的前景與預言不符。

卡齊米日一死，莫斯科公國前景看好。使者快馬加鞭趕回莫斯科，等待接收新的指示甚至更遠大的目標。

東歐位於南部的喀爾巴阡山和巴爾幹高地以及北部的波羅的海之間，地理上並不利於長治久安。入侵者建立的通路將此地切割，再加上土地平坦開闊、交通便利、人口分散，這裡就成了國家可輕易崛起但存活不易，更遑論茁壯的地方。這塊區域中間有片四萬平方哩大的沼澤地，位於第聶伯河上游，占了今日白俄羅斯的大半面積。從這片廣大的沼澤四周有大草原往南迤邐而去；從西伯利亞深處則有荒涼平坦又密布黑森林的北歐平原往西不斷地綿延。這片土地的所在位置有利於廣大而脆弱的帝國，因為軍隊可以輕易地來回調度，但面對內憂外患卻難以招架，因為反抗者可以藏身於森林和沼澤中。這一區改朝換代的速度快得令人咋舌。西元五世紀，匈奴人的勢力從大草原往東邊的沼澤地延伸並深入北邊的平原。九世紀時，拜占庭人稱為大摩拉維亞的公國曾短暫地從沼澤地擴展到易北河。十世紀末及十一世紀，當地斯拉夫族建立的國家占領了大半伏爾加河河谷。前來統一這個地區的帝國統治者中，最受矚目的是十三世紀從亞洲內陸趕著大批牛羊前來的遊牧民族。蒙古人就這樣跳進西方歷史，有些編年史家說像一場災難，有些說像瘟疫。

蒙古人最早的紀錄出現在中國七世紀的史籍中（**唐貞觀十年修成的《隋書》**）。當時，來自

編按：文中出現在括弧內的粗體字為譯註或編按。

北方森林的蒙古人在今日稱作蒙古的中亞大草原出現，以打獵和小規模飼豬維生。中國人雖然用不同的說法來指稱不同的族群，因為他們各有不同的信仰和彼此競爭的領導階層，但他們都是「蒙古人」的主要特徵是使用的語言有共同的起源，不同於鄰近的突厥人。蒙古人在大草原上發展出牧人的生活方式，久而久之就成了擅長畜牧製酪、驍勇善戰的馬上遊牧民族。

定居在大草原邊緣的民族對蒙古人既反感又恐懼。反感是因為遊牧生活給人野蠻的印象。蒙古人喝奶，對有乳糖不耐症的定居民族來說很噁心，喝血就更不用說了，但對需要時常補充體力的遊牧民族來說，喝血是很實際的選擇。恐懼則有比較合理的基礎：遊牧民族需要農作物補充營養，其首領需要城市居民的錢財填飽財庫並發給追隨者薪餉。十二世紀初，他們的規模或結成的聯盟越來越大，對鄰近地區的定居民族發動的突擊也越來越猛烈，這一方面是因為某些蒙古集團逐漸稱霸其他集團，一方面是經濟變遷速度太慢的結果。

蒙古首領因為接觸到富裕的鄰國而有致富的機會，有的靠掠奪，有的當傭兵。過去蒙古人的地位都由血緣關係和年齡輩分來決定，如今，蒙古社會出現了比任何時候都要嚴重的經濟不平等現象。有些首領靠著在戰場上的英勇表現累積支持者，從而與古老的社會秩序平起平坐，有時甚至是反抗。他們稱此過程為「抓鶴」（crane catching）：捕捉珍奇鳥類。成功誘使或迫使敵營投降的首領，就是最成功的首領。這種征伐過程甚至把嚴格說來並非蒙古人的民族也納入其中，但他們仍然被稱為「蒙古人」（直到今日也是），其中包括很多說突厥語的民族。

大草原上特有的征伐行動往外擴散，其野心和自信也日益擴大，威脅鄰近的文明。史學家一直想找出蒙古人往外擴張的原因，其中一個解釋是環境因素。當時大草原的氣溫似乎有降低的趨勢。更西邊的俄羅斯平原在十三世紀初，曾有一段寒冷期導致農作物歉收。所以牧草減少可能是蒙古人不得不往外擴張的原因。看來當地的人口相對稠密，而遊牧生活又必須靠大量牧草來餵飽一小群人，這種動物吃植物、人類吃動物的糧食供給方式不太經濟。反觀農耕直接就能生產糧食，省略了中間餵飽動物的階段。或許蒙古人向外擴張，就是為了要餵飽更多人口。

但蒙古人的擴張行動其實是大草原居民一直以來的目標：控制及利用周圍的定居族群。不同的是，蒙古人的野心和效率都超越了前人。十二世紀末或十三世紀初，一種跟天空崇拜有關的意識型態點燃了蒙古人的征服欲，這可能原本就是蒙古人的傳統觀念，只是後來的首領為了追求政治統一才又提出。簡單說就是土地應該向天空看齊，遍及全世界。蒙古首領給外國統治者的聲明和信件都清楚表明其目標：征服進而統一世界是蒙古人的天命。

蒙古軍往往人還沒到，名聲就已傳遍。亞美尼亞文獻上就警告西方人留心「反基督的先聲……殘酷可怕，鐵石心腸……屠殺無辜如參加婚宴或慶典一樣欣喜。」這類謠言在德國、法國、勃根地、匈牙利甚至西班牙和英格蘭這些從未聽聞過蒙古人的地方傳開。根據傳言，這批侵略者長得像猴子，叫聲像狗，吃生肉，喝馬尿，不識律法，殘酷冷血。十三世紀有位英國修士馬修·派瑞斯，他對世界其他地方的理解應該和其他英國同胞一樣多（一樣少），他如此形容蒙古人：「野蠻如獸，不像人倒像怪物，嗜喝鮮血，生吞活剝狗肉和人肉……他們來了，快如閃電殺進基督教世界，殺人掠財，人人莫不心驚膽跳，恐慌不已。」[1]

一二二三年蒙古人攻進俄羅斯，令所有人料想未及：「沒人知道他們從何而來或要去何方。」[2]編年史家彷彿當他們是種自然現象，例如突發的氣候異象、洪水或可怕的傳染病。有些俄羅斯統治者看到蒙古人對敵國造成更大的破壞而幸災樂禍。但蒙古人的第一次征服行動不過是小試身手。（這就是由成吉思汗督軍的蒙古第一次西征。）一二三七年他們再度復返，正式發動攻擊，一連打了三年，俄羅斯南部和東北部滿面瘡痍，人口銳減，很多城鎮慘遭洗劫、勒贖。（這是由窩闊台遣拔都率軍的蒙古第二次西征。）

然而，蒙古人的統一大業仍未拓展到實際層面。他們雖要戰敗國納貢稱臣，卻不一定想直接統治所有土地。他們無意適應不熟悉的自然環境，沒興趣占領大草原以外的土地，也不需要推翻俄羅斯既有的政權。蒙古人讓俄羅斯的基督教公國和城邦自己管事，但俄羅斯統治者會收到可汗（拔都在此建立「欽察汗國」，又名「金帳汗國」。）從伏爾加河下游的都城薩拉伊寄發的特許證，他們必須固定上都城納貢，拜見可汗，親吻可汗的馬蹬或在桌前服侍可汗，受盡屈辱。人民則必須繳稅給蒙古人指派的稅收員，但後來蒙古人就把徵稅工作交給當地的俄羅斯親王們和執政機關負責。他們把收到的財貨運到以薩拉伊為中心的蒙古國度，後來蒙古人以「金帳汗國」之名流傳於世，可能就是因為累積了龐大的財富。

俄羅斯人之所以容忍這種狀況，部分原因是蒙古人利用特定的恐怖手段逼他們不得不從。蒙古人一二四〇年征服大城基輔時，據說只剩兩百棟房屋安然挺立，草地上四散著「無數頭顱和屍骨」。[3]另一方面是因為蒙古人征服之後採取了懷柔政策。蒙古人在大多俄羅斯土地上都只取其所需，不任意破壞。某編年史家說，蒙古人對俄羅斯農民手下留情，好讓農耕照常進行。莫斯科以南、伏爾加河沿岸的公國梁贊似乎飽受蒙古人攻擊，但如果當地的編年史可信的話，

> 虔誠的因革法瑞維奇大公代替父王重建國土，興建教堂和修道院，安撫新移民，聚集人口。基督徒都很高興看見上帝免受不信神、不敬神的可汗蹂躪。[4]

很多城市因為很快投降而輕鬆逃過一劫。蒙古人應該很感興趣的著名商業城市諾夫哥羅德，則徹底被忽略。

另一方面，許多俄羅斯親王更擔心的是西方的敵人。瑞典人、波蘭人和立陶宛人在西邊建立了強大、統一的王朝，他們若有辦法擴張到俄羅斯領土，就有辦法可以消滅這些俄羅斯親王。同樣要提防的是以德國冒險家居多的團體，這些人組成了發動十字軍的武士團，例如條頓騎士團和聖劍兄弟騎士團，他們立下修士般的誓約，卻投入對異教徒和異端發動的聖戰。這些團體其實是職業軍人組成的自肥組織，靠著到處征戰在波羅的海沿岸建立領土。一二四二年到四五年間，俄羅斯聯盟奮力抵抗西邊陣線的入侵者，但他們終究無法兼顧兩個陣線，最後還是向蒙古人屈服。

＊＊＊

誰也想不到莫斯科公國註定要統治這個地區。莫斯科公國因為「金帳汗國」手下留情才得以存在，這裡的統治者雖能證明他們可以操縱蒙古霸權為其所用，但無論如何他們仍是蒙古人的附庸。確實很難想像，莫斯科公國沒有蒙古人作為後盾該如何立足。十三世紀中，諾夫哥羅德親王亞歷山大·涅夫斯基告訴我們利用蒙古人的方法。他一面向金帳汗國投誠，一面向西對抗瑞典和德國的入侵者，奠定了日後在傳說中成為俄羅斯民族英雄的基礎。他的王朝逐步將莫斯科公國推上顛峰，其子丹尼爾（1276-1303）後來成為莫斯科的統治者，宣布該城脫離其他俄羅斯公國而獨立，除了蒙古人以外都停止納貢。丹尼爾的孫子就是後來大家所知的「錢袋伊凡」（1329-53），因幫助蒙古人收稅錢袋滿滿而得名。他自稱為「大公」，把莫斯科從主教轄區提升為大主教轄區。

但莫斯科公國還是得仰賴蒙古人。一三七八到八二年他們第一次挑戰蒙古人的權威，後來證明時機尚未成熟。莫斯科公國利用金帳汗國的內部分裂拖延繳稅，甚至擊退一支前來施予懲罰的隊伍。但蒙古人一旦重新統一，莫斯科公國就得繼續納稅、交出人質、在錢幣印上可汗的名字和「可汗萬歲」的祈禱文。一三九九年蒙古人擊退一支入侵俄羅斯、挑戰蒙古人統治權的立陶宛軍隊。往後幾年，他們在一連串俄羅斯城市建立霸權，包括莫斯科，勒索無限期的貢金。此後莫斯科公國對蒙古人多半都逆來順受，同時也不忘累積實力。

不過，莫斯科公國倒是可以想像在蒙古人的統治下，超越俄羅斯的其他基督教國家。莫斯科公國的一大優勢是位處樞紐，橫跨伏爾加河上游，控制河流的路線最遠達維特路加河和蘇拉河的交匯處。伏爾加河是條寬廣如海的河流，水流平緩，幾乎全線皆可航行。試著把歐洲想像成一個三角形，頂點是海克力斯之柱，（聳立在直布羅陀海峽兩岸的海岬，相傳是希臘神話英雄海克力斯十二項冒險的最西點，再往西就是亞特蘭提斯。）一邊是連接大西洋、北海和波羅的海的長廊，另一邊是地中海和黑海連成的海域。伏爾加河幾乎就像第三個海，俯瞰著歐亞大陸邊界的草原和森林，把裡海之路和絲路連向盛產毛皮的北極森林和波羅的海邊緣。伏爾加河的貿易和通行費餵飽了伊凡的錢袋，也讓莫斯科公國凌駕其他鄰國。

莫斯科的大位之爭十分激烈，因為日後的報償十分可觀，風險再大也值得。到頭來，政治動盪重挫國力，導致進步停頓。從一四二〇年代中起，敵對陣營持續互鬥將近四十年。法斯里二世在一四二五年當上大公時年僅十歲，之後下台又上台好多次，有幾度面臨流亡和被囚的命運。他把與他爭奪王位的堂兄弟弄瞎，後來落入敵人之手也遭到同樣的命運——這是否定他人稱王的資格或不讓被罷黜的君王翻身的傳統方法，被視為比謀殺來得文明的一種選擇。一四六二年法斯里逝世，其子伊凡三世繼承的領土已經藉由戰爭的方式擺脫了內部的敵手。內戰雖然具破壞性又耗國力，但往往下一階段就是武力擴張，因為內戰會使社會軍事化，又可訓練作戰人員，培植軍武工業，人民也會因為經濟混亂不得不走上掠奪之路。

拜長期內戰之賜，伊凡擁有全俄羅斯最有效率、最殘酷的戰爭機器。戰爭毀了早已因繼承制度而捉襟見肘的貴族階層，因為按照制度，每個家庭的遺產都要分給每一代成員，逼得貴族只能效忠大公或與他合作。武力擴張就是一種增加資源及累積領土、稅收和進貢以供大公分配的最佳方式。對戰功彪炳的戰士來說，升遷和功勳都是投入戰爭的誘因，其中也包括一種可永久珍藏的新獎品：表揚英勇表現的黃金勳章。貴族紛紛遷到莫斯科，因為在宮中擔任肥缺好過在鄉間剝削農民、管理地產。冒險家和傭兵（包括很多蒙古人）隨之加入。伊凡在位晚期，周圍有千餘貴族為他所用。

以常駐的御林軍形成一個專業核心，各省也自組兵團。農民也武裝起來保衛邊境。伊凡三世在莫斯科建了一座軍火工廠，並雇用義大利工程師來加強該地區的「軍事基礎建設」，例如可牽制敵軍的堡壘、可加速動員的橋樑。他放棄了御駕親征的傳統角色。為了治理一個持續壯大的廣大帝國，隨時準備護衛多個前線，他坐鎮指揮中心並建立快速郵遞系統以掌握戰情。對他來說，最重要的革新莫過於提升內部的通訊系統。除了遺產和貢品的分配，他死前交代繼承人的治國方針並不多，但他心裡最掛念的是郵政系統：「我兒法斯里擔任大公期間，我任內在各地設置的郵務站和往來送件的郵遞馬車，都必須保留。」他也規定自己的兄弟在他們所繼承的土地上必須這麼做[5]。

有了新的行政體制和軍隊作為後盾，伊凡便可踏出前朝統治者一直想踏出的一步：反抗蒙古人的宗主權。結果相當順利，一方面因為伊凡累積了相當的實力，一方面因為蒙古人自相殘殺早已分崩離析。一四三〇年，有群反抗分子鬧分家，到金帳汗國核心區域以西的克里米亞建立了自己的國家。其他派系則占領了東邊和南邊位於喀山和阿斯特拉罕的領土。俄羅斯的眾公國逐漸看見獨立自治的可能。過去，征服和占領帶來的衝擊一過，編年史家就會認命地接受（程度不等）蒙古人是上帝給他們的懲罰，或對他們有益的合法仲裁人，甚至是寬大正直、值得基督徒效法的異教徒。但從十五世紀中開始，俄羅斯人重新把蒙古人塑造成壞人、邪惡的化身、基督教的死對頭。甚至有人竄改歷史，企圖把通敵的亞歷山大・涅夫斯基改寫成反抗可汗的民族英雄。[6]

伊凡跟自行獨立的蒙古諸國並肩對抗金帳汗國。後來他不再納貢給蒙古人，可汗要他輸誠他也拒絕。蒙古人帶兵入侵，但擔心引發戰火又撤退，這種示弱之舉引來禍患。鄰近國家如同鯊魚聞血而至，瓜分了蒙古人的土地。一五〇二年，脫離蒙古獨立的克里米亞統治者解散了汗國剩餘的軍隊並放火燒了薩拉伊。編年史家聲稱俄羅斯自此擺脫了蒙古人的箝制，就如同上帝讓以色列脫離埃及的宰制。克里米亞和阿斯特拉罕殘餘的蒙古人成了伊凡的附庸，他死前還分給他們一千盧布的金幣。

伊凡趁著蒙古勢力衰微之際為莫斯科公國擴展領土。他繼承了其父法斯里二世成為「全俄羅斯統治者」的野心——法斯里的肖像幣上就印著這句話。伊凡的征服行動從頭到尾反映了一個一貫的目標：將說俄語、信仰東正教的人納入他的統治範圍。他對蒙古人的國度採取防禦性或懲罰性的攻擊，對諾夫哥羅德殖民地以外的北邊異教徒則採取主動突襲。但一直以來最陰魂不散的死對頭是卡齊米日四世，此人統治的俄羅斯人比其他外國人都多。然而，伊凡奉行統一

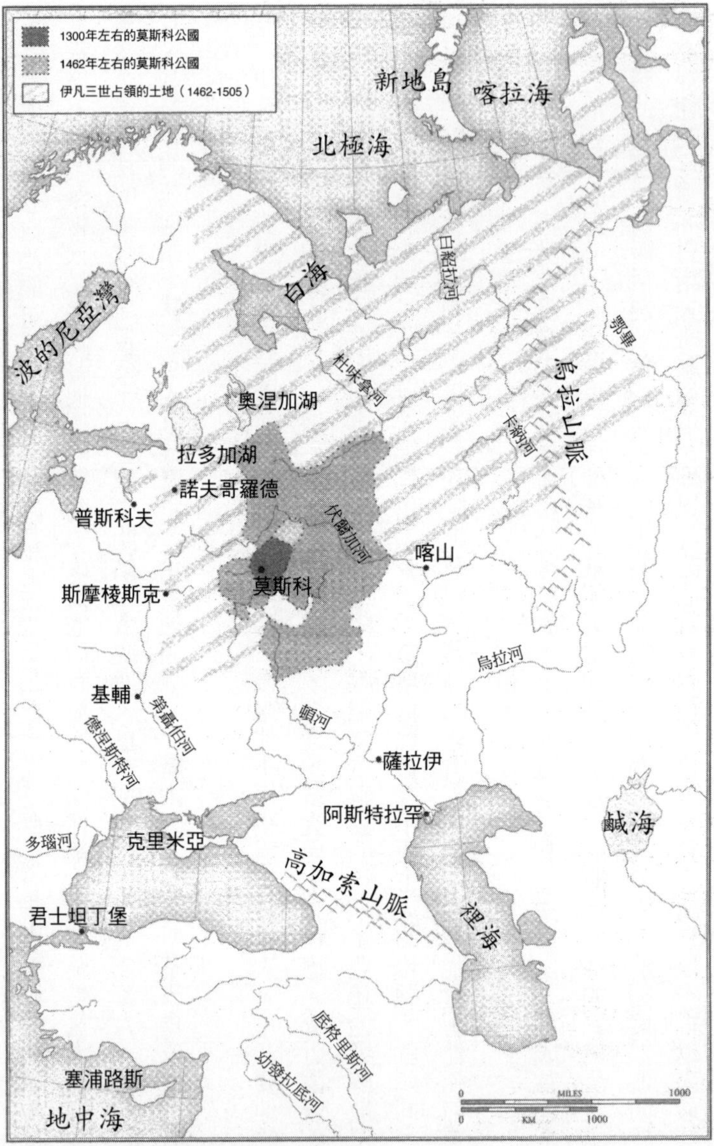

伊凡三世在位期間莫斯科公國的擴張範圍

俄羅斯的偉大計畫到什麼程度則難以確定。沒有文獻提過這樣的政策，最多只能從他的行動加以推論。面對突來的機會，伊凡的確可能做出合乎現實考量的反應。但中世紀的統治者很少為不久的未來規劃，尤其當時普遍認為世界末日將近，通常他們只會盡可能重現昔日的黃金時代或實現充滿傳奇色彩的理想。

欲了解伊凡的思維，我們必須回想馬基維利之前的世界是什麼模樣。現代世界計較的利害得失對伊凡可能毫無意義，權力政治不在他的思考範圍內，他關心的是傳承、子孫、歷史、名聲、末日和永恆。如果他特別鎖定莫斯科公國的西方邊境為目標，可能是因為之前有涅夫斯基的功業和威名作為參考。在編年史家的筆下，涅夫斯基改頭換面，形象加分，不再受到冷落，重新被塑造成「俄羅斯大公」和偉大的統治者。伊凡並非竄改歷史的始作俑者，但他在位期間仍聘請編年史家繼續改造歷史。

因此，當伊凡開始把財富投入征服行動時，他第一個挑戰的任務就是重新統一涅夫斯基留下的產業。他上任初期都致力於慫恿或強迫莫斯科公國以西的特維爾和梁贊公國歸順或投降，以及將涅夫斯基在世傳人的所有土地併入莫斯科公國。但伊凡也一直掛念諾夫斯基展開大業的地方：諾夫哥羅德。這個城市甚至更加誘人。它地處北邊，必須對抗嚴峻的氣候，高牆底下是人民賴以維生的糧田，飢荒比敵人更常使居民陷入困境，但因為掌握了前往伏爾加河的貿易路線所以賺了很多現金。城裡的人口最多不過幾千，但建築物記錄了此地的繁榮進步：一〇四〇年代有俄羅斯城堡（城市中心部的堡壘，原文即為「克里姆林」。）和五圓頂的大教堂；十二世紀初統治者出錢建了一系列建築物；一二〇七年市集出現一座商人的教堂，聖帕拉斯科瓦教堂。打從一一三六年起，諾夫哥羅德就由共同政府當家。同年的叛變開啟了以古典政體為模範的城邦制，類似義大利的共和政體。反抗者存留至今的聲明書中可見該城的親王為何遭到罷免：「他為什麼不關心平民百姓？他為什麼想發動戰爭？為什麼不英勇抵抗？為什麼喜歡遊戲娛樂勝過治理國家？為什麼養了那麼多白隼和狗？」此後，市民堅持的原則就是：「如果親王不好，就把他丟進泥沼！」[7]

諾夫哥羅德的西鄰，是另一個領土不大的城邦共和國（諾夫哥羅德以外的唯一一個）普斯科夫。德國和波羅的海沿岸也有其他共和國，但諾夫哥羅德是東歐唯一一個向外擴張的城邦共和國。即使在西方也只有熱那亞和威尼斯與之相似。諾夫哥羅德對白海邊緣及延伸至北極圈的北極森林和凍原上的民族進行統治或要求納貢，甚至開始建立起不大不小的航海帝國，殖民白海上的島嶼。證據來自一幅聖像，這幅聖像過去收藏於白海某島上的修道院，如今是莫斯科某美術館的館藏。畫中的修士正在敬拜不知名小島上的聖母像，島上的修道院金碧輝煌，有尖形屋頂，金光閃閃的聖殿，熒熒燭火般的塔樓。這幅輝煌景象想必出自信徒的想像，因為該島實際上光禿又貧瘠，全年幾乎都被冰雪圍繞。

這幅畫對信徒敬拜聖母的想像，主要來自一四三〇年代（聖像製成前約一世紀）這所修道院建成的傳說。當第一批修士划船前往小島時，據說這群活力洋溢的年輕人用天使之鞭趕走了當地的漁民，修道院院長薩瓦蒂聽到消息時還感謝上帝。商人隨後抵達，聖潔的修士佐西馬給了他們聖餅，他們卻將之丟棄，這時火焰竄上來保護聖餅。幾名修士救起困在鄰近島嶼洞穴中奄奄一息的船難倖存者時，佐西馬和薩瓦蒂奇蹟似地出現，搖搖晃晃站在浮冰上，準備將浮冰推開。佐西瑪看見了「漂浮教堂」的幻影，後來小島興建的修道院使幻影成真。為了對抗貧瘠的環境，眾天使帶來了麵包、油和鹽。以前的修道院院長都因為受不了嚴酷的環境而離開，佐西馬卻鎮定地趕走了誘惑他的惡魔。歐洲帝國主義的標準元素全都在這個故事裡面：超自然力量的啟發；勇敢前往危險重重的異地；無情對待當地的原住民；為了適應並找到可行的經濟體所做的努力，以及不屈不撓終於成功的美好結局。[8]

在白海的擴張行動通常不會收穫太多或延伸很遠。然而，對北極圈（沿著流向白海的河流延伸並橫跨河流，東邊最遠到白紹拉）的獵人和牧人來說，諾夫哥羅德是早期陸地殖民事業的中心。俄羅斯旅行者的故事反映了典型殖民者的價值觀。他們把當地的芬蘭人跟撒摩耶人與中世紀傳說中的獸人（similitudines hominis）歸為同類。北方的「野人」夏天都泡在海裡免得皮膚乾裂，到了冬天，水從鼻孔裡流出來把他們凍死。他們互吃人肉，還煮了自己的小孩招待客人。他們的嘴巴長在頭上，進食時就把食物放到帽子底下。他們頂著狗頭或從肩膀下長出來的頭，平常住在地底下，喝人血。[9]征服者可以利用他們得到馴鹿製品和打獵的成果，如鯨脂、海象牙、北極狐和松鼠的毛皮，這些東西都送到諾夫哥羅德作為該地的貢品，也是主要的經濟商品。

伊凡覬覦這些豐富的資源，甚至在一四六五年派遣探險隊前往北極，想從毛皮貿易中分一杯羹。但一四七〇年代諾夫哥羅德碰到一個天上掉下來的機會。居民因為選舉新主教的爭議分成兩派，雙方人馬都想找鄰近國家撐腰或評理。諾夫哥羅德到底該臣服於伊凡的統治，派當選主教到莫斯科行授職禮？還是應該延續獨立的狀態，派主教到遠一點的基輔（位於卡齊米日統治的立陶宛）以確保安全？對城內現任的領導階層來說，卡齊米日是風險較低的賭注。諾夫哥羅德可以藉助卡齊米日的力量遏阻莫斯科公國入侵，再加上卡齊米日忙著捍衛其他前線，不太可能干涉諾夫哥羅德的自治權。於是，城裡的大老們投票推舉卡齊米日為其「統治者及領主」，並將主教送往基輔。

伊凡於是與他們攤牌，準備發動攻擊，並為這場戰爭賦予神聖的意義。他聲稱諾夫哥羅德人背棄東正教，倒向羅馬，叛教之罪萬不可赦。這其實是莫須有的指控。卡齊米日雖然支持天主教，但也包容其他教派，而且主教到基輔行授職禮也不代表背棄東正教。然而，伊凡仍把諾夫哥羅德爭取獨立的舉動視為叛教、崇拜假神的行為。他說這就好比猶太人違背跟上帝的約定，祭拜金鑄的牛犢。（金牛犢是摩西前往西奈山接受十誡時，以色列人鑄造的一尊偶像，這個後來被稱為「金牛犢之罪」的行為，一來犯了崇拜偶像的罪，二來犯了將上帝具象化的罪。）因此他征服諾夫哥羅德是為了拯救他們。[10]

伊凡還在其他非宗教層面上聲討諾夫哥羅德，將之貶為頑劣分子的巢穴。根據伊凡聘請的一名編年史家所說，諾夫哥羅德人的惡習是與大公唱反調、爭辯，對大公毫不尊重，愛理不理，冥頑不靈，目無法紀……哪個大公不會為此不悅……？就連偉大的亞歷山大（涅夫斯基）也不容許這種行為。[11]

反對伊凡的諾夫哥羅德領導階層向卡齊米日四世求助，但他們提出的條件令卡齊米日難以苟同，例如要求這位天主教大公不得興建羅馬教堂、只能指派東正教總督、允許未來的諾夫哥羅德主教在其領土之外行授職禮。他們甚至要求卡齊米日為「諾夫哥羅德的自由人」著想，解決諾夫哥羅德和立陶宛之間的領土爭議。[12]卡齊米日反應冷淡。似乎沒有必要為了這麼難以駕馭的盟友揮霍金錢或鮮血。因此，諾夫哥羅德的「木匠、桶匠和從出生以來從沒騎過馬的其他居民」所組成的市民軍隊只能「自己靠自己」。[13]伊凡進攻後幾週就擊潰反抗分子，在此同時，他還派一支由傭兵和附庸國組成的軍隊占領諾夫哥羅德偏遠的殖民地。

雙方簽訂的和平協定充滿了顧及顏面的條款，但結果一清二楚。「你們可以做自己喜歡的事，」伊凡表示，「只要那是我喜歡的事。」幾年後，伊凡不再假裝尊重諾夫哥羅德的自治權，直接派軍進駐，取消所有優待，將之併入莫斯科公國的領土。召喚「自由人」團結起來的大鐘最後淪落到莫斯科克里姆林宮的鐘樓。伊凡在寫給母親的信上說，他已使「原本即由我繼承的偉大的諾夫哥羅德歸順於我，我統治該地就如同統治莫斯科。」[14]

＊＊＊

征服諾夫哥羅德的行動震驚伊凡最強大的鄰國：西邊的卡齊米日和南邊的金帳汗國可汗阿默德。他們若是攜手參戰，說不定可跟伊凡抗衡，但卡齊米日一如往常忙於對付其他對手，也一如往常低估了莫斯科公國帶來的威脅——他以為阿默德可以作為他的後盾。因此當一四八〇年可汗入侵俄羅斯時，伊凡得以如前所述集中火力推翻蒙古人的合法統治權。

伊凡驅逐了諾夫哥羅德的菁英分子，跟宋尼．阿里對待廷巴克圖的方式頗為類似。第一波肅清行動發生在一四八四年，一支莫斯科公國的武裝大軍進城圍捕可疑分子。一四八七年伊凡對立陶宛發動第一波邊境突擊，又把數千名諾夫哥羅德居民——菁英階層的家族——驅逐出境，理由是他們陰謀造反。一四八九年，另一波驅逐行動又趕走一千人，這些人的財產都落入伊凡送往諾夫哥羅德的兩千名效忠者手中。[15] 另一方面，莫斯科公國在西方邊境繼承的古老公國（全部都已落入伊凡之手）也正式併入國土。

莫斯科公國的突然崛起令全歐洲驚詫不已。薩克森旅行家及外交官尼可勞斯．帕沛爾一四八六年來到莫斯科時，以為伊凡必是卡齊米日的附庸，沒想到這位俄羅斯大公竟比波蘭和立陶宛的統治者還要有錢有勢，甚至擁有更多領土。他為此深感著迷，並想親自走訪這片寬闊廣袤，盛產貂皮、銅、金，版圖延伸到北極圈的可開發地。但伊凡不准他或一四九二年繼他而來的神聖羅馬帝國大使踏進領土。對西方的拉丁民族來說，俄羅斯就像一個夢幻國度，充滿神祕色彩，宛如冰雪覆蓋的黃金國，充滿珍稀資源，而鬼怪橫行的邊境一直延伸到未知之地。在這種情況下，就不能怪卡齊米日低估東邊鄰國的危險性且忽略俄羅斯帶來的威脅。他同時要負起很多責任，處理不同地方的問題，比方讓普魯士乖乖聽話、幫助兄弟或兒子打進匈牙利和摩爾多瓦的權力階層、與哈布斯堡王室競爭波希米亞的統治權等。

因此，伊凡繼續挑釁卡齊米日也不會有事。諾夫哥羅德一併入莫斯科公國，伊凡就禁止諾夫哥羅德境內的立陶宛飛地納稅給卡齊米日。一四八〇年代，卡齊米日使節對莫斯科的不滿日漸高漲，他們控訴莫斯科公國來的「小偷」越界偷襲，放火燒村，到處洗劫，散布恐懼。伊凡假裝無辜也聲稱不知情，但掠劫行動顯然有他在背後撐腰。這是他擾亂邊界安寧的部分策略，一四八〇年代末更變本加厲。一四八七年，伊凡的某個兄弟占領了一片立陶宛所屬的邊界地，伊凡則指派了一個總督去治理傳統上屬於立陶宛的地區。一四八八年他發動一次突擊，消滅了卡齊米日的七千子民。許多邊境城鎮都在一四八五年到八九年間遭到多次突襲。

邊境戰爭效力驚人。卡齊米日既無法保護人民，人民就轉而效忠侵略者以換取和平。長久以來安於立陶宛統治的俄羅斯東正教領主，也紛紛投效莫斯科公國，宣布領土受伊凡「管轄及保護」。[16]）卡齊米日死後，伊凡暫緩協商，改為採納「全俄羅斯統治者」的稱號——公開承認他有意將立陶宛的所有俄羅斯及東正教人民納入統治。他在兩處發動全面攻擊，鯨吞歐卡河上游的流域，橫越維亞濟馬區的高地，最遠達第聶伯河的上游。他的軍隊所到之地，歸順的當地統治者幾乎都獲得莫斯科公國人民的權利。二十年內，立陶宛喪失了七十個行政區、二十二座堡壘、十九個城鎮和十三座村落。

新的邊界既是語言也是宗教的邊界。俄語是衡量俄羅斯認同的一個指標，但伊凡偏好以宗教正統性為指標。從教義上來說，俄羅斯跟羅馬相近。但神學家認為兩者相距甚遠，主要差異是聖靈從何而來，西方教徒認為聖靈「來自聖父和聖子」，俄羅斯東正教徒認為「來自聖父」。這個神祕難解的爭論很難為一般人理解，但兩邊教會的文化和儀式本來就互相排斥。西方人認為神職人員可以結婚、必留鬍鬚不成體統，在教會用斯拉夫語不合禮節。俄羅斯人對滿口拉丁文、鬍子刮得乾乾淨淨、抱獨身主義的神職人員也有同感。我們很容易把這看作伊凡為了扮演東正教捍衛者的角色而擺出的姿態就打發這個問題。但這對當時的很多人似乎都意義重大，很多人也因此背棄立陶宛。伊凡雖然跟土耳其人偶有衝突，但俄羅斯傳教士幾乎從未批評鄂圖曼人是「不信者」，他們通常只用這個字眼來罵天主教徒，還有跟羅馬關係密切的東正教徒。

要了解伊凡的對外辭令中強烈的反天主教用語，必定要知道籠罩東正教世界的危機感。儘管一四九二年來了又走，末日預言並未實現，大家仍然恐懼世界末日就要到來。儘管已經過了兩代，一四五三年發生的事件——土耳其人從基督徒手中搶走君士坦丁堡，消滅了具有深厚基督教傳統的神聖帝國——仍舊令東正教思想家惶恐不安。東正教似乎被重重圍困。神學知識豐富的俄羅斯人自然會想起古代以色列遭受的信仰考驗，並把忠於信仰、毫不讓步的堅持當作重獲上帝眷顧的唯一方法。

在此同時，天主教的收穫更加劇了兩邊教會數百年來的敵意。天主教利用外交和傳播福音吸引拉丁世界邊緣的許多東正教族群重回羅馬的懷抱。在此同時，神學辯論逐漸解決了兩方針對教義的多數爭論。表面看來，雙方最主要的爭論實在太神祕難懂，只有心細如髮、好鬥善辯者方能領略；八世紀將盡之際，西方教會在教條上多加了一句話，聲明聖靈不像東方人堅稱的只來自聖父，而是來自聖父和聖子。雙方教會都覺得對方的說法破壞了上帝的完整一致。西方人說東方人貶低了聖子的地位，東方人說西方人把聖靈降至次級神格。

一四三〇年代，在拜占庭的提議下，羅馬和君士坦丁堡教會的領袖同意暫且放下爭論，握手言和，一同合作對抗土耳其人。一四三九年，包括莫斯科在內的俄羅斯主教轄區都派代表到佛羅倫斯開會，東方代表團超過七千團，大家達成協議，宣布基督教國家重新合而為一。但主要的問題仍未解決。當莫斯科的大主教返回轄區時，當地神職人員和民眾都為這種「背叛」行為感到憤怒。他們把新來的大主教關進監牢，並選了一名能捍衛東正教獨立傳統的新主教。希臘傳統的大多數教堂也推翻了協議。但拜占庭皇帝仍持續遵守，不為所動。比任何人都該負起捍衛東正教之責的王室，似乎已經向異端靠攏。

拜占庭帝國發生的事對莫斯科意義重大，即便俄羅斯人已脫離蒙古人的掌控，卻仍深受君士坦丁堡影響。回顧十世紀將盡之際，俄羅斯史上第一個國家的創建者，就是在君士坦丁堡找到了他的宗教信仰和他的妻子。後來俄羅斯在政治上和美學上也都以拜占庭為範本，直到中世紀尾聲。俄羅斯人深受拜占庭文化影響，也難怪對拜占庭皇帝敬重有加。到了法斯里二世統治莫斯科公國時，土耳其人已將拜占庭重重包圍，帝國的土地所剩不多。拜占庭已經在蘇丹掌握之中了，但土耳其人卻按兵不動，不願破壞仍舊自稱是羅馬人的當地居民所擁有的傳統。當然了，讓拜占庭維持獨立也有其實際的考量。土耳其人可以靠威脅和承諾來掌控城內的菁英階層，而拜占庭皇帝和宗教領袖可以保證其基督教子民忠於鄂圖曼帝國。只是每當土耳其人想消滅拜占庭帝國，總是有些神祕的因素使他們無法對拜占庭下手。（作者在此並沒有明言是哪些神祕因素，但一四二一年蘇丹穆拉德二世正在君士坦丁堡外圍城時，拜占庭就聯合安那托利亞的獨立公國，推出穆拉德的弟弟穆斯塔法來爭奪蘇丹之位。）

最後土耳其人終於失去耐心，以迅猛不可擋之勢發動攻擊。一四五一年，十九歲的穆罕默德二世即位，為過去的慎重思遠畫下句點。掌控達達尼爾海峽的堡壘落入外國人手中令他不悅，因為這條海峽是帝國內交通往來的樞紐。穆罕默德二世想像自己就是（東）羅馬帝國的皇帝。工程師為了圍城而設計的各種裝置，都是為了迎接拜占庭滅亡這一天。穆罕默德二世還在博斯普魯斯海峽分屬歐亞的兩岸建立巨大堡壘，掌控該海峽的交通。他派遣有史以來最強大的砲兵隊砲轟拜占庭的城牆。整組船艦從陸路運來包抄敵軍的帆船。拜占庭教會向羅馬屈服以爭取拉丁世界的幫助，但援助來得太遲也誠意不足。到最後，雙方的人數發揮了決定性的力量。攻擊軍踩著同袍的屍體爬上斷裂的城牆。末代君士坦丁大帝（君士坦丁十一世）的屍體只能靠其戰靴上的老鷹圖案加以辨識。

過去跟土耳其人一起爭奪第三羅馬帝國的敵手，如今都已退出競賽。十三世紀中，歸化基督教沒多久的塞爾維亞王國，早已將中世紀最純正的古典繪畫（以古希臘羅馬的作品為典範）收藏在前朝國王建於索波卡尼和米列西瓦的修道院中。約一世紀後，塞爾維亞國王史帝芬・杜尚夢見他擊敗土耳其人，征服君士坦丁堡，還得意地自稱是——雖然有點誇大——「幾乎是全羅馬帝國的王」。同時代比他年輕的保加利亞沙皇約翰．亞歷山大則自稱是「所有保加利亞人和希臘人的王」，他找人幫他作畫，畫中的他穿著大紅靴子（皇帝才能有的樣式），頭上頂著金色光環。他宮中一名負責翻譯拜占庭編年史的翻譯員，把「君士坦丁堡」換成保加利亞的首都特諾佛並稱它為「新君士坦丁堡」。[17]然而，後來證明塞爾維亞和保加利亞的帝國野心都太大，兩國最後都落入土耳其人手中。

到了一四五二年，拜占庭已經奄奄一息，俄羅斯教會不情願地違背了必須服從君士坦丁堡教會的傳統——選出自己的主教，拒絕跟拉丁教會恢復友好關係。儘管如此，法斯里二世仍覺得有必要向拜占庭皇帝致歉：「我們懇求聖潔的陛下勿怪罪我們沒事先寫信告知貴國。我們這麼做是因為別無選擇，而非傲慢或自大。」[18]君士坦丁堡失守後，俄羅斯覺得頓失所依。上帝任由此事發生代表了什麼？祂希望東正教信徒有何反應？莫斯科公國開始接受一個顯而易見的答案：捍衛東正教的責任必須從君士坦丁堡移轉到莫斯科。

伊凡娶了拜占庭公主等於宣告自己是拜占庭帝國的繼承人。或許有人覺得意外，這場婚事其實是羅馬教宗出的主意。一四六九年第一次提出這件婚事時，伊凡是個二十九歲的鰥夫，柔伊（俄羅斯人叫她蘇菲亞）是二十四歲的老小姐，胖嘟嘟的但很漂亮，雖然是個「窮人」（她的家庭老師如此提醒她），卻代表了拜占庭王朝和傳統的驕傲。她是拜占庭末代皇帝的姪女，從土耳其的征服行動中逃亡出來，到羅馬受教宗保護及款待。教宗保羅二世向伊凡提議把蘇菲亞嫁給他，表示羅馬對俄羅斯的狀況有一定的了解。他很清楚伊凡難以抗拒一位拜占庭帝國的傳人，他希望蘇菲亞能說服伊凡與羅馬一同對抗鄂圖曼人，也希望她能提供給俄羅斯人一個由東正教改信天主教的典範。但對蘇菲亞來說，前往俄羅斯的漫長旅程如同精神上的歸鄉，使她得以重回祖先教會的懷抱。她橫越鄉野，取道普斯科夫和諾夫哥羅德前往莫斯科，每到一個地方都虔誠禮拜。一四七二年結婚之前，她並不排斥以東正教儀式再度受洗；伊凡禁止她的隨從在公開場合展示（天主教的）十字架，她也沒有意見。

一四七〇年代，伊凡開始自稱是全俄羅斯的「沙皇」，雖然一開始有點猶豫也沒有全面性地使用。「沙皇」（Czar）頭銜的典故來自羅馬皇帝愛用的「凱撒大帝」（Caesar）稱號。[19] 過去，莫斯科公國只會給君士坦丁堡的皇帝和蒙古可汗冠上如此響亮的頭銜。此後十年，伊凡與神聖羅馬帝國進行零星協商期間，他驕傲自大的傾向越來越明顯。當腓特烈三世提議將伊凡大公的地位提升到國王時，伊凡的回應充滿不屑：

> 蒙神寵愛，我們打從一開始、打從祖先開疆闢地到現在就是自己土地的統治者。神授君權，國王就是上帝指派的人選，我們的祖先亦如是。我們祈求上帝讓我們及後代子孫生生世世在此定居，自己統治自己的土地。過去我們從未要求別人任命統治者，因此現在也不需要。[20]

帕沛爾想撮合伊凡的女兒跟腓特烈三世的姪子（巴登地區的侯爵）時，伊凡同樣斷然拒絕。「兩人並不適合，」他給自家大使的指示說。莫斯科公國統治者的家族比哈布斯堡王室更歷史悠久。「這麼偉大的統治者怎麼將女兒交給一名侯爵？」[21]一四九三年，莫斯科的主教佐西馬因為世界末日將臨的預言而重新計算曆書，伊凡趁機把「信仰虔誠、關懷基督徒的伊凡」重新塑造成「新沙皇君士坦丁」，暗指當初建立君士坦丁堡的第一位基督教君王。他說莫斯科是「新君士坦丁堡，也就是新羅馬。」過不久，莫斯科公國開始謠傳，王室的祖先來自羅馬第一任皇帝奧古斯都傳說中的兄弟。位於邊境的普斯科夫有個名叫斐羅菲的虔誠修士，他在獻給伊凡三世或其子的作品中稱莫斯科是繼羅馬和君士坦丁堡之後的「第三個羅馬」。第一個羅馬已經淪落為異端。而土耳其人

> 用他們的彎刀和斧頭劈開第二個羅馬的門戶……如今嶄新的第三個羅馬，閣下統治的偉大帝國就是神聖主教使徒教會的所在之地，東正教信仰在此地無遠弗屆，光芒更勝天上的太陽。虔誠的沙皇啊，讓你的國家知道所有東正教王國都已合而為一，併入你的王國。你是基督教世界唯一的沙皇。[22]

斐羅菲稱東正教為「主教」教會，以此跟教宗地位高於主教的天主教進行區別。

為了替「第三個羅馬」的說法背書，伊凡把最早是諾夫哥羅德試圖抬高該城主教的地位以跟莫斯科主教較勁的宣傳手法挪為己用。一四八四年，諾夫哥羅德的神職人員選出的主教遭伊

凡否決，他們當時宣稱有收到羅馬寄來的白色聖袍——奉第一位羅馬皇帝君士坦丁之命而製的聖袍——象徵「在第三個羅馬，也就是俄羅斯，聖靈的恩典將會顯現於世。」[23]於是，伊凡在任期將盡時改用雙頭鷹圖案的新印璽，無論是模仿自拜占庭或神聖羅馬帝國，毫無疑問都是代表帝國的圖案。

伊凡將莫斯科重新打造得宏偉又壯觀，以符合帝國的格局和派頭，或許也是為了預言將在一四九二年到來的世界末日。莫斯科大主教住所的新禮拜堂供奉的是「聖母金袍」——多次保護君士坦丁堡的聖物直到一四五三年失守。沒有什麼比這更清楚點明莫斯科已經接收了君士坦丁堡的神聖地位。其他新興的建築為這座以木造建築為主的樸素城市更添顏色。克里姆林宮的磚牆大得驚人。伊凡從義大利找來工程師阿貢斯提諾．費歐拉凡第，他利用石頭打造了閃閃發亮的聖母升天大教堂以慶祝攻克諾夫哥羅德。一四八〇年代，聖母升天大教堂緊接著為沙皇提供了做禮拜的空間，而大主教住所則另建了一個豪華的禮拜堂。其他義大利來的技術人員還為伊凡新蓋了一間晉見室，名為多稜宮。

到羅馬娶老婆、從義大利引進建築師，伊凡就這樣把文藝復興帶到東邊。他帶動的潮流在一四七六年吹到了匈牙利。匈牙利國王馬提亞斯．科維努斯也照著這個模式娶了一位義大利公主，放棄了哥德式宮殿的興建計畫，轉而照義大利的建築樣式改建，模仿古典時代著名的建築文本：小蒲林尼對其鄉間別墅的描寫。科維努斯國王聘請的某位義大利人文主義學者清楚道出這棟建築的靈感來源。「當你在書上讀到，」他告訴馬提亞斯，「羅馬人創造了宏偉的作品以證明他們的偉大，你，所向無敵的大公，絕不容許他們的建築超越你的……但你讓這些古老建築重新復活。」[24]國王還收集了一批令人豔羨的古典藏書。之後兩三代，文藝復興品味成了波蘭和立陶宛宮廷的主流品味。俄羅斯對天主教的反感使各種拉丁文化都難以打進俄羅斯，但伊凡至少鬆動了文化疆界。

伊凡把俄羅斯變成一個難以牽制的君主國家，此後俄羅斯便成了全球政治的要角。他在位期間，名義上屬於莫斯科的領土從一萬五千平方公里增加到六十萬平方公里。伊凡併吞了諾夫哥羅德，推倒了喀山和立陶宛的邊界。他的第一目標是西方國度的土地。伊凡的勝利就是俄羅斯東正教的勝利。他重新畫出與天主教歐洲的界線，但在排擠天主教的同時，他也讓西方文化傳入俄羅斯。他擺脫了蒙古人的箝制，扭轉了帝國主義在歐亞大陸的走向。從伊凡的時代開始，中亞大草原的遊牧民族多半成了俄羅斯帝國主義的受害者，而非在俄羅斯土地上建立帝國的驍勇民族。從各方面來看，他帶來的影響延續至今，也有助於形塑我們今日的世界——在這個世界裡，俄羅斯搖搖晃晃座落在西方的邊緣，雖然對全世界絕不陌生，卻徹底排外，難以親近。但伊凡在位期間對後世最大的影響通常遭人忽略：打開俄羅斯的東進路線，前往時人所謂的「黑暗國度」，即北極圈內的俄羅斯及西伯利亞——所有歐洲帝國主義者在十六、七世紀征服的殖民地當中，只有這兩地至今仍受帝國統治。

在這裡，伊凡的軍隊深入鮮少人知的東北領土，踩著上世紀的傳教士開拓的路線，沿著斐恩河前往白紹拉。挺進黑暗國度的目的是要掌控北方毛皮（松鼠和黑貂）的產量，因為中國、中亞、歐洲對毛皮的需求量都很大。黑貂就是黑金，毛皮之於俄羅斯帝國就如銀之於西班牙、香料之於葡萄牙。一四六五、一四七二和一四八三年，伊凡派遠征隊前往諾夫哥羅德之外的波姆城和鄂畢城，目的是要向當地部落強制徵求毛皮。最大的一次侵略行動發生在一四九九年，當時在白紹拉河口建立了普斯托札斯克城。冬天時，有四千人乘著雪橇橫越白紹拉河，前往鄂畢城，帶回千名俘虜和許多毛皮。伊凡在米蘭的大使就說他的主子每年收到價值一千達卡的毛皮作為貢品。這個地區因為傳說而永保神祕。一五一七年，神聖羅馬帝國的使者西蒙．馮．賀伯斯坦前往莫斯科時就收集了一些傳說故事，比方奇形怪狀的巨人、沒有舌頭的人、「活死人」、人面魚和「鄂畢的黃金老嫗」。不過跟之前比較起來，俄羅斯對北極圈和西伯利亞的認識已經因為新接觸而改觀。

從伊凡的遺言就可看出新探險帶來的改變。莫斯科公國的繼位方式規定不明，因為如此，伊凡的父親才跟堂兄弟打了那麼久的戰爭，連伊凡也囚禁了兩名親兄弟。為了防止叛亂，莫斯科公國的統治者都要留下遺言，聲明把土地和收益留給繼承人。伊凡生前到處征伐，遺言自然特別長，而且充滿異國社群、偏遠邊境的名字。比方從立陶宛併入的聚落、莫斯科公國併吞俄羅斯各公國得到的戰利品，以及伊凡從兄弟那裡搶來的土地。此外，遺囑上還提到東方的邊界，以及征服諾夫哥羅德後接收的廣闊而陌生的土地。摩德汶人也出現了，他們是森林裡的異教徒，說芬蘭語，占據了烏拉山脈和喀山北部邊界的戰略地帶。鄰國烏德穆特人的土地也一併列入，那是伊凡一四八九年占領的土地。另外還提到「維雅喀領地」，但沒提到那些曾經抵死不從的居民。北部平原的牧人一度在俄羅斯人和蒙古人之間周旋，試圖保住獨立地位，後來伊凡對他們失去耐心，派大軍進攻，將其領袖處死，擄走數千名維雅喀人，派可靠的俄羅斯人到當地定居。他還不厭其煩地列出諾夫哥羅德的領土，有十八個地方升格為城市，共分五省，往北延伸到白海和諾夫哥羅德殖民地以外的北杜味拿河河谷，以及人稱林落（Forest Lop）和野落（Wild Lop）的附庸國。普斯科夫也榜上有名，雖然它一直是個獨立自治的城邦，與伊凡結為同盟但不在他的統治範圍內。

伊凡的豐功偉績從他的遺囑就可見一斑。把土地資產分送給不同的財產繼承人、其他剩餘的財富分給繼任者之後，伊凡列出了其他零星的財富：

紅寶石、藍寶石、其他寶石及珍珠，還有所有鑲了寶石的衣服，以及皮帶、金項鍊、金容器、銀容器、石頭容器，還有金、銀、黑貂、絲織品跟各式各樣的物品，所有物品以及我的臥房寶庫裡的所有珍藏品（聖像、金黃十字架、金、銀等物），包括我的總管……和宮廷大臣掌管的一切（銀器、錢財和其他財物）

以及其他官員和地方單位管理的民族「也是我的財富和資產，不論他們身在何方」。[25]

一四九二年對伊凡王朝是關鍵的一年，不只因為世界末日未如預期的到來，也因為卡齊米日四世死後，嶄新的俄羅斯就此展開。卡齊米日的兒子們瓜分了他的遺產。在歐洲和亞洲之間的廣大帝國競技場中，唯一可與莫斯科公國挑戰的強權瓦解了。此後幾百年，東正教和天主教之間的界線變動不定，但怎麼變都跟伊凡及其子與卡齊米日繼承人達成的協議中所訂的界線相差不遠。莫斯科公國成了俄羅斯——顯然就是現今占領該地區的國家。俄羅斯往東深入黑暗國度，逐步把廣大的森林和凍原變成從此由俄羅斯統治至今的帝國。

第七章　「血海」

——哥倫布及橫越大西洋之旅

一四九二年十月十二日：哥倫布登陸新世界。

這個故事太不可思議卻又令人難以抗拒。費迪南和伊莎貝拉策馬進入格拉那達時，跟隨他們湧入的大批群眾中，只有一個人無法為這場勝利感到高興，那就是克里斯多福．哥倫布。哥倫布多年來都在爭取君王的贊助，不久前才得知某專家委員會否決了他對橫越西方海洋的提案。他轉頭背對熱鬧歡慶的群眾，黯然騎馬離去，心中知道他的美夢終究破滅了。

哥倫布上路一天後，有名皇家信使追上他，要他立刻趕回已經淪陷的格拉那達城外的王室帳棚。有人突然改變了心意，就跟所有扭轉情勢的奇蹟一樣。於是，哥倫布坐上騾背趕回格拉那達，踏出橫越大西洋旅程的第一步。

這聽起來像個真實故事的美化版。但歷史就是這樣高潮迭起，連小說也望塵莫及。事實上，哥倫布的真實經歷遠比他的各種英雄傳說更加有趣。

＊＊＊

哥倫布的提案並不是破天荒的頭一遭。十五世紀期間有很多人試圖探索大西洋這片未知空間，但多半都因為在西風帶啟程而註定失敗，原因可能是探險家要確保一條能夠安全回家的路線。不過，我們仍然可從珍稀地圖和零星文件漸次揭露的紀錄中找到一些小進展。一四二七年，名叫迪約戈·德·席爾維斯的葡萄牙船長展開的航程曾記錄在地圖上，但知道的人不多，他是第一個確立亞速群島各島的相對位置的航海家。一四五二年（發現亞速群島最西邊的島嶼）到一四八七年（弗萊明·費迪南·范·歐爾門跟哥倫布一樣受委託前往尋找海上的「小島和大陸」）間，葡萄牙起碼有八個探索大西洋的航海委託案，但據知沒有一個有更進一步的收穫。從亞速群島出發的航海隊，多半都被西風帶打回原地。一四九二年在紐倫堡，貝海姆的朋友和支持者也主張要從亞速群島出發，展開他們想像的橫越大西洋之旅，但這個夢想從未成真。

從這些前例來看，橫越大西洋不只不切實際也不太可能有利可圖（直到很後來才改觀）。在一四八〇年代之前，馬德拉群島以外的大西洋探索行動得到的收益並不多，連馬德拉群島也是因為十五世紀中葉開始種甘蔗，才成為葡萄牙王室主要的稅收來源。探險家希望跟西非的金礦來源建立直接聯繫卻無法如願，但因為跟西非王國的貿易往來增加，總算能用較低的價格取得金礦，另外也為歐洲市場帶來其他商品，尤其是奴隸買賣從一四四〇年開始增加，其中有些是葡萄牙的亡命之徒用劫掠的方式取得。儘管如此，市場規模仍然有限，因為歐洲很少有後來在美洲某些地區常見的大量使用黑奴的農場，黑奴在當時的歐洲仍以幫傭居多。不過，加納利群島倒是吸引不少人投資，因為當地盛產天然的染料，似乎也有製糖的潛力，但當地居民力抗歐洲人入侵，征服的過程既漫長又損失慘重。

這種情況在一四八〇年代翻轉。馬德拉群島的糖業蓬勃發展，一年有六、七十艘船往來運送。一四八四年加納利群島開始煉糖。一四八二年，多虧在西非突出部底下的聖若熱．達．米納興建港口，大批金礦才得以送到歐洲人手中。一四八〇年代間，葡萄牙人開始與剛果王國接觸，但航向及繞行非洲最南端的航程不斷遇到逆流，不過這也顯示遙遠的南大西洋吹著西風，說不定船隻可以乘風航行至印度洋。另外，從英格蘭布里斯托港的紀錄可見北大西洋商品的吞吐量增加，其中包括鹹魚、海象牙及鯨魚商品。布里斯托和亞速群島的英格蘭和法蘭德斯商人開始留意投資良機。到了一四八〇年代末，大西洋的投資顯然有利可圖，為航海事業募資也變得比較容易，航海家鎖定的主要對象是里斯本和塞維爾的義大利銀行家。

但就算貿易環境越來越有利於解決探索大西洋的種種問題，要找到適合這份工作的人選還是不容易。只有不怕死的人或新手才可能有所突破。要航行到亞速群島以外，此人必須敢冒前人不想面對的危險：順風而行。

航海探險史上最不可思議的一件事是：大多數航行都是逆風而行。對現代的航海員來說，這明顯違反直覺，令人納悶，但過去大多時候這都是理所當然的選擇。原因很簡單：航向未知海域的探險家要能確定回家的路線。逆風航向外海才能確定回得了家。打破常態、順風而行要非常無知或完全豁出去的探險家才做得到。

這兩個條件哥倫布都具備。他是熱那亞織工的兒子，從小在吵吵鬧鬧、經濟拮据的大家庭長大。有關哥倫布的歷史傳說比比皆是，無論是加泰隆尼亞、法國、加里西亞、希臘、伊維薩、猶太、馬霍卡、波蘭、蘇格蘭出身的哥倫布都有，而且一個比一個荒腔走板，全都是帶有特定目的的產物，通常是某個民族或族群為了自身利益而把傳說中或虛構的英雄人物占為己有，更常見的情況是移民到美國的社群，為了受人敬重而把哥倫布說成是他們自己人。但哥倫布是熱那亞人的事實無庸置疑，他這個階層或背景的人很少像他留下這麼清楚的文字紀錄。哥倫布的平凡出身使他後來的生涯發展更容易理解。他之所以成為探險家，背後的動機就是想要脫離平凡的出身，抓住出人頭地的機會。

像哥倫布這樣富有野心的人想要往上爬只有三條途徑：上戰場、從事神職、航海。哥倫布可能三種都考慮過。他曾經希望某個兄弟從事神職，也曾夢想當上「騎士團和征服者的帶兵官」。但航海是自然而然的選擇，畢竟他生長在熱那亞這樣單純的航海社會，出海工作賺錢的機會到處都是。

哥倫布讀過的書把出海冒險的想像深植於他的腦海中。傳記作者喜歡強調地理書對哥倫布的影響，其實哥倫布到中年才開始讀地理書籍，證明他讀過這類書的證據多半在他開始航海後才出現。也就是說，年少時及開始航海之前的哥倫布愛看的是十五世紀的「通俗小說」，即騎士在海上冒險的故事及刺激程度有增無減的聖徒生平。聖徒生平包括航海家聖布蘭敦的傳說（說他乘著小圓舟從愛爾蘭出發，發現了人間天堂）及聖猶士坦的傳說（說他遠渡重洋歷經艱辛尋找失散的家人）。典型騎士故事的開場人物是某個時運不濟的英雄，哥倫布就是這麼看待自己，從他筆尖流露的自憐自艾即可看出。通常這位英雄受到了某種不平的對待，比方被逐出王室或喪失了貴族身分。哥倫布常幻想自己有貴族血統，還可笑地宣稱「我不是家族裡的第一個艦長」[1]，在在反映了那樣的文學傳統。

在當時流行的騎士文學中，很多英雄都藉由海上探險建立名聲，獲得肯定。英雄在探險途中航向異國土地，發現小島或偏遠的國度，打敗妖怪、巨人和異教徒，成為異地的統治者，結尾多半是英雄娶公主為妻。在塞萬提斯的《堂吉軻德》中，桑丘請堂吉軻德封他為「某島的島主，可能的話再加上島上的一小片天空」[2]，即在諷刺騎士文學傳統。

真實生活有時也反映了這類文學作品。十五世紀初，葡萄牙王子昂利克雖然只有少數幾次短程出海的經驗（稱他為「航海家」實為訛誤），卻很愛讀騎士文學和占星學之類的書——兩者的組合有礙理性的自我認知。昂利克王子不是王位繼承人卻一心想當王，他集結了一群下階層人民和亡命之徒，並稱這群人為「騎士和隨從」，為此他付出了高昂的代價。一開始這群人主要靠海盜行為維持生活，後來越常在非洲沿岸搶奪黑奴。他們稱敵人是「林中的野人」，即騎士故事、繪畫和雕塑中對抗騎士的毛茸茸野獸。在加納利群島上，他們替昂利克王子反覆攻打某個王國但從未成功，當時加納利群島多半仍由披毛皮、以牧羊維生的原住民掌控，他們過著部落生活，唯一的武器是石頭和木棍。雖然無甚作為，但這群擁護者仍維持騎士表相，借用騎士故事中的名字（比方亞瑟王傳說中的圓桌武士藍斯洛或「小島的崔斯坦」），交換誓言，有時還爭取加入騎士團，即基督騎士團，（在聖殿騎士團遭到法王整肅，並於一三一二年被教宗解散後，葡萄牙國王丹尼斯一世重組了殘存部眾，於一三一七年另立基督騎士團。）他們的領袖大團長就是由葡萄牙國王指派的。

自稱是「小島的崔斯坦」的惡棍是馬德拉島的戰士，昂利克王子派人來殖民該島之前約一百年，該島曾是當時流行的騎士愛情故事發生的背景。這位崔斯坦就在島上過著傳說中的幻想人生，逼迫來到島上的殺手惡棍聽命於他。一四五二年發生了一件徹底扭曲騎士規範的事，清楚呈現此人的生命特質。昂利克手下的騎士迪約戈．德．巴拉多斯被放逐到馬德拉島後，便在崔斯坦家中擔任類似隨從的職位，「效忠並侍奉」主人。在亞瑟王和藍斯洛之後，國王就很容易遇到宮中女眷和麾下騎士談起戀愛的麻煩。這次是巴拉多斯利用職位之便勾引崔斯坦的女兒，崔斯坦一氣之下將他去勢並關入地牢。這一幕（在王室赦免狀中簡潔帶過）帶我們進入了一個混合了騎士精神（chivalry）和野蠻行為（savagery）的怪異世界。

昂利克有些追隨者的真實生活也像騎士小說的翻版，巴托羅米歐．佩雷斯特雷洛就是其中一個。他的祖父是來自皮亞琴察的商人及探險家，他聽從了當時義大利專門指點人迷津的商業專家給人的建議。「往西去，年輕人。」當時的生涯顧問建議他前往尚未開發完全、進步快速的伊比利半島。在葡萄牙安家落戶之後，佩雷斯特雷洛家族甚至躋身上流社會，因為巴托羅米歐的兩位姊姊上了里斯本大主教的床，大主教同時把兩人收作情婦。在昂利克王子家中服務使巴托羅米歐得到出海及掌管波多聖多這座無人小島（鄰近馬德拉島）的機會。昂利克一方面把波多聖多島當作在非洲及加納利群島活動的基地，一方面也希望在島上發展糖業。擔任「某島島主」或許不是在葡萄牙出人頭地的最佳途徑，但終究給了巴托羅米歐一小片天空和貴族頭銜。

哥倫布對巴托羅米歐的故事很熟悉，因為他娶了他的女兒為妻。一四七〇年代，哥倫布在東地中海和非洲大西洋之間往返，為熱那亞的某經商家族購糖。他常經過波多聖多島，聽聞許多昂利克王子的事蹟，也在島上認識了多娜・費里巴。當時她大概是少數經濟狀況差、社會地位低、到了適婚年齡仍小姑獨處的貴族女性，所以才會考慮跟哥倫布這種窮小子結婚。同時間，哥倫布逐漸摸熟了非洲大西洋沿岸的風向和洋流。他累積了許多在大西洋航行的經驗，領悟了兩個重點：加納利群島的緯度上吹東風，北邊則是西風帶。成功往返的條件一應俱全。

如果把哥倫布死後的傳說和他自我吹捧的說法打個折扣，或許就能重建哥倫布擬定航海計畫的過程。沒有確鑿的證據可證明他在一四八六年之前有過這類計畫，但盲目地採信不可靠的資料，使得大多數史學家把哥倫布構思航海計畫的日期推得更早。哥倫布腦中其實從來沒有過清楚的航海計畫。他就像所有精明的推銷員，會視對象的喜好改變說詞。他對某些人提議出海尋覓未知的小島；在另一些人面前又提議尋找「未知的大陸」，因為古典文學中曾提過這塊據推測應位於大西洋深處的大陸；但對其他人又主張有條捷徑可通往中國，取得東方豐富的物

編按：文中出現在括弧內的粗體字為譯註或編按。

產。史學家為了釐清這些矛盾陷入了死胡同，其實這個目的地之「謎」很好解開：哥倫布不斷改變說詞，從來沒有固定的目標。多數史學家賦予他的堅定毅力，不過是哥倫布自我創造的形象，或是早期為他立傳的作者美化的結果。哥倫布的不屈不撓有過度神化之嫌，因此有必要重新加以檢驗。

事實上，對哥倫布來說，「是否能達到」他要的社會地位要比「去哪裡」更重要。當他跟金主簽約，如今日所說的「確認合約條件」時，心中必定很清楚對他而言最重要的目的：

所以，此後我就能名正言順自稱是大爺（don），還是海洋的最高上將，也是我日後發現或占領的小島大陸，或是未來在海上發現的新陸地的終生總督。我的長子還有他未來的繼承人將一代接一代繼承我的功業，直到永遠。[3]

在這段文字中，模仿騎士小說追求功名的桑丘症候群歷歷可見。對貴族地位和豐厚報酬的渴求，促使哥倫布找上有發展潛力的貴族，說服他們贊助他出海航行。

哥倫布想要出人頭地的野心超越了其他目標，過去的傳記作者賦予他的其他動機相較之下顯得十分渺小，如對科學的好奇和宗教的狂熱。哥倫布確實對書上學不到、全靠經驗得來的知識頗感自豪，但要到年紀漸長才出現這種跡象，一開始並不明顯，第一次出航之前幾乎沒有。這幾乎不能顯示哥倫布是崇尚實證的現代科學先驅，我們倒是發現他跟博學多聞的懷疑論者時有爭論，後者會駁斥他對地理的荒謬認知。不過，宗教對他的影響越來越深。橫越大西洋這種超乎尋常、磨人心志的經驗使哥倫布轉向上帝——人在遭遇創傷時往往都會。晚年的哥倫布從預言、神祕主義，及表達忠誠的極端形式中（如手腳上銬或穿破爛的修士長袍走進宮廷）找到心靈的庇護，擺脫挫敗和理想破滅對他的衝擊。然而，年輕時的哥倫布對宗教沒有特別虔誠，滿腦子都是實際的考量和算計。

然而，哥倫布確實受到方濟會修士的影響。這些修士住在卡斯提爾大西洋沿岸的帕洛斯城，哥倫布在那裡結識了他們。他們隸屬於方濟會所謂的精神派，重視聖方濟代表的精神勝過會內的戒律和規約。他們一心想傳播福音，也堅信末日將至的預言並因此更努力傳教，這些觀念都在哥倫布腦中逐漸萌芽。一九四〇年代初，哥倫布開始把方濟會修士偏好的某些意象融入他推銷航海計畫的說詞中。換言之，幫助異教徒皈依天主教成了他的航海目的之一。此外，若哥倫布日後的回憶屬實，他還曾向費迪南和伊莎貝拉提議，可將他出海得到的收益用來攻打耶路撒冷，根據方濟會修士的預言，這是「末代君王」的職責，也是上帝實現末日預言的序曲。他說，國王聽完他的話露出了微笑。史學家多半認為國王的微笑是懷疑的笑，其實是高興的笑。費迪南之前的幾任亞拉岡國王都擺脫不了末日預言，他本身也繼承了末日預言，很難不期許自己成為末代君王。

出海對哥倫布的宗教生活造成了重大的改變。對中世紀的人來說，海洋是上帝的領域，風是祂的呼吸，暴風雨是祂發出的弓箭。身在大海之中，哥倫布就像一貧如洗的聖方濟，只能依靠上帝。此後，哥倫布提及宗教開始變得前所未有的莊嚴及深切，在這之前，哥倫布多半只會利用他人的虔誠信仰，而非真正感受到信仰的力量。

一四八〇年代末，哥倫布之所以找不到贊助人，問題不只在於他的要求太過分，他提出的目標也說服不了大多數的專家。大西洋上或許還存在未知的島嶼。過去航海家在大西洋發現不少島嶼，由此推論還有其他島嶼待人發掘不無道理。但是，比加納利群島和亞速群島更遠的未知島嶼，就算適合種甘蔗或其他高需求商品，利用價值也不高。另外，發現未知大陸——即地理學家所謂的對跖地（從地球上的某一地向地心出發，穿過地心後所抵達的另一端，就是該地的對蹠地。）——的可能性似乎微乎其微。大多數的古典地理學知識否定了這個可能。就算真有大陸存在，相較於開發路線打入貿易鼎盛的亞洲和東方海域，新大陸似乎並不值得冒險。到最後，以為橫越大西洋就可抵達亞洲的想法顯得太天真。這世界太大。自從埃拉托塞尼在西元前三世紀末左右算出地球圓周之後，西方學者就已大概了解世界有多大。（見第一章。）從歐洲往西航向亞洲太過遙遠，當時的船隻無法完成這趟旅程。在離目的地尚有千萬哩時，船上的糧食就會吃完，飲用水也會壞掉。

但一四七〇和八〇年代間，少數專家開始懷疑埃拉托塞尼算錯了，地球可能比之前推測的要小。還記得貝海姆的例子嗎？一四九二年，這位紐倫堡的宇宙學家製造了現存於世最古老的地球儀，呈現這世界有多麼的小。與他有志一同、參與通信的還有保羅．托斯卡涅尼，此人在家鄉佛羅倫斯是個名聲響亮的宇宙學家，還曾上書葡萄牙王室，鼓勵王室經由大西洋前往中國。另外持相同意見的還有安東尼歐・德・馬契納，他是方濟會的天文學家，但活躍於卡斯提爾王宮，後來成了哥倫布的摯友及支持者。

哥倫布受了這些理論家影響，也開始從騎士故事轉向地理書籍，從中尋找世界很小的證據。他誤讀了許多資料又扭曲了其他的資料，最後得出了一個小得離譜的數據，起碼比地球大小的實際數據小了百分之二十。他還辯稱亞洲往東延伸的範圍一直都被低估，甚至斷定從西班牙航行到亞洲東緣可能只要「幾天」。[4]

因此，經過多次的挫敗和反覆改變說詞，哥倫布最後推銷成功的提案是西航前往中國的計畫，中途可能停靠日本，當時的人稱之為「齊盤古」，而馬可波羅則誇張地推測日本位在中國外海一千五百哩處。根據哥倫布表示，他在跟金主進行最後協商時特別強調，歷史證據顯示很久以前的中國統治者——他稱為「大汗」而不是皇帝，因為元朝已經於一三六八年覆亡——曾寫信給教宗表達對基督教的興趣。宗教目的掩飾了哥倫布曾在其他時候推銷過的商業及政治利益。他按照當時習慣的用法，以「印度」代表「亞洲」並接著說：

> 陛下決定派我……前往上述的印度地區，訪問上述的王公及其人民與土地，調查他們的意向，以及如何使他們皈依我們的神聖信仰。陛下也指示我不該如往常走陸路東行，這次只能西行，前往就我們所知至今無人去過的地方。[5]

費迪南和伊莎貝拉贊成這個計畫嗎？沒有文獻可證明他們認同哥倫布自設的目標。哥倫布的委託狀上只提到「大洋中的小島和大陸」。國王交給他的信函只模糊地寫著「致最尊貴的君王，我們的摯友」，但哥倫布打定主意要把信呈給中國的統治者。西班牙國王對葡萄牙從大西洋探險獲得的收穫感到不安。畢竟葡萄牙從撒哈拉沙漠的另一邊取得了黃金，也在開發進入印度洋的路線，但卡斯提爾卻未在加納利群島以外的地方找到新的海外資源。反正哥倫布的計畫顯然不需要國王和王后自掏腰包（說伊莎貝拉為籌措哥倫布的航海經費而變賣珠寶是另一個迷思），沒有理由不讓他出海，靜觀其變。

這趟航行的主要贊助者是塞維爾的一群義大利銀行家，以及卡斯提爾和亞拉岡的朝臣。這些人之前就贊助過加納利群島的一連串遠征行動，正適合監督大西洋探險事業是否能帶來更多收益。船隊的三艘小船和船員都來自帕洛斯港，這都多虧當地造船員馬丁．阿隆索．品松的幫忙。事實上，品松跟哥倫布是這次航行的共同指揮官，也是哥倫布潛在的對手。馬丁．阿隆索指揮妮娜號，其弟文森．亞尼茲指揮品他號，哥倫布指揮旗艦聖瑪利亞號。後來，哥倫布就大言不慚地自稱為「艦長」。妮娜號裝上了不輸給另外兩艘船的方帆，展現他們會順風完成這趟遠航的信心。

他們選擇從加納利群島出發，哥倫布雖然從未說明原因，但其實不難猜到。戈梅拉港就位在加納利群島，那是受西班牙艦隊控制的港口中最西邊的一個。那裡的緯度跟多數製圖師估計廣州所在的緯度相同，而廣州是中國最著名的港口。九月六日，哥倫布一行人從戈梅拉港出發西航，打算一直航行到碰到陸地才停下來。

說得容易，要做到卻很難。在北半球，經驗豐富的航海員只要靠肉眼觀測天體位置，確認白天的太陽和晚上的北極星在固定的角度升起降落就能保持航線。哥倫布聲稱這方面他沒問題，但他說的話常有自我矛盾之嫌，不宜輕信。有一則可能是他自己描述的事蹟大致呈現了他利用航海設備的方式。九月二十四日，經過一連串誤以為發現陸地的失敗後，船員的不滿升高，大家私下抱怨「為了實現一個外國人的瘋狂計畫，他們拿生命當作賭注，這根本是自找死路、愚蠢至極的行為。這人為了當上領主，連生命都可以不要。」[6]船員若真這麼想，就猜中了哥倫布的心思。「當上領主」確實是促使哥倫布出海遠航的動機。有些人認為「最好的辦法就是趁晚上把他丟進大海，再推說是他拿著四分儀或星盤要觀測北極星，不小心失足落海。」這個生動的故事讓人聯想到一個脾氣古怪的技術員，一邊獨自笨手笨腳研究最新技術，一邊站在搖搖晃晃的甲板上摸索難以操作的天文儀器。

理論上，用四分儀和星盤來確認緯度並不難。只要透過連到鐵片的桿子上的小瞄準器對準北極星，再從附隨的刻度找到對應的點就能得知緯度。但實際上在搖晃不定的平面上操作此儀器很不可靠。哥倫布跟當時嘗試使用導航儀器的人一樣，因為船搖晃不定而飽受挫折，一直無法讓這些寶貴技術發揮最大效用，後來只好仰賴沒那麼新奇的傳統方式來確認航線。他帶了一本航海員通用的曆書，書上根據白天的時數來列出緯度。他也用傳統方式記錄晚上的時間：觀察位於小熊座的北極星周圍的星象推移。例如在九月三十日這天，他計算夜晚持續了九個小時，這表示白天有十五個小時。接著他從列表上找到對應的緯度。整個旅程下來，他記錄的誤差正好與列表上的印刷錯誤符合。至於那些新奇的儀器只是幌子，像魔術師手中揮舞的魔法棒，只是為了分散觀眾的注意力，阻止他們看到事情的真貌。

最早在報導中呈現哥倫布航行的一幅版畫，捕捉到了哥倫布想傳達的形象：他孤單一人站在船上操作索具，彷彿無人可幫他分擔重擔；他就是孤獨英雄的縮影，也是自立自強的成功例子。擔心被孤立、害怕遭到背叛（幾乎到偏執的程度）使哥倫布飽受折磨。他到哪裡都是局外人，即使船員因為族群不同而分屬不同陣營——巴斯克人會一起鬧事，帕洛斯人則認為該效忠品松家族——哥倫布還是受到他們的排擠。

哥倫布後來對此趟航行的回憶另有四個主題。一是誤以為發現陸地，嚴重打擊船員士氣。二是恐懼，風把他們往西吹，船上的人擔心再也找不到能帶他們回家的風。三是共同指揮官之間及指揮官和船員之間的衝突升高。四是哥倫布自己的疑慮，雖然外表看不出來，但航行時間越久一直不見陸地，他的焦慮也逐日加深。

哥倫布尋找各種接近陸地的跡象，比方鳴禽如何旋轉著地，他開始暗指這趟遠航可比諾亞方舟之旅，並記錄或可能只是想像「陸地上的鳥吱吱喳喳」飛到他的船上。他引述聖經的次數越來越多。九月二十三日，他聲稱看到「一片外海，前所未見，除了猶太人跟著摩西逃離埃及之時。」[7]哥倫布越來越相信他與上帝立了聖約，回到西班牙時他已經成一名預言家，腦中不時出現幻覺，聽到上帝直接對他說話。

哥倫布很快對印度地區所在的距離產生懷疑，心中多少覺得不太對勁。從戈梅拉出發沒幾天，他就開始捏造航海日誌，竄改他傳給海員的航行里程數。由於他之前預估的距離總是太長，因此後來假造的數字反而比他保留給自己的數字還要準確。因為一廂情願又想像海上一定遍布小島，哥倫布因此經常抱著很快就會看到陸地的期待。只要出現一丁點跡象，例如突來的陣雨、飛過頭頂的小鳥、預期中的河流，大家就會充滿期待，但期待註定落空。九月二十五日，他表示很確定自己正航行在島嶼之間，但又不敢轉向去尋找島嶼，只是記錄在他的海圖上。在此同時，他越來越擔憂船員的焦慮和不滿，因此能在此時碰上逆風他很欣慰。「我需要這種風，」他寫道，「這樣船員就會相信海上有這種風可以送我們回西班牙。」[8]

到了十月的第一個週末，大家的耐心應該已經快到極限，哥倫布和品松進行了一場激烈的對談。假如哥倫布的估計正確，他們現在應該早已發現陸地才對。馬丁・阿隆索要求轉向西南方航行，他認為日本應該在那個方向。一開始哥倫布以「最好先前往大陸」為由拒絕，但不久就動搖。十月七日，不知是受了什麼指引——小鳥的飛翔？雲朵的形狀？還是因為害怕船員叛變，哥倫布轉向西南方航行。十月十日，船員「再也忍無可忍」。當晚危機平息。隔天，越來越多人看見海上漂流物，夜色降下時大家都迫不及待地想看到陸地。哥倫布後來回想時說，那晚他「很確定陸地就在附近。他說他會送給第一個大喊看到陸地的人一件絲質外套，不算在國王和王后承諾給的賞賜之內。」[9]

十月十二日（啟程五週後）星期五凌晨兩點，馬丁・阿隆索船上一名把自己綁在索具上的海員大喊一聲「看到陸地了！」小加農炮瞬間響了一聲——之前說好的信號，三艘船上的人都不約而同感謝上帝。哥倫布卻說他前晚就看見陸地發出燈光，把功勞占為己有，徹夜看守的船員想必相當惱怒。我們似乎不能只用貪婪來解釋這種自私到極點的行為。哥倫布自詡為英勇騎士，非得是看見陸地的第一人不可，就像西班牙版本的亞歷山大傳奇故事中的大英雄——故事中的亞歷山大航向印度，而且「是船上第一個說他看見陸地的人，比任何船員都快。」[10]

我們不可能確鑿無誤地重建哥倫布的航海路線，畢竟他並未記錄偏離的航線，磁偏角多少有誤差，而存留下來的航海日誌片段也不盡可信。因此我們不確定哥倫布究竟在何處上岸。他對地方和航線的描述太模糊且過多矛盾之處，不夠可靠。他記錄的旅程充滿想像，幾乎像詩，讀者若把每字每句都當真，想從中讀出所以然是自討苦吃。哥倫布抵達加勒比海碰到的第一座小島，唯一可確定的是，那是座平坦肥沃的小島，到處是小水塘，大部分被一座礁岩遮蓋，中間的湖哥倫布稱為潟湖，東邊有個小海岬或稱半島，形成一個可利用的天然港灣。這可能是巴哈馬群島、特克斯群島和凱科斯群島的任何一座小島。據哥倫布說，當地人稱它為瓜拿哈尼，他則稱它為聖薩爾瓦多。現今名為瓦特林的小島，最符合哥倫布的描述。

從現存的資料來看，最讓哥倫布印象深刻的是當地的土著。但這不一定反映了哥倫布自己的關心重點，因為哥倫布的第一個編輯（我們對哥倫布自述的第一趟航程的理解，幾乎都來自該編輯摘選的哥倫布文集）對新世界的「印度人」（哥倫布以為自己到了印度，當時印度就是亞洲的代稱，因此稱當地土著為印度人。）很著迷。他摘選了哥倫布提及土著的部分，無關的說不定就拿掉。有關哥倫布與土著相遇的敘述有四個主題。

第一，哥倫布強調他遇到的人都赤身裸體。裸體在當時某些讀者心中帶有負面意涵，有點像今日的美國，總是把裸體跟縱欲、性氾濫隱含的危險相提並論。有些中世紀神職人員對他們稱之為「裸體派」的異端深惡痛絕，傳聞這群人相信自己久保純真並以裸體顯示自己的純真，至少聚會時他們都不穿衣服，據說還會進行雜交儀式。似乎只有思想偏激的人才會相信這種教派的存在，不過，對這類行為感到羞恥的人在當時並不像現在這麼多。哥倫布那時代的人多半對裸體有正面看法。對崇尚古典的人文主義者來說，裸體代表了森林住民的純真，古典詩人認為此種純真與「黃金時代」密不可分。對影響哥倫布最深的方濟會士來說，裸體象徵對上帝的依賴，聖方濟自己就剝光衣服以明其志。當時大部分讀者應該會認為哥倫布遇到的人是未受文明污染或羈絆的「自然人」。

第二，哥倫布一再拿他遇見的島民跟加納利群島的居民、黑人，以及普遍認為分散在地球其他未知地區的類人怪異種族相比。其主要目的不是為了描繪當地居民的長相，而是為了建立一個宗教論點：這些人與類似緯度的人相似，例如加納利人和非洲黑人，這跟亞里斯多德的某個學說相符；他們的長相正常，並不可怕，因此根據中世紀末普遍的心理學來看，這些人是不折不扣的人類且具有理性。這表示他們是合格的基督教傳教對象。

第三，哥倫布很強調他們的純真善良。他把土著描寫成單純、愛好和平的族群，未受物欲腐化，甚至因為貧窮更顯高尚，有信仰自然宗教的跡象，但尚未轉向一般認為「不自然」的方向，例如偶像崇拜。哥倫布含蓄地把「印度人」描寫成基督徒的道德榜樣。這樣的對比讓人回想起中世紀文學中一系列的異教徒典範，他們的良善就是對邪惡基督徒的責難。

第四，哥倫布一直設法證明這些原住民有可開發的商業價值。乍看之下，這似乎跟他之前讚嘆原住民的單純善良互相抵觸，但他的許多觀察都有一體兩面。原住民不諳戰爭可證明他們的單純善良，但也表示他們易於征服。他們赤身裸體或許使人發起思古幽情，但懷疑論者卻會想起野蠻和野獸似的行徑。他們不善經商顯示他們未受金錢腐化，但也表示他們容易受騙。他們具備理性可證明他們是人類，也意謂可將他們當成奴隸使用。哥倫布的態度模擬兩可但不必然是心口不一。他對土著確實存在兩種互相矛盾的認知，並為此感到苦惱。

十月十五日到二十三日這段期間，哥倫布都在勘查各小島。從他對原住民的觀察可見，他認為（或想如此說服自己）他們越來越文明，起碼越來越精明。他看見某地方的人懂得怎麼討價還價，有個地方的女人穿了簡易的連身裙，另一個地方的住屋打理得整潔又乾淨。從肢體語言或翻譯自土著的話語來看，很多跡象都顯示當地有國王帶領的成熟政體。雖然我們不確定這些小島分布在加勒比海的什麼地方，但在哥倫布腦中的地圖裡，這些島嶼具有重要的地位：排成一列，通往想像中「必定有利可圖的土地」。十月十七日，有人率先找到一大塊黃金的消息傳來，哥倫布便把它想像成了某個君王鑄造的金幣。

類似的殷切期望與日俱增，影響了哥倫布對自然世界的判斷。他聲稱看到照理不可能存在的雜種植物，在荒瘠的土地上發現大量乳香樹，還有疑似染料、藥物和香料等植物，但他坦承自己無法分辨其差異。他以綁架或誘拐的方式要當地嚮導隨他一同航行加勒比海。小島之間都用獨木舟往來貿易，當地海員則把地圖路線記在腦中，直到後來的航程中，有些人為了幫哥倫布制訂航海計畫，才利用豆子和小石頭補足腦海中的地圖。

然而，根據哥倫布的觀察，要在當地找到貿易市場並不樂觀。從他的第一份印刷報導附隨的一幅版畫，便可看出他追求的目標：在發現小島的過程中，找到一條蓬勃的貿易通路，穿戴東方長袍和頭飾的商人在此跟沿岸土著交易稀有商品。這樣的畫面很迷人，但哥倫布希望這幅美景真正在他眼前展開，證明他離經濟繁榮的亞洲已經不遠。事實上哥倫布似乎意外闖進了古老的石器時代，毫無跡象顯示他能在當地找到貿易市場。

哥倫布一心認為自己日漸接近文明的國度和有利可圖的貿易。十月二十四日船隊靠近古巴時，他以為自己就要找到日本或中國。上岸之後，他藉由模糊不實的描述自我安慰。他眼中所見都美好無比，後來逐漸發現當地居民生活窮困、不可能成為貿易伙伴後，他轉而主張可向他們傳福音，以此合理化自己的航海事業。他勾勒出一個由未受污染的純淨人民組成教會的美景。另一方面，他腦海也不斷浮現另一想法：可把一些土著充作奴隸，彌補島上沒有其他貿易商品的遺憾。這就是哥倫布的標準作風，同時考量互相衝突的構想對他從來不成問題。

因為對古巴感到失望，哥倫布試圖離開該島，但多次因為逆風而失敗。然而，馬丁・品松已經成功離開，直到航行快結束時才跟他們聯繫上。一如往常，哥倫布懷疑與他共同擔任指揮官的品松想背叛他，謀求私利。十二月四日，哥倫布終於逃離古巴，途中意外遇見伊斯帕尼奧拉島（海地島）。這是哥倫布最重要的發現，原因有二。首先，島上盛產黃金，這是哥倫布這趟任務是否成功的關鍵，沒有帶回金銀財寶，他回國必會淪為笑柄或從此沒沒無聞。再者，島上的土著生活富足，英勇過人，必可讓西班牙人刮目相看。哥倫布跟某些原住民建立了友好的關係（或者是他單方面的想法），並在該島畫出未來殖民地的預定地。

哥倫布留下的紀錄中很少提及這些島嶼無與倫比的物質文明。但島上精緻的石雕、木雕、儀式場地、排放石頭的球場、石頭項圈、吊飾、華美的雕像、雕工精細的木頭皇冠和奢華的私人珠寶等，都讓哥倫布相信伊斯帕尼奧拉島是他目前為止最重要的發現，島上的環境大有可為，居民聰明又機靈。「現在我們要做的，」他寫信給國王，「只有建立西班牙在此地的影響力，命令他們執行陛下的願望。因為……他們受你指揮，你可以命令他們工作、播種、做其他需要做的事，還有建立城市，以及教導他們穿衣蔽體，接受我們的習俗。」[11]哥倫布對原住民的觀感別於以往，從中我們瞥見西班牙未來在新世界將遇到的難題。長期殖民的遠景，取代了他過去想像很快即能得到的收益（如外國商品、商業利益）。如今他想像的是一個存在階級差異的「世外桃源」，原住民會照西班牙人的想像「文明化」，而殖民者既是教化者也是統治者。西班牙人可以如水蛭般榨取資源，如螞蟻般建立城市，或如蜘蛛般展開鋪天蓋地的大網。哥倫布或繼承其志業的後人從未解決其中矛盾。

要了解哥倫布這種狂躁不安的心智狀態，需要發揮多一點想像力。身處在他所謂的「血海」之中，離家千萬哩，與世隔絕，未知的危險圍繞四周，陌生的環境阻礙重重，知識或經

土著的赤身裸體和膽怯象徵其天真無邪，一旁的西班牙國王看見哥倫布登上陸地。摘自哥倫布一份經過證實的報告（一四九三年）。

驗都無法給予他或其手下任何幫助，擄來的嚮導在一旁比手劃腳，說著聽不懂的話，試想，這會是什麼樣的光景？在這種情況下，難怪他的現實感日漸動搖。

舉例來說，起初原住民說食人族在追殺他們，哥倫布不願相信（雖然真有其事）。但幾週後他腦中竟然浮現更離奇的幻想：分別住著亞馬遜女戰士和禿頭男人的小島、對他懷有敵意的撒旦「意圖阻礙航行」、傳說中的祭司王約翰就在不遠處（根據中世紀傳說，他是一名信仰基督教的國王，住在亞洲內陸，渴望加入西方十字軍）。

在這種情況下，哥倫布突然聲稱自己獲得天啟。聖誕節前夕，他指揮的旗艦擱淺，一開始他以為是某船員怠忽職守，派小男孩代為掌舵而惹的禍。仔細想過後，隔天他改變了想法。他認為這是「帕洛斯人」有意背叛他，先是給他不中用的船，再故意讓船擱淺。船員的狠毒行徑似乎是上天的旨意，就像出賣耶穌的猶大。「船在這裡擱淺，」他寫道，「是莫大的恩典，也是上帝的明確旨意。」哥倫布因此不得不留下一些人——充當駐軍，他希望日後這批人會成為殖民地的基石。船隻的殘骸和船員剩餘的物品，應可暫時供應這批人的生活所需。結果彷彿奇蹟一般，船隻殘骸提供了「建造堡壘的木板、超過一年份的麵包和酒、種子、船上的小船、填補船縫的人、砲手、木工和桶匠」。[12]

這次災難使哥倫布開始考慮打道回府。他已經收集了很多金塊、一箱箱辛辣的紅番椒、有關珠寶的傳言，並俘虜了一些土著當作人類樣品，回宮可以好好炫耀一番。他還發現鳳梨、菸草（「印度人想必高度重視的某種樹葉」[13]，雖然他尚不知其功用）、獨木舟，以及吊床（對世界其他地方來說是加勒比海的天才發明，對海員尤其是）。他心想就算沒抵達中國或日本，他至少有「令人驚奇的發現」，或許是示巴王國，或許是東方三博士帶來黃金和香料的國度。

一月十五日，哥倫布碰到有利返航的順風。奇怪的是，他一開始往東南方航行，但很快又轉回無疑是他一直計畫的路線：往北航行，在海上尋找他早期航行大西洋時即摸熟的西風帶。沿途一切順利，直到二月十四日遇到可怕的暴風雨。哥倫布一生中，每次遇到重大危機就會出現深刻的宗教體驗，他第一次的宗教體驗就因這場暴風雨而起。他強烈感覺到自己是「上帝之選民」，這在今日可能會被視為疑似精神失常的證明。上帝讓他逃過一劫是為了託付他神聖的任務，因為上帝，他免於敵人的毒手，「上帝還在他身上及透過他行了許多天大的奇蹟。」[14]在亞速群島避難一陣子後他經由里斯本回到家，慶幸自己奇蹟似地化險為夷。在里斯本，他跟葡萄牙國王見了三次面，這樣的舉動令人好奇，背後的意圖令人起疑。他跟馬丁・品松因為之前的暴風雨而分散，後來兩人幾乎在同時間抵達，品松因為這趟旅程耗盡體力，還未能跟國王報告就一命嗚呼。哥倫布因而得以獨占戰場。

哥倫布此行的成果引發各種不同的評價。宮中有名宇宙學家稱之為「超越人類的神聖之旅」。但贊同哥倫布看法的人只占少數。哥倫布必須堅稱自己已經抵達或接近亞洲，因為他得實現最初的承諾才可獲得國王承諾的獎賞。但大多數專家都認為他顯然不可能已經抵達或接近亞洲：這世界太大，不可能辦到。最大的可能是，哥倫布只是發現更多大西洋上類似加納利群島的小島，或許他遇到的是「對跖地」，很多人文主義地理學家都欣然採納這種可能。「打起精神來！」其中一個人寫道，「多令人雀躍的一項成就！在國王王后的贊助下，創世以來隱藏至今的神祕地域終於揭曉！」[15]

後來發現這跟事實很接近：大西洋上確實存在一個前所未知的半球。哥倫布在後來的一次航行中才明白，他確實發現了他所謂的「另一個世界」。但他跟國王簽訂的合約承諾會找到通往亞洲的捷徑，為了拿到獎賞他不得不堅稱自己兌現了承諾。追隨其腳步的探險家在一四九〇年代間證實，哥倫布走的路線通往一片廣大無邊的土地，那裡根本沒有歐洲人原本期望在亞洲找到的特徵、居民和商品。但他們仍繼續往西探尋到東方的路線。十六世紀的地圖多半低估了美洲和太平洋的寬度，要到十六、七世紀期間，兩者的實際大小才慢慢浮現。

哥倫布帶回家的獻禮大部分都帶有異國風情，但看不出有何利用價值，例如土著俘虜、鸚鵡、前所未知的植物樣本。不過，他確實透過買賣從土著那裡取得少量的黃金，甚至誇口說他很接近金礦產地。從國王的觀點來看，光這點就值得再冒一次險。一四九三年九月二十四日，哥倫布再次出海。

這次哥倫布直接從上次路線以南的方向走，最後抵達了小安地列斯群島中的多明尼加島。重返加勒比海不久，他對新發現的美麗憧憬隨即破滅。首先，他們在哥倫布名為瓜達洛普的小島上，無意撞見食人族正在舉辦慶典，證明恐怖的食人傳說確有其事。更可怕的是，一抵達伊斯帕尼奧拉島，哥倫布便發現他留下的駐軍已遭島上土著殺害，原來「印度人」非他所想的那樣無害、溫順。再者，他試圖在當地開墾時發現天氣實在惡劣。他之前稱頌的適宜人居之地，其實潮溼不堪。他的手下一開始便心浮氣躁，後來竟意圖造反。傳聞——還是後來的穿鑿附會？——夜裡會聽到鬼哭神號，還有若隱若現的無頭人在街上列隊行走，冷酷地向挨餓的殖民者致意。

種種失望背後掩藏了一個驚人的成就。哥倫布從一四九二到九三年的航行，建立了往返大西洋最實用也最值得開發的路線，把舊世界人口最稠密的地帶（從中國到南亞和西南亞再到地中海）跟新世界最富庶、人口最稠密之地區的入口連結起來。

此後，其他探險家紛紛前往利用哥倫布打通的入口。因此，一四九〇年代是歐洲橫越大海、將觸角伸到世界其他地方的關鍵十年。一四九六年，另一名義大利探險家在布里斯托商人和英格蘭王室的贊助下，發現了橫越北大西洋的直達路線，他先利用善變的春季風出海，再走西風帶返鄉，他走的路線雖然可靠但仍不完美，而且此後一百年甚少改變，除了與紐芬蘭鱈魚業者交易的通路。同時間，葡萄牙使團走傳統路線前往印度洋調查印度洋是否真的被陸地包圍。一四九七、九八年，葡萄牙貿易隊受王室委託，利用南大西洋的西風帶前往印度洋，贊助者可能是佛羅倫斯銀行家。其領隊瓦斯科．達伽馬太早往東轉，只好千辛萬苦繞過好望角，但他終究橫越了印度洋，抵達盛產胡椒的卡利卡特港。他下一趟航行在一五〇〇年出發，走直達路線，沿途沒有太大阻礙。在此同時，費迪南和伊莎貝拉對哥倫布日漸脫序的行為感到失望，拒絕讓他獨占資源，開放讓他的對手前往探索大西洋。一四九八年，哥倫布提出強而有力的證據證明他發現的地方是片大陸；一四九〇年代結束之前，其競爭對手陸續展開旅程，證實哥倫布的主張，並從狹長的中美洲地峽到赤道以南（至少大約到南緯三十五度）探索新世界的海岸線。

一四九〇年代的大發現打開了歐亞非之間長程的、直接的海上貿易通路，這樣的突破看似突如其來。但歐洲在技術上和知識上持續緩慢發展，前十年探索大西洋帶來的也利益日漸增加，從這個背景來看，這樣的結果就不令人意外。除此之外，還有其他線索嗎？歐洲史學家一直想找出歐洲與眾不同之處，說明為什麼發現連結新世界和舊世界、印度洋和大西洋的環球路線的是歐洲人，而非來自其他文化的探險家？

我們無可避免要從科技面來檢視。比方說，缺少改良過的儲水桶和適宜的航行技術，探險家不可能在海上遠航或從陌生之地返家。然而，當時的技術似乎相當不利於完成航海任務，航海家都靠累積實戰經驗和相關知識，指引他們在未知海域中航行。哥倫布不擅使用四分儀和星盤更指出一個結論：假如這些科技有決定性的影響力，那麼幾百年前就發明這類工具的中國、穆斯林和印度航海家應該比歐洲航海家航行早一步發現新大陸才對。

造船是一門神聖的技藝，與船密切相關的神聖意象使這門技藝更顯崇高，例如拯救萬物的方舟、受暴風雨侵襲的帆船、愚人船（西方流傳的一則寓言，故事是說有一艘小船，載滿了瘋癲、輕浮、不知危險的愚人，船上沒有人導航，愚人也不知要去哪裡。一四九四年瑞士神學家出版了以《愚人船》為名的諷刺故事集，批評了當時極盡腐敗的教會。為這本書做木版畫的藝術家就是杜勒。）等。這部分使得造船成為一項傳統技藝，因此進步緩慢。十四、五世紀間，大西洋和地中海的造船學校逐步交換打造船身的方法。大西洋和北方海域的造船員打造的是可在洶湧海面上航行的船，堅固耐操是他們最主要的考量。他們通常用一片片木板組成船身，讓木板彼此重疊再釘上鐵釘。地中海的造船員則偏好先造船的骨架，再將木板釘上骨架，邊靠邊排列，彼此不重疊。地中海的方式比較經濟，用到的木板較少，鐵釘更少，造好骨架之後，其他工作多半都可以交給專業程度較低的技工完成。因為如此，先造骨架的造船方式傳遍歐洲，在十六世紀以前這都是各地普遍的造船法。不過，對用於作戰或航行惡劣海域因而可能受到重擊的船來說，重疊木板加固船身的船隻仍然值得投資。

早期大西洋探險家駕駛的船都是圓形船身、方形風帆的船，有利於順風航行，隨東北信風從伊比利半島航向外海，再借北大西洋的西風帶經亞速群島返回家鄉。索具的一些小改良使船隻更容易操控。十五世紀時，非洲大西洋越來越常出現起碼有一面三角帆的船，有時還可看到兩面或三面三角帆的船，長帆垂掛在長桁上，長桁以繩子固定於桅杆，跟甲板形成銳角。這種船通常稱為輕快帆船（caravel），可以近風航行，比傳統船隻能在狹小許多的範圍裡奮力橫越信風的路徑而不被往南吹得太遠。輕快帆船最多只能迎風三十度夾角航行，這種船在非洲沿岸很有用，但橫越大西洋卻派不上用場。哥倫布就曾拆掉其中一艘船的三角帆，改用傳統的四角帆。

假如科技無法解釋歷史的轉向，那麼常有人提出的文化特徵同樣不成理由，因為那些文化特徵並非西歐沿海獨有，或者根本是不實的說法，也可能那些文化特徵當時根本還不存在。國家政治體制的競爭文化在東南亞和對航海毫無貢獻的部分歐洲地區皆可看見。每塊大陸上都有現代探險家在日漸擴張的國家和好勝的競爭者之間遊說周旋。伊斯蘭教或猶太教等宗教都視從商為一種修身養性之道，相較之下，基督教較不利於經商。而對科學的好奇和實證方法構成的傳統，在伊斯蘭世界和中國受重視的程度，絕不遜於我們認定的中世紀晚期（雖然後來在歐陸和美洲的歐洲移民社群中，確實出現了獨特的科學文化）。傳教狂熱是普遍之惡（或普遍之善），在我們認知為中世紀末及現代初期的這段期間，伊斯蘭教、佛教跟基督教都有大舉擴張版圖、打入新社群的共同經驗，儘管大多歷史論述都忽略了這點。帝國主義和侵略行動並非白人獨有的惡行。我們只在歐洲文化中發現一個特別有利於孕育探險家的特徵。那就是他們崇尚冒險，很多人都相信或一心想實現那時代貴族的最高精神——騎士規範。船就是他們披掛華麗的駿馬，他們乘風破浪就如同策馬奔騰。

大西洋的航海大發現只是一個廣大現象的一部分，說「西方崛起」也好，「歐洲奇蹟」也罷，總之就是西方社會躍升為現代世界霸主的過程。傳統的權力中心和開路先鋒從此翻轉：過去的中心變成邊緣（如中國、印度、部分伊斯蘭國度），過去的邊緣成了中心（西歐和新世界）。但歐洲躍升為全球海上強權，看來並非歐洲崛起的結果，而是其他國家對航海不感興趣及潛在競爭者退出戰場所致。用今日的標準來看，鄂圖曼人對航海投入的心力可謂驚人，但海峽使他們四面受阻。在中地中海、波斯灣和紅海一帶，前往大海都得經由易於受到敵人掌控的狹窄海峽。

我們有必要將目光轉往世界的其他地方，即使這些地方的航海機會不是受到限制就是被忽略。俄羅斯無可避免要面對一片冰雪覆蓋的海洋，雖然東正教的英勇修士在十五世紀占領了白海的島嶼，但國王仍把重心放在擴張陸上版圖。中國的航海事業則在十五世紀停擺，可能是因為反對帝國主義及貶低貿易的士大夫得勢之故。其他地方多半因為航海技術無法突破、受風向阻礙或信心不足，而未繼續發展航海事業。欲了解歐洲掌握的機會，有必要到可能與歐洲爭奪海上霸權的其他地區一探究竟。首先，我們可以順著哥倫布想像的路線前往中國和印度洋，看看那裡在一四九二年前後發生哪些事。

第八章 「沙沙作響的柳樹間」

——中國、日本和韓國

壬子年第七個月的第十五天：沈周畫下他的神祕體驗。

難以入眠時，這位畫家通常會點燈讀書，但讀書從來無法撫平他的心靈。一四九二年的某個夏夜，他聽著雨聲，不知不覺睡著。突然間，一陣冷風將他吹醒。

雨停了。他起身披衣，一如往常在搖曳的燭火下展開書卷。但他身倦心疲，無法讀書，只是坐在一無變化的寂靜中。月色黯淡，窗板敞開讓雨後的清新空氣飄入。他坐在一張長板凳上，茫茫望著家中漆黑一片的狹小庭院。他就這樣「置書束手危坐」，隔天早上他回憶道。

漸漸的，他開始注意到周圍的聲音。風在沙沙細響的竹林間呼嘯，偶爾有狗狺狺吠叫，打更人的擊梆聲紀錄時間的流逝。當夜色褪去，曙光微綻時，畫家聽到遙遠的鐘聲。他清楚意識到平常壓抑的感官知覺，以及在書上找不到的細微而刻骨銘心的體驗。從周圍的世界中，畫家獲得了他一直想在繪畫中表達的洞徹眼光：穿透表象，直指人心及萬物本質的真實感受。所有聲音和色彩對他來說都煥然一新。

「而一觸耳目，犂然與我妙合，」他寫道。

他不只寫下這個體驗，也以墨彩畫成一幅卷軸畫（可整幅攤開掛在牆上）。那幅畫留存至今。圖中央是畫師微小佝僂的身影，他身披輕薄的長袍，漸禿的頂上盤著頭髮。快要燒盡的燭火在一旁的桌上輕煙瀰漫。四周，濛濛的晨曦揭開自然的廣大無邊，畫師和他單薄的小屋相較之下顯得渺小。盤根錯節的樹木高聳入雲，嶙峋的峭壁拔地而起，遠山高低林立。但所有力量似乎都流向中間的小人，卻並不打擾他的平靜安適。

畫完後，他簽下自己的名字：沈周。當時他六十五歲，是中國極負盛名的畫家。因為憑一身才華也能衣食無虞，在同時代的畫家中可謂得天獨厚，不必為五斗米折腰，可以隨心所欲作畫。[1]

同時間在世界的另一邊，有個同樣有神祕主義傾向和晚睡習慣的西方人正奮力想像中國的模樣。此人正是哥倫布。他正在前往中國的路上——起碼他如此希望，對外也如此宣稱。

當沈周在追求心靈平靜及靜思冥想時，哥倫布正在一個動盪不安的世界裡奮力前進，坐立難安。讀過上一章的讀者應該還記得他的故事。哥倫布出身卑微但野心勃勃。他雖然資源有限，前途不被看好，但仍千方百計要逃到另一個世界追求財富和名望。他曾想從軍參戰，也考慮過投身神職，幾度在地中海和東大西洋從事糖和橡膠買賣，卻未能如願經商致富。我們知道他娶了某個小貴族的女兒（看來並非情投意合），社會地位卻未因此大大提升。哥倫布以小說為人生範本，一心想追求十五世紀英雄豪傑的生活——即通俗小說中的英勇騎士，只是背景換成大海，在海上實現騎士冒險故事。

沈周所畫的《夜坐圖》，畫中的他在自然的襯托下顯得渺小，圖上另有長文描述其體驗。（《夜坐圖》現藏於台北故宮。）

為了找人贊助他的航海計畫，哥倫布提出往西橫越海洋，走捷徑到中國的構想。他說那裡是「據我們所知，至今無人到過的地方」。但心中的疑慮使他飽受折磨。沒有人知道中國有多遠，而歐洲地理學家幾乎一致認為這世界太大，當時的船不夠堅固，貯藏新鮮食物和水的方法有限，要繞地球一圈很難。當時的普遍共識是，中國太遠，哥倫布一行人就算到了中國也只剩半條命。但對一個想擺脫挫敗和貧窮的人來說，似乎值得一試。塞維爾（西班牙大西洋沿岸的新興都市）的銀行家決定贊助哥倫布，反正他們不用冒太多險，況且哥倫布如果成功歸來，說不定會帶來驚人收益。

佛羅倫斯的地理學家托斯卡涅尼，就是激發哥倫布展開航海計畫的其中一人。他指出了以下可能：「中國從事海上貿易的商人之多，光一個港都的商人數量就超過全世界……西方人應找到一條通往中國的路徑，不只因為那裡盛產金礦銀礦、各種寶石和我們未曾獲得的香料，也因為中國出了許多哲人聖賢和星象專家。」[2]

歐洲人對中國的了解不多，但他們知道中國是世界最大、最興盛的市場，經濟規模和政治勢力都獨霸全球，除此之外，他們掌握的有關中國的詳細資訊都已經過時。約一百年前，西方與中國之間的往來仍然密切。商人和傳教士在絲路上來回，穿越中亞的山脈和沙漠，到各地販賣商品，傳播思想。十三世紀和十四世紀初有段時間，西方人甚至可以騎馬走捷徑穿越歐亞大草原——從匈牙利平原曲折延伸、廣大乾燥的迎風大草原，幾乎暢通無阻地取道蒙古到戈壁沙漠及中國的大門。蒙古大汗整合了全部路線，征服中國，管制絲路，改善他們統治的所有版圖內的往來交通。

但一三六八年的一場革命推翻蒙古政權，破壞了東西往來通路。歐洲使團成功抵達中國的最晚紀錄是一三九〇年，此後這個遙遠的東方帝國就陷入沉寂。歐洲境內僅有的中國見聞錄甚至更加久遠，即馬可波羅在十三世紀末彙整的中國遊記。如前所述，哥倫布和跟他同時代的人仍以為中國皇帝是大汗（一三六八年元朝滅亡後，中國統治者再未冠上此蒙古稱號）。西方人雖想取得中國的商品，但對中國瓷器和茶葉仍一無所知，也不知這些中國出口品將在往後幾百年改變歐洲人的品味。

不過有件事西方人倒是沒弄錯：與中國接觸確實會為歐洲人帶來前所未有的致富機會。打從羅馬時代開始，歐洲人就一直想打進世界最富庶的交易市場，但卻一直處於難以突破的不利位置。即使可以打進中國或印度洋周圍其他興盛的市場，西方人也沒有東西可賣。位在歐亞大陸偏遠角落的歐洲實在太窮。十四世紀時，義大利某中國貿易指南就抱怨歐洲商人到中國得帶著銀幣，因為中國人除了銀幣什麼都不收，問題是，把銀幣都帶往東方會害歐洲更窮。到了邊境，歐洲商人就得把銀幣交給中國海關以換取紙鈔。對落後的歐洲人來說，紙鈔是樣新奇的東西，對其使用方式他們需要進一步理解和確認。

十五世紀時，儘管歐洲人尚未發覺，但中國和東亞整體的經濟情況已經改變並創造了新的機會。由於中國人民對紙幣和銅幣的信心產生動搖，導致中國市場的銀價比其他亞洲市場來得高。只要能從印度和日本等銀價相對較低的地方把銀輸入中國，用有利的條件換取中國的黃金或其他商品，就有可能致富。歐洲人若能把船開到東方的港口，就能從價差中獲利。

這種全新的狀況所創造的條件，讓世界歷史以過去未見的嶄新方式展開。哥倫布前往中國的計畫，是一個有可能改變世界的擴張行動，到最後會使東方和西方的經濟產生連結，進而整合成一個全球的經濟體系。藉由打進東方市場，西方人就能獲得過去只能空幻想的龐大財富，並逐步趕上過去主宰世界的政治經濟強權。

然而，哥倫布並未如他所望抵達中國。第一趟出海他誤打誤撞到了加勒比海的小島，還把當地土著「卡尼拔」（Caniba）硬說成「可汗子民」，幻想自己已離東方不遠。他歸國之後，版畫家仍以中國商人在沿岸經商的圖像，呈現哥倫布描述的赤身裸體、生活貧窮的島民。一四九三年重返加勒比海時，哥倫布繞著古巴航行並強迫船員發誓眼前所見並非島嶼，而是中國大陸的一處海角。在後來的航行中他雖然明白自己到了「另一個世界」，卻仍抱著中國就在附近的希望，仍相信穿越陌生的海峽或繞過不遠的海角，就會看見中國的陸地。

哥倫布若果如願抵達中國，會有什麼發現？

中國是當時世界所知最接近全球超級強權的國家，比它所有可能的敵國加起來還要大且富裕。決定性的影響在於人口差距。當時中國調查的人口統計數據零散且不可靠，因為為了逃稅及逃避勞役，有數百萬人隱姓埋名。中國的人口普查方式之複雜，居世界之冠，但一四九一年官方統計的人口數據不到六千萬，絕對大幅低估了實際數字。中國當時可能有多達一億人口，而歐洲全部人口只有中國人口的一半。中國市場及產量的規模與其人口成正比，龐大的經濟規模使其他國家望塵莫及。中國可觀的財富盈餘，影響了所有仰賴中國活絡貿易的國家之經濟，從歐洲到亞洲、印度洋沿岸國家到日本都是。中國物產豐富，不太需要進口商品，他們真正進口的奢侈品價格又高得驚人，把其他地方的買主擠到邊緣，尤其是香料、芳香劑、銀和永遠供不應求的戰馬（這個問題比較難解決）。

我們仍然可從當時的文獻略知中國的狀況，但文獻來源當然不是西方。一四八八年，韓國官員崔溥在中國沿岸（今浙江省三門縣沿赤鄉牛頭門）遇到船難，遭中國官員扣留調查身分，他寫下了在中國的遭遇和觀察（《漂海錄》）。後來韓國人不相信他的所聞所見，他不得不在一四九二年上朝為自己辯護。崔溥所受的儒學教育和對中國文化的景仰，肯定對他造成影響。儘管如此，他經由運河（京杭大運河）從沿岸到北京，再走陸路返回朝鮮的漫長旅程，仍是透過敏銳的觀察而留下的一份珍貴紀錄，不但獨一無二且栩栩如生。十六世紀有位編者說它描寫了「沿途變化無窮的海洋、山脈、河流、物產、人民和習俗。」[3] 崔溥發現，中國人視朝鮮為「禮義之邦」[4]——與中國相似的國度，其人民也知書達禮。但中國百姓看到陌生的異邦人仍驚訝且心懷疑慮。招待崔溥的人幾乎一開始都對他存有戒心，認定他是日本海盜或外國來的間諜。有時他為了證明身分而心力交瘁，「死在海上還容易些」。[5] 崔溥顯然不會說中文，全靠手寫文字與人溝通，因為韓文借自漢字，中國百姓多少可以理解。連博學之士都覺得他的與眾不同令人納悶。一般人常在對話中問他：「為什麼你的馬車輪軸寬度和書寫文字都跟中國一樣，說的話卻跟我們不同？」[6]

儘管如此，崔溥仍對中國滿懷崇敬，也多方印證他的看法。他遇過一幫好心搶匪，竟把搶走的馬鞍歸還給他。中國官員從證件上看出他是朝鮮高級文官，因而對他敬重有加。[7] 護送他的一行人從浙江沿岸，即他發生船難的偏遠之地往北跋涉，中國官員沿途不停催促他們，效率驚人甚至有點過分熱心。起初有八部轎子同行，後來他們坐船沿著河流和運河的網絡前行，護衛隊在旁護送，一行人不畏天候照樣趕路。崔想停下來等暴風雨過了再走，但護衛隊隊長對他說：「中國法律很嚴，稍有延誤我們就會受罰。」確實如此。前後不到兩星期，中途只休息一天，最後他們終於抵達杭州，卻因為沒有善用時間而遭到鞭刑。雖然不公平，但畢竟是法律。對中國儒家來說，法律是一種嚇阻手段，懲罰必須訂得如此嚴厲，最終就是希望永遠不會真的實施。

崔溥對此原則表示贊同，對法度嚴明的中國社會也是。長久以來，西方史學家為了找出「第一個現代國家」而陷入無謂的爭辯。有些人說是英國，有人說是法國或西班牙帝國，或是荷蘭甚至立陶宛。實際上，數百年來，中國早已展現現代國家的最大特點，例如獨立自治，中央政府，行政官由中央指派，統一的行政系統，統一的法制、幣制、重量單位及度量衡，快速的內部通訊系統，以及論功績選用官吏，避免讓貴族掌握地方或地區權勢。地方首長（代表皇帝審案、執法、徵稅及維持治安的地方官）則由科舉制度選出，科舉主要考的是儒學，從應試者的文章評定其思辨議題以及從道德及實用立場擇其立論的能力。十五世紀末，中國官員每六年就得自我評鑑一次，低階官員由上級監督檢驗，後者會收集遭到不公對待的百姓之投訴以作為參考。

最讓崔溥難忘的是中國的富庶。即使在一開始經過的瘴癘之地，他都覺得「當地人欣欣向榮，屋舍蔚然可觀」。從他描寫的蘇州見聞中，可感覺到他目不暇給，稱羨不已。他震懾於「陸上海上的珍奇貨品，如細絲、薄紗、金銀、珠寶、工藝品、藝術品和大批富商。」市場多

編按：文中出現在括弧內的粗體字為譯註或編按。

如繁星，眾船擺盪如雲，生活奢侈享受。在揚子江南岸，「塔樓櫛次鱗比，船隻絡繹不絕」，崔溥在當地發現無比富足的文明典範，那裡「連村童、船夫和海員皆能識字。」[8] 北部和西部的一些城鎮似乎較不繁榮，有許多低矮的茅草屋，人口也較稀少。在崔溥不無偏見的觀察下，這些地區受蠻夷的影響較深，從某些居民的暴戾性格即可看出。不過整體來說，中國很符合這位訪客的期望。在崔溥的想像中，中國即是在儒家仁政的統治下蓬勃壯大的國度。

崔溥對中國官吏制度的觀察非常正確。當時中國已經是個現代國家，士大夫來自社會各階層（理論上），經由儒學考試選拔優秀人才擔任官職。皇帝不能沒有士大夫從旁輔佐。十四世紀末和十五世紀期間，皇帝曾設法廢除、冷凍士大夫，或用其他菁英取代其位，例如宦官、軍官、佛僧或道士，但士大夫每次都會拿下政權。有時士大夫發起集體抵制，有時以智取勝，讓統治者不敢妄動。每次遇到危機，他們總能化險為夷，並更加確立自己的無可取代。

儘管官僚掌握大權，其他資料卻顯示中國的徵稅制度效率不足，難以運用財富發展強大軍力。從來沒有一省把稅收齊。十五世紀末，有些地方的稅收甚至負擔不起駐守軍隊的費用。一四九〇年起，連年的饑荒重挫產茶地區，茶農把茶葉都拿去買稻穀。一四九〇年代時，很多軍隊的軍力都比表面上低百分之十五。軍隊因為缺少經費而萎縮，此外，馬匹不足也使軍隊的機動性降低。

長久以來，中國都用茶葉跟中亞的遊牧民族交換馬匹。其中最優質的馬匹來自沙漠和高山那頭的費爾干納一帶，即今日橫跨烏茲別克、吉爾吉斯、塔吉克的沙漠和高山。在這期間，中亞國家為了掌控費爾干納而大動干戈，打斷了馬匹交易，也威脅到中國本身的安全。一四九二年，中國人以為他們已經居中調停中亞戰事，但中國為費爾干納備受爭議的王位所提的人選，竟在上任途中遭人綁架。一四九七年，中國提名的人選順利就職，但戰火仍未平息，中國介入戰爭所能發揮的效力也逐漸減弱。

另一方面，明朝的南方邊境也不平靜。明朝初期，中國會毫不猶豫介入東南亞國家的政治，以確保中國認同的政權掌握權位。但一四八〇年代，越南統治者併吞東南亞，中國除了給予輕微的警告以維護儒家價值、尊重納貢給中國的國家、繼續行德政勤愛民之外，並無其他反應。軍事威嚇是一種炫耀國力、掩飾實力的重要方式。崔溥在中國期間，就曾在一片鑼鼓喧騰聲中看到潯江兩牆排著「數千兵器盾牌」及「無數三角旗飄揚」。[9]

此外，我們從字裡行間可看出崔溥筆下的中國政治制度有些明顯的缺陷。中國表面上是一個模範現代國家，用人唯才，經由科舉制度選出官吏和執法人員，再由政府派任和給薪。但實際上，中央永遠沒有足夠的財力維持這個制度。皇室對國庫是沉重的負擔，建國者的後代皆由國家供養，其妻妾所生的子嗣加起來往往數目可觀，光是明朝的第一任皇帝明太祖就有二十六個兒子。皇室成員的人數快速增加，有個王子膝下就有九十四個子女。官吏的薪水就是俸糧，後來糧米不夠，轉換成本太高，俸糧改以現金支付時，他們拿到的金額往往很少，有時只有應得薪俸的百分之五。這並不是說官吏薪俸一直很高。事實上，官吏要不很有錢要不就是貪污，或者兩者皆有。崔溥有時得塞錢才出得了衙門。從他的日記可看出官員如何竄改上呈朝廷的報告，以免讓皇上看到壞消息。海盜、盜匪、地方動盪和官吏失職等消息，都從崔溥親眼看人整理的文件中刪除。有些官員為了拿到賞金，故意抓來流浪漢充當日本海盜。

因此，避免讓政權落入權貴手中的理想，在中國實際上並未實現。此外，士大夫照理說都是通過科舉窄門的賢能之士，卻仍存在許多弊端，特權階級因而日漸腐敗。科舉制度選出的士大夫都有一定的素質和才能。士大夫多在同一個制度下輔佐皇帝，努力晉升，因此產生強烈的團隊精神。這群人尊崇儒家精神，一致相信治國是他們的特權也是責任。他們聯合起來捍衛傳統士大夫享有的社會和經濟特權，但皇帝卻要不時限制他們的特權，尤其是士大夫及其家屬的免稅權。這群人自成一個階級，人數多達一萬人，擁有相當一致的自我認同，極度排外，對威脅其地位的外人又妒又恨。他們尤其痛恨在朝廷中爭權奪勢的宗教少數團體。他們懷疑佛教徒為了爭奪政權而累積財力，還將道教徒信仰的古老宗教貶為巫術。

除此之外還有哲學上的爭議。對儒家來說，只要皇帝祭神祈求天地和諧，神就是遙遠的、非干預性的力量。但佛教徒和道教徒不相信天地如此易於掌控，他們致力於修身養性，甚至奮力與自然世界的怪力亂神對抗。至於伊斯蘭教在先知穆罕默德死後便傳入中國，信徒雖然不多卻有不少宦官信仰。在朝廷中，宦官與士大夫爭奪權位，因為他們是皇帝的貼身侍從又不需面對功成名就帶來的利益衝突。

雖然宦官、佛教徒和道教徒持續與士大夫交惡，但在其他地方卻又難得地通同一氣。過去，商人和士大夫往往互相排斥，因為尊儒輕商，如今雙方關係出現緩和的跡象。嚴格來說，商人的墓碑上不得出現紀念碑文，因為他們屬於社會最底層，排在農工之下。十六世紀初有句俗語就說，「名門勤於學，鄉人專於農，商賈永世難翻身。」[10]

但財富可以打破常規，王鎮就是一個例子。他是當時中國的大富豪，家境殷實並靠稻穀買賣致富。他在一四九五年逝世，享年七十歲，其墓誌銘就是對他的褒獎，但仍具參考價值。由於稱他為商人太不體面，而且他自幼好學，碑文上便稱他為「義官」。碑文上說他「古今圖畫墨跡，最為心所鍾愛。」雖然聲稱自己一直抗拒從商，而且為了大愛——行善或出仕——將之割捨，但他仍是個精明的商人。他買下一批藝術品，其中「最上乘畫作乃無價之寶。」他把抱負都寄託在兒子身上，他的每個兒子都參加科舉追求仕途。[11]類似的例子也可在揚州鹽商身上找到。大鹽商樊炎甫一四九〇年代中退休時，地方官送他一本學士文集，代表他的地位不亞於菁英階層被賦予的地位。

某方面來說，明朝皇帝一直對儒家避而遠之。為了在彼此敵對的宗教派系中求取平衡，統治者決定以「明」為國號以對抗儒教，因為「明」是佛教用詞，代表「光明」，根據佛教某一派的說法，傳說中的彌勒佛會在末日時降世。儘管後來的明帝在宮中所受的教育很難不受儒家思想影響，但明朝開國時不同教派的緊張關係仍舊存在。皇帝經常試圖阻止士大夫攬權但總是失敗，也曾在不同時候任用佛教或道教僧侶以制衡士大夫。一四八六年（憲宗），在朝廷擔任官職的僧人多達一千一百二十名。

皇帝任用數千名太監令士大夫階層不滿。一四八〇年代時，朝中的宦官跟士大夫的人數不相上下。崔溥在遊記中表達了他對宦官專政的訝異，他說在他的國家，太監在宮中只能做掃地或傳信的工作。[12]但在中國，宦官掌管許多政府部門，包括令人膽寒的內部特務機構，即一四七七年成立的西廠，其任務是逮捕懲治可疑的叛亂分子。但皇帝終究還是得依賴士大夫管理地方行政和執法機構。此外，十五世紀的明朝皇帝多半很短命，常由父親或祖父身旁的「老臣」輔佐。

十五世紀末，一股捍衛士大夫政權的反動勢力崛起，有點像儒家士大夫發起的革命。其中很大一部分的原因是政權交替，新登基的皇帝從小接受儒家教育，與士大夫關係密切。此外也因為前朝與士大夫為敵的陣營不論人數、財富和權勢都快速成長。士大夫與佛教及道教僧侶互相仇視。有名判官因為痛批前朝皇帝最寵愛的僧人是「一無是處的市井遊民」而遭到毒打、降級和放逐。其他批評僧人的士大夫也有同樣的下場。一四七六年，有十萬佛教及道教徒出家。隔年，皇帝下令未來每二十年才能舉辦一次出家儀式。此外，當局還試圖提高佛教徒和道教徒出家的資格，導致販賣出家證明以致出家人數暴增的醜聞爆發，如一四八四年有人為了募款解救陝西的饑荒，賣出一萬張出家證明，但證明上一片空白，買者只在上面簽了自己的名字。「除非立時採取因應措施，」一名憂心忡忡的官員一四七九年上奏，「不然重則他們可能聚集山林策劃作亂，輕則造謠煽惑人心，無論如何造成的危害皆非同小可。」[13]

一四八六年又有二十萬人出家，佛教勢力持續壯大。然而，同年明孝宗朱祐樘即位，立志要成為儒家推崇的聖王。他下令處死或驅逐前朝皇帝（就是憲宗）周圍的巫師方士，並開除朝中千餘名佛道僧侶。他恢復荒廢已久的儀式，閱讀儒家經典，研究法律及如何改革司法制度，另外還修建曲阜的孔廟並增建碑亭。一四九七年，大火燒毀北京道教寺院，某位大臣毫不掩飾其幸災樂禍：「若他們具有神力，何以未受神力庇護？可見天眼亦難容。」[14]前朝最得皇帝寵信的僧人繼曉被控盜用公款及販賣春藥，一四八八年遭斬首。

然而，宮廷內的精神生活其實由各種元素構成，很難完全將道教和佛教排除在外。皇帝仍然仰賴道教方術，偏好歌頌文人詩詞的畫家，但畫家的題材從來不只有儒家聖賢。明孝宗最喜歡的畫家乍看之下令人意外：來自南京的酒鬼怪傑吳偉。吳偉之所以成為畫家是因為家中貧寒，沒錢讓他讀書應試，謀取官職，跟許多出身貧寒的士大夫一樣。他父親把家產都揮霍在煉丹術上——道士容易沉迷其中，儒士則會極力避免。或許是為了逃避現實，吳偉開始放浪形骸的生活，他冷落贊助者，嫖妓，展現癲狂的畫風，如在醉到站不直時畫下傳世之作，或直接以手代筆或以餐具沾墨於紙上或絲綢上作畫。以筆作畫時，他緊握畫筆大膽揮舞，筆力豪邁遒勁，效果令人讚嘆。儘管違背正統，並為寺院畫了許多弘揚道教的作品，吳偉仍然知道如何討好崇尚儒學的贊助者。

要了解吳偉的魅力，或許可拿他的作品跟比他年長的同代畫家沈周相比。沈周畫中的山脈聳天，樹木入雲，周圍的空氣彷彿跟宇宙間的力量栩栩然共鳴。人為的事物和人的生命，在廣大的天地間渺如滄海一粟。沈周最有名的作品《雨意圖》完成於一四八七年，目前收藏於台北國立故宮博物院，畫中記錄了本章開頭提到的雨夜神祕體驗，包括當時的內在感受和外在光

在吳偉的畫中，一名傳奇道士赤腳凝望大海，把腳下的神奇楞杖充當木筏。

景。他發現，經驗要經由某種不可見的力量內化成自己的一部分才算完整。在那之前，人可能對鐘聲鼓聲充耳不聞，對美景視而不見。聲音和視線在傳送時就已消逝無蹤，但一旦進入人心，記憶和藝術便使之永恆不朽。畫家稱此轉化力量為「志」（will）。

「聲絕色泯。而吾之志冲然特存。則所謂志者果內乎外乎。其有於物乎。得因物以發乎。」（聲音中斷，色彩隱沒，但我的意志將之吸收。何謂意志？它從內而來？還是從外而來？它存在於外在事物中？還是因為外在事物而存在？）[15]

當沈周徹底融入周圍的聲色刺激，在寧靜的夜坐中跟大自然進行神祕交流時，他悟到了答案。

「夜坐之力宏矣哉。嗣當齋心孤坐。於更長明燭之下。因以求事物之理。心體之妙……將必有所得也。」（夜坐的力量何其大！人都該就著明亮新燭淨心獨坐。藉此可以得知事物基本的法則、人心最微妙的運作……必能有所體悟。）[16]

另有一次，沈周記下與友人在雨夜中暢談所得的「意外之喜」。

「雨中作畫借濕潤。燈下寫詩消夜長。明日開門春水闊。平湖歸去自鳴榔。」（在雨中作畫，我借了豐沛的水氣。就著燭火寫詩，我消磨了漫漫長夜。明早在晨光下打開門，春的清新就已往外擴散。你在湖岸邊沙沙作響的柳樹間，離我遠去。）[17]

其真正的主題是浸在雨中的世界。畫家靜坐的房間引人目光，因為燈火熒熒，但比例太小，看不清楚。雨才是構圖的重點，滲進沈周揮墨作畫的畫紙上，柔軟的筆觸在空中留下點點墨漬，並從充當畫家小屋庇蔭的高樹密林中滴下，模糊了景中傲然挺立的山峰。

相反地，吳偉畫中的人物既非風景的片段，也非浩瀚天地中的微粒。人在他的畫中幾乎都是主角。即使把人放在大幅風景畫中，他的人物也一定比沈周的人物更大且活潑。畫文人時，吳偉會把文人變成構圖的中心，彷彿思考的力量及知識的源頭即可駕馭自然。其典型畫風是加重賢哲名士的線條輪廓，周圍山林簡略數筆，相形見弱。

儒家雖然從未獨霸中國思想，卻是十五世紀末中國朝廷和士大夫的文化主流。這群人有個共識是，中國版圖已經夠大，可以不假外求。中國擁有天底下所有的重要資源，可以自給自足。如果外國的「蠻夷」認清臣服於中國、向中國納貢、跟中國同化才是明智之舉，中國當然歡迎，畢竟這對他們有益無害。但最好的方式不是靠打仗，而是以德服人。國家應該保衛領土，但不該為了擴張領土而揮霍人命或金錢。

十五世紀初時，士大夫因為派系鬥爭而失權，中國一度似乎有意大刀闊斧橫越印度洋，建立航海帝國。明成祖永樂帝在位時（1402-1424）積極與中國以外的世界建立聯繫。他干預了中國南邊越南諸鄰國的內政，並誘使日本從事貿易。穆斯林太監鄭和的一生，就是這時期的擴張政策最驚人的展現。一四〇五年，鄭和第一次率船出海，其目的長久以來眾說紛紜，尚無定論，但到印度洋沿岸施展霸權這點至少無庸置疑。他推翻了爪哇、蘇門答臘和斯里蘭卡三地令人不滿的統治者，在商業重地麻六甲海峽建立傀儡王國，並從孟加拉取得貢品。他最遠曾到阿拉伯紅海沿岸的吉達以及東非大港（最南到桑吉巴島）宣揚國力。「地平線之外，」他不無誇大地宣稱，「以及地球盡頭的國家全成了我國的子民。」[18]他把長頸鹿、鴕鳥、斑馬和犀牛帶回宮中（都被朝廷中人視為祥瑞之獸），翻新了中國的地理知識。

鄭和下西洋可稱為帝國擴張行動嗎？官方宣稱的目的是為了尋找下落不明的建文帝，若是如此，應不需出動如此大規模的船隊到遙遠的異地。中國人稱這批船為「寶船」並強調所謂的「收集貢品」也是此行的目的之一。（在較遠的地方，鄭和的船隊所做的事比較像交易。）此外，商業目的可能也包含在內。鄭和所到之處幾乎都是中國重要的貿易往來地。這些航程某程度上也肩負科學任務，鄭和的翻譯官馬歡以此為主題寫成《瀛涯勝覽》一書，另外還更新了地圖及所到之處的動植物及人文資訊等。但掛出旗幟或多或少都是在宣揚國力，至少是在炫耀威望。從鄭和對某些地方採取的武力干預，以及他留下的紀念碑文上的語調可見，宣揚國力和鞏固威權都是鄭和出海的目的。

若非如此，很難解釋明朝為什麼大舉投資航海事業。鄭和率領的遠征隊規模十分驚人。他的船遠比歐洲海軍當時使用的任何船還大。鄭和第一次下西洋據說包括六十二艘有史以來最大的船艦、二百二十五艘支援船及兩萬七千七百八十名海員。從晚近發現的舵柱來判斷，這些船確實如當時評估的一樣驚人，排水量可能超過三千噸，相當於當時歐洲最大船的十倍。第七次可能也是範圍最長的遠航總共航行了一萬兩千六百一十八哩。平均每趟航行花費兩年。許多穿鑿附會之說隨之出現。事實上，鄭和的船隊從未離開過印度洋，更不可能發現美洲或南極洲。

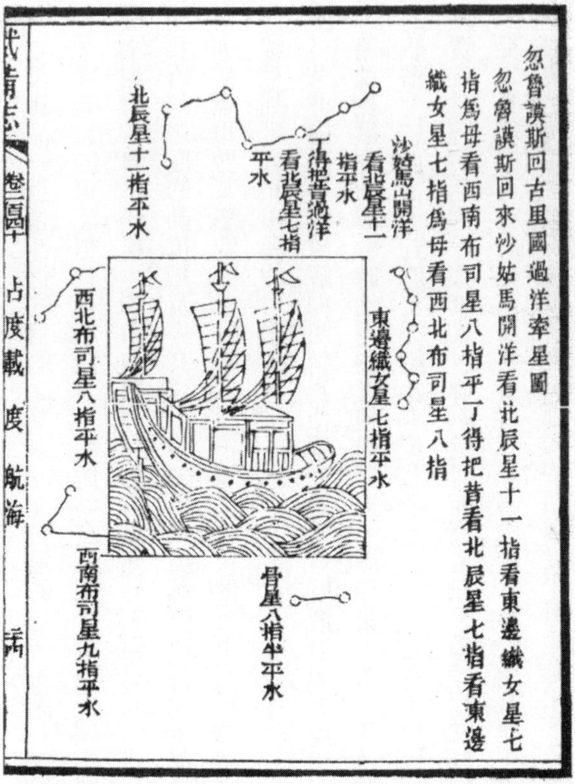

馬歡與鄭和在波斯灣和卡利卡特港之間航行途中，共同繪製的星圖之一。

不過，鄭和締造的成果清楚證明中國有稱霸遼闊海洋、成為海上帝國的潛力。嚴格說來，鄭和下西洋並不是為了探路。前面說過，早在幾百年前中國商人就已熟悉從亞洲沿岸到東非的印度洋貿易路線。十三世紀初，趙汝適為前往東南亞和印度經商的商人提供了一部實用指南。若能以武力支援為嶄新的商業行動，無疑有助於增加商機。當地的貿易利潤高，主要的商品有香料、帶香味的硬木、珍貴的藥材及珍奇的動物產品。但鄭和下西洋的主要目的不在通商。他所做的事在今日稱為宣揚國威：向所到之港展現中國國力，帶回國人視為藩屬貢品的珍奇物品，讓人民對皇帝的威權加倍敬畏。[19]鄭和下西洋的官方理由是尋找逃亡、隱

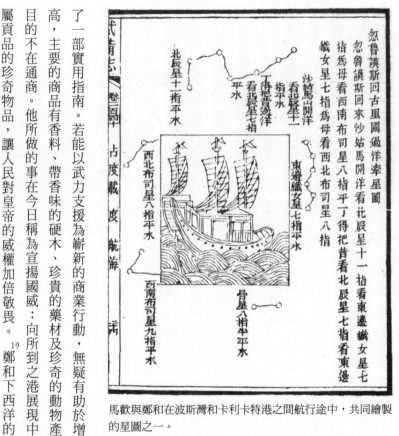

匿海外的前明朝皇帝，但這個理由無論過去或現在都很少人相信。戰略考量顯然扮演一定的角色。東南亞某些攸關中國貿易和國防的港口，鄭和採取了積極干預其內政的作法。突厥領袖帖木兒已在中亞建立一個可能不利於中國的帝國，中國可能因為憂心帖木兒壯大，才派鄭和沿著新威脅的周圍尋找盟友，蒐集情報。無論動機為何，終究都使中國人進一步確認鄭和航行的路線，並為此彙編實用地圖和航行指南。

鄭和是蒙古裔的穆斯林太監。他的所有背景都跟主導中國政治圈的士大夫階層格格不入。一四〇三年，鄭和奉永樂帝之命首度下西洋，這其實是朝中四個所求利益與儒家價值對立的派系成功合作的結果。首先是商人遊說團體，他們希望動員海軍的力量為中國人在印度洋經商提供後盾。另外是支持帝國主義的遊說團體，他們希望恢復前朝採納的帝國侵略行動，雖然士大夫反對並主張中國應該以德服人，以和平的方式吸引「蠻夷」歸順中國。再來是一向勢力強大的佛教遊說團體，他們希望把政府經費投入其他計畫，免得經費落入反宗教或多疑的士大夫手裡，或許他們也發現可把握國家擴張帝國版圖的機會，趁機宣揚佛教信仰。

這些航行確實展現中國有成為海上帝國的潛力：中國造船廠的產量和生產力可因應所需，也有能力成立強大的船隊遠征異地。鄭和與敵人交手都實實在在展現了中國的優越國力。第一次出海時，鄭和遇見一名中國裔的海盜頭子，此人在蘇門答臘島室利佛逝王國的都城建立了盜匪國家。鄭和等人消滅了多名海盜並把海盜首領抓回中國處決。第三次遠航時，錫蘭的僧伽羅族國王想誘捕鄭和，趁機奪船，鄭和將其軍隊解散，攻占其首都，把他押回中國並扶植其對手坐上王位。第四次下西洋，蘇門答臘某首領拒絕向中國獻貢以換取賞賜，即遭到鄭和等人鎮壓、劫持，最後難逃一死。

鄭和所做的政治干預中，從長遠的影響來看，最重要的或許是試圖建立一中國傀儡政權，操縱麻六甲海峽——中國跟印度之間往來的咽喉要道——的貿易。他選擇扶植強盜頭子拜里迷蘇剌，此人被自己的王國逐出之後，就在今馬來半島沿岸的麻六甲沼澤地建立據點。一四〇九年，鄭和授與他國璽和皇袍。拜里迷蘇剌親自到中國朝貢，與中國建立附庸關係，有了中國當靠山，他的小據點日漸變成繁榮富庶的商業中心。

鄭和對自身角色的認定，似乎結合了擴張帝國的雄心，以及和平促進貿易、拓展知識的自我期許。他在一四三二年所立的石碑題文，就難掩侵略主義式的口吻：「皇明混一海宇，超三代而軼漢唐，際天極地，罔不臣妾。」口氣不免誇大，但接著又改以較平實可信的口吻，以示對商人和地理學家的敬重：「其西域之西，迤北之國，固遠矣，而程途可計。」[20]「全面考察此洋沿岸」是這些航程的成果之一。多虧在一六二一年加以印刷複製，鄭和下西洋的海圖才得以存世。這些海圖如同時期歐洲的海圖，多是航海圖解指南而非照比例繪製的海圖。上面用羅盤方位標注的航線，指出了大港之間的路線，並用圖像呈現鄭和記錄的航海指南，裡頭全以「按某某方位、經某某時間單位」方式來表示。每個港口都根據北極星在海平線上的高度標出緯度，鄭和藉「牽星板」確認北極星的位置。牽星板由寬度不一的烏木木片組成，觀測者把木片置於離臉固定距離處，以填滿星星跟海平線之間的空隙。

但中國的海上事業未能延續，中斷的原因歷來爭辯不斷。部分的原因昭然若揭。士大夫反對航海探險，痛恨贊成出海的派系，重掌政權之後便將鄭和的檔案銷毀，意圖把他從歷史中抹除。此外，蒙古勢力重振，威脅中國邊境，中國必須把心力從海洋轉向對付新威脅。此後中國再未重啟海上擴張行動，發展貿易和殖民東南亞只好留待日後的中國商人和移民去完成。中國原本是最有潛力成為航海帝國的國家，如今卻選擇退出競賽。因為如此，包括歐洲在內的小國才得以利用中國讓出的海上競爭機會。琉球群島就是一例，此地很可能統一整合，成為中國和日本與東南亞貿易往來的新興商業中心。一四七七年，尚真成為琉球國王，他禁止軍閥擁有武器，派官員到中國接受儒家教育，並以強硬手法穩定內局。

從許多方面來看，中國決策者決定放棄投資成本高昂的海外探險事業，都是明智之舉。大部分遠征海外，欲在遙遠異地確立威權的國家最終都悔恨而返。如前所述，儒家思想強調國治而後天下平。「蠻夷」一旦覺悟臣服中國對己有利，自然會歸順中國統治。設法威逼或利誘只是浪費資源。中國統治者藉由鞏固陸上帝國，捨棄海上擴張，確保帝國長治久安。過去五百年在全世界建立的海洋帝國都已瓦解，中國至今仍然屹立不搖。

崔溥的日誌反映了中國儒家具備的「軟實力」（借用現代政治理論的用詞）的成功與極限。崔溥察覺到朝鮮國內的儒士和僧人之間，也有類似的鬥爭且彼此仇視。他崇尚儒學，推崇葬之以禮，就算生命遭受危險——他曾落入盜匪之手，對方見他身穿官服也毫不畏懼，也曾被中國農民誤認為日本海盜——其他同伴人人自危時也不願廢除喪禮。他拒拜守護河流的寺廟，斥之為迷信，但又認為應該入境隨俗。他對佛教的反感異常強烈，批評僧侶誦經徒勞無益，喜見寺廟充公的消息，因為「廢棄的寺廟成了百姓的屋舍，毀壞的佛像成了容器，光頭的和尚長出了頭髮，加入軍隊。」[21]

崔溥對招待他的中國人極其討好奉承，這同時也反映出朝鮮菁英階層兩種久久以來的偏見：樂於歸順中國，以及渴望效法中國。他坦承：

天無二日，安有一天之下有二皇帝乎？我王心誠事大而已……[22]我朝鮮地雖海外，衣冠文物悉同中國，則不可以外國視也。況今大明一統……則一天之下皆吾兄弟，豈以地之遠近分內外哉？況又我國恪事天朝，貢獻不怠，故天子以禮以待之，仁以扶之，懷綏之化，至矣，盡矣。[23]

崔溥在中國學會了建造水車，因為「此將有利萬代朝鮮人」。但問他軍事方面的情報，他便閃爍其辭；問他朝鮮距中國多遠，他則誇大其辭。中國官員問到朝鮮如何抵擋中國早期的征服行動時，他避而不答，轉而強調朝鮮的國力。[24]

當時，朝鮮正在經歷可與中國比擬只是較為脆弱的儒家復興運動。前朝有段時間，朝廷任用僧人當幕僚，大舉興建佛寺，後來崔溥所事的朝鮮成宗即位便復興儒學，猶如中國的明仁宗。但當中國官員到朝鮮訪問時，沒想到映入眼簾的是一塊陌生的蠻夷之地，該國與中國的差異比朝鮮人極力營造的形象更為顯著。一四八七年，新即位的明孝宗派大使出訪朝鮮。根據該名大使的描述，「臣則簪裾鵠侍，巷陌盡為耄倪所擁塞……鰲戴山擁蓬瀛海日。光化門外東西列鰲山二座、高與門等，極其工巧。」[25]扮成獅子和大象的雜技演員出現在宮殿裡，宮殿漆成紅色，覲見室還有綠色玻璃窗[26]。豪華豐盛的食物令他大開眼界：五層的蜂蜜麵包、蜂蜜和麵粉做成的蛋糕堆了一呎高、米粥、醃漬小菜、醬油、小米酒（香氣和風味都勝過中國小米酒）、牛肉、羊肉、豬肉、胡桃、棗、羊肉香腸、魚，以及讓口氣芬芳的蓮藕。[27]

他向朝鮮人推銷儒家思想，但方式可能令主人困擾：「載誦春秋之禮序。謂列國皆先乎王人。」[28]長遠來看，這篇演說的效用不大。一四九二年，在朝鮮推動復興禮序政策的朝臣金宗直逝世。一四九四年朝鮮國王死後，繼位者改變政策，下令挖出金宗直的屍體必將之斬首，還嚴懲、驅逐其他儒士，包括崔溥。

日本——另一個哥倫布想打通貿易的國家——也無心率先出擊，把觸角伸向全世界。崔溥對日本不像對中國如此崇敬。他認為日本的豐富資源對韓國就像「冰之於夏蟲」。[29]但日本的問題主要不在經濟。日本的稻米一年可收成兩三次，並生產大量銅、劍、硫磺和蘇木出口到中國。國內使用中國錢幣，以本國產的銅礦鑄造，其原因從未有人能提出充分解釋。從城市的規模和分配狀況——如同以往都集中在本州南部和九州北部——來看，鄉村的農產品產量高，商業和交通系統也足以有效率地分配大量糧食。一四六〇年代晚期爆發慘烈的內戰之前，據說京都的居民多達二十萬。河內國的天王寺和北九州的博多有三萬多人。人口超過一萬的城鎮有十多個。

日本的問題出在政治。日本政治家把中國視為楷模，但實際上的治國方式跟中國很不一樣。日本天皇是神化的、與世隔絕的人物，世俗的政治事物都由世襲的攝政幕府將軍代勞。幕府只要掌控京都就有豐厚的稅收，忽略其他鄉鎮對他們來說影響不大。地方政權往往不是分給軍人就是被軍人侵占，以作為和平的代價。但和平掌握在武士階級手裡總是不保險。想忘記「人間試煉」的詩人心敬寫出了這樣的結果：「即使在掌握大權的宗族裡，領主和家臣之間及一般平民百姓之間，也會爆發自私的爭鬥，各種階層的人都損失慘重。儘管日夜打仗，在各自領地上爭權較勁，還是得不出明確的結果。」[30]

貴族的爭執演變成武鬥，而名為武士的軍人階層則跟受將軍壓榨的農民並肩合作，組成無首領的自衛聯盟一同反抗政府。根據僧侶詩人一休的說法（一休本身是幕府將軍的傳聲筒），這些人是「紅臉惡魔，熱血沸騰……把整個城市變成賊窟，四處搜刮財物，導致人心惶惶。最後人民疲頓，首都殘破，文明被破壞殆盡。」[31]從一四三〇年代末開始，東部省分戰爭頻仍：「數月的戰爭延長為數年，無數人喪生，各方人馬瘋狂攻擊對方，軀體遭刀劍劃破，但爭鬥仍未絲毫減少。」幕府將軍（足利義教）意圖改革，鞏固中央威權，卻在一四四一年遇刺。此後因為王位繼承人尚未成年，因而有十五年的王位空窗期。足利義政成年後設法奪回政權但所有努力都告失敗，一四八二年他曾寫道，大名和軍人「為所欲為，不聽命令，沒有政府似乎也無妨。」[32]

一四六一年爆發乾旱，

各地方的田地都寸草不生。城市和鄉村有成千上萬挨餓的人民在路邊乞討，各種階層的人都有，也有人坐在路邊直到倒下、死去。一天之內死了多少人難以估計。這世界在我眼前成了餓鬼的地獄。[33]

一四六七年，兩名權勢最大的軍人（東軍：細川勝元；西軍：山名持豐）打了起來，顯然是為了爭奪幕府將軍的繼承權，兩方軍隊打進京城時，兩人不得不落荒而逃。「各階層的人都亂成一團，流離四散，大家逃得比暴風中的花朵還快，強風撼樹，吹落一地紅葉。京城內成了名符其實的地獄。」詩人一条兼良僥倖逃過了徹底到「唯有雲層覆蓋殘骸」的破壞行動，他的藏書遭盜匪破壞，那是「上百蠹書蟲的居所……傳承已逾十代。」[34]之後十年是日本漫長的內戰（史稱「應仁之亂」）中，損失最慘重的十年。

詩人心敬寫道，「出生在這個徹底墮落的時代的末期，多麼悲慘。」這些災難對他來說「預告世界即將毀滅」。[35]）衛道者把錯推給統治階層，責怪他們漠不關心，放縱自我，也有人批評幕府將軍生活安逸、女人干政或權臣腐敗。

然而，戰爭雖然扭曲道德，擾亂生活，卻可以刺激藝術發展。一場文藝復興運動正在發生，[36]畫家和詩人從五百年前的歷史中尋找典範，或許也是為了逃避現實。在漫長乏味的戰爭中，敵對的兩方會寫漢詩較勁。日本戰火連天時，幕府將軍足利義政竟然還有心情玩樂，每個史學家都摸不透他的個性。他在位期間發生許多事，他卻彷彿事不關己。戰爭初期，足利義政的詩中呈現的樂觀主義簡直到了滿不在乎的程度：

吾願雖慘，
猶然堅信
和平將至。
世界紛擾，
亦不絕望。37

後來悲觀主義加入，幾近絕望，但帶有濃重的自我中心色彩。

世界何其悲慘！
人皆發此哀嘆
然惟我一人
無能約束
愁思蔓延。38

足利義政的一生似乎就是一連串的逃避。他才華洋溢，挑選藝術家的眼光一流，辦寫詩比賽不遺餘力，對政府的問題洞察入微，但遇到麻煩事就選擇逃避，比方妻子（日野富子）的貪得無厭、兒子的揮霍無度（足利義尚）、軍人的傲慢無禮。後來他乾脆不理周圍爆發的動亂，先是躲進藝術圈裡，跟互相仰慕的藝術家混在一起，之後更隱居山林，不問國事，最後剃髮出家。

他的揮霍放縱，如提高賦稅、荼毒農民、讓中央政府無軍駐守，可能也加速了國家瓦解的速度。但足利義政起碼有一點值得稱道：他多半都把錢花在藝術上。執政期間，足利義政熱中於建設和整修皇宮。退出朝政之後，他的山中御所變成藝術家和文人聚集表演、作詩、展現茶道、調製香水、作畫和交流的地方，就像義大利梅迪奇家族的鄉間別墅。有時軍人會為了私人利益暫時拋開紛爭或國家建設工作，到鄰近的省分參加聚會。足利義政在庭園建了一座據說是銀箔外牆的涼亭，以「奇花異草和奇石」裝飾[39]，工程始於一四八二年，一四九三年他死後三年才完工。（就是銀閣寺。）為了應付這筆開銷，政府向各地人數漸少的忠心藩主徵求人力。退休後，足利義政靠自己的力量投入貿易，增加收入，把馬、劍、硫磺、屏風和扇子運到中國換取現金和書。[40]這表示經商不致於貶低身分，即使是前幕府將軍也是，而且政治動盪並未打斷貿易。

某方面來說，當時的藝術發展似乎出乎意外地未受戰爭影響。狩野正信的壁畫以中國山水和佛教高僧為題材，風格深受中國畫家影響。評論家及畫家藝阿彌及其子相阿彌激發不少學生畫下偉大作品，祥啟就是一個。但藝術終究跟戰爭政治分不開，畢竟軍人砸了不少錢贊助藝術，而幕府將軍的贊助計畫不可能全無利益考量。

有人懷疑足利義政之所以任用藝術家，至少有部分是因為養藝術家比養戰士便宜且好用，藝術家可以當作政治宣傳工具。例如贊助能劇是幕府家族的傳統，能劇既能呈現英雄主題，又能把幕府將軍跟某些出自神話的英雄典範並列；足利義政的父親就是在欣賞能劇時遇刺。由於必須跟王國各地保持聯繫，足利義政便炒熱肖像買賣，讓肖像流通到各地寺院，這些肖像就像他的一部分或他留下的紀念，有助於凝聚向心力。[41]儘管帶有政治目的，不能否認足利義政把藝術提升到新的層次，相當於日本版的「禮樂」，根據儒家的看法，禮樂教化是民治國安的根本。[42]

不是所有人都願意受足利義政贊助和掌控。山水畫家雪舟臨摹中國畫多年，一四六七年他走訪中國。他只為地方家族服務，並以標準中國式的理由拒絕為足利義政作畫：區區一名僧人為「黃金宮殿」作畫著實不妥。[43]這種異議或堅持在當時很少見。足利義政的品味激勵了無數菁英，以及想要用錢買到身分地位的商人。地方首長紛紛學他邀請詩人、畫家和學者入宮，提升宮廷內的藝術和人文水準。有關義大利文藝復興的起源，曾經流行過一種理論：艱困時期的社會氣氛促進了文化投資。也就是說，戰爭限制了經商致富的機會，資本家就轉而投資藝術作品。日本從一四六〇年代晚期開始陷入漫長的內戰，戰爭期間似乎就出現了這種現象。因為害怕京城戰火四起會摧毀珍貴的藏書（恐懼經常成真），大家便開始瘋狂複製手稿。哲人和藝術家逃離京城，大城市的品味傳到鄉鎮，軍人還會爭搶詩人和畫家。[44] 像山口縣（現今的山口市）就因為聚集了許多知名藝術家而成為「小京都」。

從心敬的漫遊歷程就可看出這種現象。一四六八年他離京東行，利用佛教高僧的名聲為投入內戰的某一黨派服務。之後四年他大多時間都應貴族之邀到城堡和營地主持詩會，試圖「撫慰戰士和凡夫俗子的心，傳授人類亙古以來的細膩感受。」[45] 春天令他痛苦：「連花朵都是一簇簇刀口朝上的刀片。」[46]

日本內戰期間的寧靜、悲傷和省思。圖中，宗祇跟文友就著滿月在詩人朋友的墓旁一同作詩。

另一位知名詩人的冒險，證明了藝術家在內戰期間遭受的窘境。名聲同樣響亮的詩人宗祇通常在地方官府間遊走，回應野心勃勃的贊助者之邀。但一四九二年，他留在京城，將約五百年前的平安時代留下的經典傳授給貴族。他已經七十三歲，不再像過去那麼喜愛旅行。但那年夏天，他前往鄉間拜訪湯川政春（戰國武將，紀伊國湯川氏第十一代當主），一名地位不高但具有文學野心的軍人。他為這位名贊助者創作了連歌，（本來是短歌的上下兩句由兩人採唱和形式，後來發展成一路連下去的連鎖歌。心敬、一條兼良與宗祇皆室町時代集大成者。）先是祈禱其家族永世不衰，將其子孫比喻成一叢幼小的松樹，「但可能越長越高。」然而「生存法則，」他也寫道，「已不若從前。」[47]信仰虔誠已成過去式。

誰會聽到？
山上傳來的寺廟鐘聲
漸漸遠去。

宗祇雖然祈禱贊助者安然從他必須面對的戰爭中歸來，但湯川政春在戰爭中站錯了邊。宗祇來訪不到一年，他的財產成空，他也從一四九三年以後的紀錄中消失。

神奇的是，這場文藝復興竟在動盪不安的社會背景下蓬勃發展。京都照理應該會陷入癱瘓，因為城裡到處是敵對的派系，常有軍人派兵圍攻京城，卻從來沒有足夠的忠心士兵負責維持治安。一四七七年，軍隊撤離滿面瘡痍的京城之後，盜匪便接收了京城。大規模的戰爭仍在國土東邊持續進行。

戰況加劇的同時，群雄割據，各自稱霸。有個人白手起家，自立為王，此人就是今人所知的北條早雲（1432-1519），從他身上我們看到了戰爭帶來的機會。他在為其他將軍效勞時立下名聲，之後開始另闢蹊徑，英勇的氣概引來追隨者。一四九二年他征服伊豆半島，將之打造成基地，打算從那裡攻占全國。一四九四年，他冒充成獵鹿隊的首領，攻下小田原城的堡壘，確立對伊豆半島的控制權，因為小田原城是通往伊豆半島的入口。雖然他最遠只到隔壁的相模國，但他的一生就是那個時代的縮影，當時許多軍人竄起，建立政權，相當於一個個小型的獨立國家。在此同時，農民社群也自組軍隊，有時還跟軍人合作。

縱使中國放棄帝國擴張事業，日本因為政治動盪而未能加入，兩國經濟的潛能仍然強大，文化也生氣昂揚，蓬勃發展。

在世界上其他相隔很遠的地方，擴張行動卻如泉湧般如火如荼展開，現在我們就要轉向這些地方。一個往外擴張的時代確實開始了，但這是全球性的現象，而非只是某些史學家認為的歐洲單一現象。世界並不是巴巴等著歐洲人前來改變他們，彷彿魔法棒一點就改頭換面。其他社會早就已經開始施展自己的魔法，把邦國變成帝國，把文化變成文明。十五世紀某些動能最強、擴張最快的社會，落在美洲、西南亞和北亞以及撒哈拉沙漠以南的非洲地區。以領土擴張和軍事征服的成效來看，非洲和美洲的某些帝國確實遠勝於西歐的任何國家。

中國決定放手的印度洋連結了世界最繁榮的經濟體，也是世界貿易最鼎盛的地方。印度的古老傳說稱這片串連亞洲沿海的大洋為「牛奶與奶油之洋」。印度洋自成一個自給自足的地

這是有關哥倫布的最早報導之一，圖中呈現的是哥倫布以為會遇到的東方商人正在跟伊斯帕尼奧拉島的土著交易商品。

區，由季風連成一體，因為暴風區和難以橫越的距離而與其他地方隔絕。對世界未來的歷史來說，最重要的問題是，誰能掌控中國人放棄的貿易路線。這個問題在一四九〇年代還沒有答案。不過，印度洋同時也是蛻變中的、文化密集交流的場域，不同文化交流帶來的結果，至今仍影響著全世界，也是我們現在應該轉向的主題。

第九章 「牛奶和奶油之洋」

——印度洋外圍

一四九二年一月十九日：偉大的波斯詩人努爾．亞丁．阿本德．阿拉曼．迦米死於赫拉特。

傳統的史料編纂工作因為熱空氣（hot air，亦指空話）太多、風（wind，亦指線索）太少而吃了很多苦頭。因為整個航海時代——幾乎等同於過去所載歷史的總和——都由風和洋流決定了長程交通和文化交流的可及範圍。大多數想出海探險的人都偏好逆風航行，可想而知是因為無論此行有無收穫，他們都想平安返家。例如住在地中海東岸的腓尼基人和希臘人，他們就是逆風而上探索地中海的延伸範圍。太平洋上的玻里尼西亞人也用同樣的方法，把斐濟島到復活節島之間的南太平洋群島納入殖民。

然而，大體而言，風系固定不利於探險。風若永遠朝同個風向吹，人就缺少借風鋪路通往新世界的動機，無論是逆風或順風都一樣，逆風的話船不可能走太遠，順風的話船可能永遠回不了家。相反地，季風系統的風向會隨季節變化，有利長距離航行和冒險性的旅程，因為航海員知道承載他們的風，無論到哪裡最終都會轉向，帶他們回家。

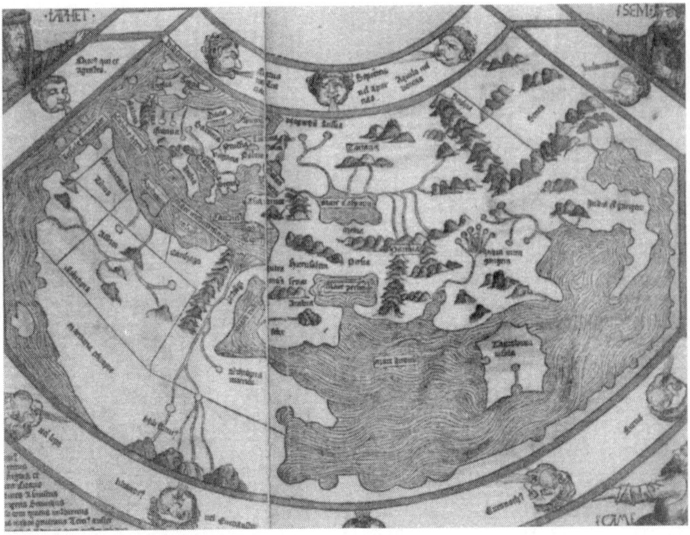

紐倫堡編年史的世界地圖中可見源自托勒密的懷疑：印度洋被陸地團團包圍。

想當初，我的祖先在西班牙西北方的家鄉，傻傻望著大西洋幾百年甚至幾千年，卻從沒想過出海遠航，真教人扼腕。他們最多只會出海捕魚或從事沿海貿易，但風限制了他們的行動，就像困在收集盒裡飛不出去的蝴蝶。他們幾乎無法想像終年吹送的風有時對著臉吹、有時對著背吹的感覺。但這就是亞洲沿海地區的狀況，季風在當地扮演重要角色。在赤道以上，冬天吹的是東北風，冬去春來時，風向就會倒轉。其他時候，那裡的風多半規律地從南方或西方吹來，當空氣變暖並上升到大陸上方時，風就會吹向亞洲大陸。

航海家只要利用可預期的風向變化，算好航行的時間，就能確定去程和回程都

編按：文中出現在括弧內的粗體字為譯註或編按。

順風而行。再者，跟其他可航行的海域比較起來，印度洋因為有可靠的季風而多了一項優勢：來回航程更加快速。根據古典時代和中世紀留下的紀錄來看，一趟從東到西橫越地中海的逆風航程要五十到七十天。但有了季風相助，一艘船可以用比較少的時間橫越整個印度洋（從蘇門答臘的巴鄰旁到波斯灣）。從印度航行到波斯灣的港口，則無論從哪個方向出發都只需三到四週。

一四一七年，波斯大使拉札克航行到印度，花費的時間甚至更短。他的目的地是印度南方的毗奢耶那伽羅王國，如果走陸路，途中會經過很多敵國。拉札克的船很晚才出發，在夏末之際的惡劣氣候下航行，亞洲內陸的高溫熱氣又拚命把海洋空氣往內陸拉。本來應該跟大使同行的商人半途落跑，他們「一致認為航海的適當時機已過，這個季節出海的人丟了命也是自找的。」拉札克因為恐懼和暈船癱瘓了三天。「我的心碎如玻璃，」他怨道，「我的靈魂厭倦了生命。」但這些苦頭總算沒有白吃。最後他的船抵達卡利卡特島，麻六甲海岸知名的胡椒貿易中心，離他從歐穆茲王國出發不過才十八天。[1]

印度洋上危險重重。暴風雨肆虐，尤其是阿拉伯海、孟加拉灣，以及往南延伸約十度、天氣一向惡劣的致命地帶。辛巴達的古老傳說充滿了船難。但因為可以預測回程的風向，印度洋幾百甚至幾千年來都是全世界最有利於長程航行的海洋，直到橫越大西洋或太平洋的歷史展開才改變。季風解放了印度洋的航海家，讓亞洲沿海成為全世界經濟最繁榮、國家最強盛的地方。這就是吸引歐洲人——亞洲的窮鄰居——東進的誘因，也是為什麼哥倫布和在他之前、之後以及跟他同時代的航海家，都想找到可航行的路線前往他們所謂的印度群島。

＊＊＊

十五世紀時，最可能衝擊進而改變印度洋地區的因素是：全球對辛香料的需求增加，供給自然也跟著增加，尤其是胡椒。至於需求增加的原因，沒有任何一種解釋讓人滿意。中國主宰市場並占全球辛香料消耗量的一半以上，但歐洲、波斯和鄂圖曼世界的消耗量也越來越大。人口成長是原因之一，但辛香料需求增加的速度似乎遠快於人口成長的速度。如第一章所述，說廚師利用香料掩飾肉品腐敗的味道根本是無稽之談。平均來說，中世紀的農產品要比現今都市化、工業化社會的農產品新鮮，吃不完的肉也可用可靠的方法保存。有人認為是口味的改變，也就是說，因為人一向喜歡重口味的食物，香料才會大受歡迎——這類口味如今以墨西哥菜、印度菜和四川菜之名重新崛起，紅遍全球——但沒有證據可為佐證。辛香料熱是歐亞大陸經濟狀況翻轉的一個部分，只是一般對它的了解不深。這在中國尤其明顯，明朝建立之後，動盪平息，帝國進入相對長治久安的時期，經濟日漸繁榮，昂貴的佐料更為普及。

這種改變造成的一個結果是，辛香料生產地延伸到新的地區。胡椒（過去都在印度的馬拉巴海岸生產）和肉桂（以前主要集中在斯里蘭卡）的產地延伸到東南亞四周。胡椒在十五世紀成為馬來半島和蘇門答臘的主要產物。另外像樟腦、蘇木和檀香木、安息香和丁香，都從原來的產地往外擴展，但當地仍維持一定程度的專業水準，貿易商和貨運商才能確保財源廣進。此外，東南亞以外的主要市場也持續成長。

十五世紀初明成祖登基後沒多久的幾年間，中國海軍常在印度洋來回巡察，似乎有意靠武力掌控當地貿易甚至辛香料的產量。成祖展現了擴張帝國的萬丈雄心。或許因為他當初篡位登基，急於證明自己，為了建立功業才不惜付出任何代價。從一四〇二年即位到二十二年後駕崩，他在中國邊境征戰不斷，尤其是蒙古及安南邊境。他派了至少七十二個使團到中國境外可通行的國度，送白銀給日本幕府將軍（對方已有很多白銀），送佛像給西藏，送寶石和絲綢給尼泊爾。他跟中亞的穆斯林領袖交換大使，還扶植了朝鮮、麻六甲、婆羅洲、蘇祿、蘇門答臘和錫蘭等地的國王。明成祖派人送給這些遙遠異邦的禮物，可能比中國人收到的「貢品」更多，這些貢品包括孟加拉的霍加狓、柬埔寨的白象、朝鮮的馬和女人、暹羅的烏龜和白猴、阿富汗的繪畫，還有日本的硫磺、矛和武士盔甲。但這些獻貢是炫耀國力的大好機會，能提高成祖的威望，或許還有安全感。[2]

其中最浩大也花費最高的使團選擇走海路。一四〇五到一四三三年間鄭和七次下西洋，在印度洋宣揚國威，陣仗驚人。前面說過，鄭和下西洋的規模龐大，但從很多方面來看，鄭和下西洋對文化比對政治的影響還要深遠。鄭和平均每趟航程花費兩年，走訪了印度洋沿岸至少三十二個國家。前三次從一四〇五到一四一一年的航行，鄭和最遠只到馬拉巴海岸，即世界最主要的胡椒產地，沿著暹羅、馬來半島、爪哇、蘇門答臘和斯里蘭卡沿岸航行。第四次從一四一三年到一四一五年間，他航行到馬爾地夫、歐穆茲和吉達，接走十九個國家的使節。

鄭和帶回國的某樣貢品，比他帶回的外國使節在朝廷中引起更大的轟動，那就是長頸鹿。在這之前，中國從來沒人看過長頸鹿。鄭和在孟加拉得到此種奇獸，牠本來是某王子從國外弄來的珍奇收藏，由此可見印度洋貿易網絡之發達。中國朝臣馬上把長頸鹿視為一種吉祥的神獸。據在場的某個人士形容，牠「麋身馬蹄，肉角�，文采焜耀，紅雲紫霧，趾不踐物，遊必擇土，舒舒徐徐，動循矩度。」他把長頸鹿誤認為神話中的麒麟或獨角獸，因而欣喜若狂，說牠「聆其和鳴，音協鍾呂。」

朝臣相信長頸鹿的出現象徵天恩浩蕩，是天下太平的吉兆。名叫沈度的藝術家照著長頸鹿的樣子，畫了一張生動的圖畫，還作詩記下長頸鹿在宮中大受歡迎的情景：

> 臣民聚觀，欣慶倍萬。臣聞聖人有至仁之德，通乎幽明，則麒麟出。斯皆皇帝陛下與天同德，恩澤廣被……故和氣融結，降生麒麟，以為國家萬萬年太平之徵。[3]

第五次下西洋（一四一六到一四一九年），鄭和護送使節回國，並為宮中的動物園收集了各式各樣的珍禽異獸，有獅、豹、駱駝、鴕鳥、斑馬、犀牛、羚羊和長頸鹿，還有一種名為騶虞的奇特動物。從畫作來看，這種動物形似長了黑斑點的白老虎，文獻上則稱牠是「義獸」，不履生草，不食肉，「有至信之德，則應之而來。」另外還有很多「奇鳥」。有銘文記載：

「眾皆引頸而望，頻頻跺腳，又驚又喜。」這裡寫的不是鳥，而是欣喜若狂的朝臣。在沈度眼裡，確實「諸福之物，莫不畢至」。[4]一四二一年鄭和第六次下西洋，這次主要的目標是考察非洲東岸，期間他走訪了蒙加迪沙、蒙巴薩、馬林迪、桑吉巴、齊爾瓦等地。後來間隔了一段時間，鄭和才展開第七次航行（一四三一到一四三三年），原因可能是永樂帝一四二四年死後派系重整。這次航行使明朝跟鄭和之前走訪過的阿拉伯及非洲國家恢復往來。[5]

如此大規模的交流過去無法想像，結果是雙方都感到不可思議。鄭和船上的翻譯官馬歡將其旅遊見聞寫成了一本書，他在序中回憶年輕時思及遙遠異地的季節、氣候和風土人情時，他驚訝地自問：「普天下何若是之不同耶！」[6]與鄭和同行的經驗使他相信，這世界遠遠超出他的想像。滿載珍奇物品的中國船艦抵達中東港口時，引起了一陣騷動。埃及宮廷的編年史家則描寫了中國船隊接近亞丁灣、欲前往離麥加最近的可停泊處的消息傳來時，當地人的興奮之情。

但中國的大規模海上探險在此劃下句點。鄭和出使任務喊停的前因後果，有部分的原因相當清楚。科舉制度確立及其他公僕任用制度逐漸衰微，都造成嚴重的影響。學者和儒士重新掌權，左右朝政，不但對往外擴張不感興趣也輕視貿易。一四二〇和一四三〇年代，士大夫得勢，支持鄭和的佛教徒、宦官、穆斯林和商人逐漸失權。一四二四年，仁宗（仁宗僅在位八個月便於一四二五年去世）即位不久就取消鄭和的下一次航行，他還讓成祖罷黜的官吏復職並削減其他派系的權力。到了一四二九年，仁宗之子宣宗甚至將造船預算幾乎全刪。此時蒙古勢力再起，中國的陸地邊界開始不安寧，朝廷需要先擱下海上事業，應付新的威脅。[7]

這個決定對世界歷史影響深遠。此後，中國往外擴張只限於非正式移民及占大多數的非法貿易，朝廷既不鼓勵也不出手保護，但中國人並沒有因此停止殖民或經商。相反地，中國仍是全球貿易最鼎盛的國家，也是海外移民最多的國家。表面上，海外不見「半艘」中國船。實際上，官方禁令的效力有限。從十五世紀以來，中國人到東南亞的每個地方開墾，都會為該地經濟帶來重大貢獻，他們匯回家鄉的錢也對中國的經濟貢獻良多。這期間經常出入中國港口的船舶噸數，可能等於或超過其他地方的總和。不過，中國王朝對海上擴張的反感從未減少，只有對中國鄰近的島嶼例外。中國從未像大西洋沿海國家在世界各地建立全球帝國。十五世紀時，世界局勢的觀察家無疑會預測，中國將領先全球發現環球及跨洋的路線，並開創廣布全球的海上帝國。但這些都沒有成真，落後中國一大截的歐洲國家仍有機會迎頭趕上，打通全世界的海上通路。

世界的未來當然非中國的一個決策所能決定。中國放棄海上擴張是各種因素交互作用的結果，從中可見大西洋沿岸的歐洲人在這場全球「空間競賽」中長期占有的優勢。這些因素可分為環境因素和經濟因素兩種。鄭和有限的航海範圍，為季風範圍外的環境限制提供了線索。船隻要出印度洋並不容易。欲繞過非洲南部前往大西洋的船隻，就算安然通過暴風區，仍得對付現今南非夸祖魯那他所在之地的下風岸，十六、七世紀時，該地是有名的船隻墳場。此地可能是鄭和出海繪製的地圖中名為哈甫兒雨（大約是今天的索馬利亞的哈豐角）的地方。根據地圖上的註解，船再過去就無法前進，因為暴風雨太猛烈。至於亞洲東側沿海，則是被颱風肆虐的日本外海及廣大的太平洋包圍。

要前往這類危險海域，印度洋航海家必須要有強烈的動機。印度洋地區繁榮富庶，貿易興盛，沒有必要到其他地方尋找市場或供應商。北亞、中亞、歐洲或非洲內陸來的商人來到這裡，常因為窮而被人看不起，低聲下氣求人也很難賣出家鄉的產品。

中國之所以跟廣大的世界脫鉤，並不是因為技術或好奇心不足。只要有意願，中國船隊絕對可能抵達歐洲或美洲。中世紀時，中國探險家的確可能有好幾次繞過好望角，從東方航行到西方。十三世紀的一幅中國地圖所呈現的非洲，近似非洲的真實形狀。十五世紀中，有名威尼斯繪圖師曾通報他在非洲西南沿海看見一艘中國或爪哇船。[8] 但中國人沒有必要搶這種先機，那裡並無他們想要的商品。雖然中國船舶曾橫越大西洋到達美洲的證據都不夠可靠，這種可能性絕對存在。但問題仍然是：冒險出海或有計畫地從事跨海交流都是不智之舉。中國人不可能想跟海洋對岸的人做生意。

同樣的理由也適用於印度洋、東亞及東南亞的沿海居民雖然不如中國富庶，但這個理由一樣充分。阿拉伯人、史瓦希里商人社群、波斯人、印度人、爪哇人、印度洋地區的其他島民以及日本人，都具備足夠的科技可以探索世界，但周圍海洋商機多多，讓他們無暇探索其他海域。他們面臨的問題是，供貨不足以滿足該區域內的龐大需求。因為如此，十六世紀時，他們最終還是將歐洲商人迎進了印度洋市場，在他們眼裡，歐洲人粗魯野蠻，要求很多且常訴諸暴力，但同時也增加了印度洋的貨運量，有助於增加該地區的整體財富。由此可見，貧窮反倒成了歐洲人的助力，逼得他們不得不往外尋找家鄉缺少的商機。

＊＊＊

歐洲人對印度洋絕不陌生。一般認為，一四九八年達伽馬繞過好望角是歐洲人第一次深入印度洋，其實這是普遍的誤解。義大利商人在中世紀末就常來往印度洋經商。他們通常會趁戰爭或宗教仇恨暫歇的少數時候，橫越鄂圖曼及波斯帝國，更常從亞歷山大港展開漫長辛苦的航行前往尼羅河上游，再從遇到的第一個或第二個瀑布跟著駱駝商隊跋涉到紅海沿岸，等待季風轉向再乘船到亞丁灣或索科特拉島。繼續從紅海往北走不太明智，因為海上危險重重，不利航海。

曾經勇闖印度洋的歐洲冒險家，只在一些零散的文獻資料中留下紀錄。商人很少寫下自己的經歷，但十五世紀有兩份詳盡的紀錄存留下來，一出自尼可羅．康提，他往東最遠曾到爪哇島，約在一四四四年返回義大利；二出自康提的同行桑多．史特法諾，他在一四九〇年代展開同樣長距離的貿易之旅。康提在大馬士革經商，對近東有些了解，因而選擇走陸路經波斯到波斯灣，再搭船前往孟加拉灣的甘貝城。史特法諾選擇了另一條主要幹道。他跟合夥人吉諾拉莫．阿多諾一起往尼羅河上游走，再加入欲前往紅海的商隊，從麻沙瓦——當時大半受衣索比

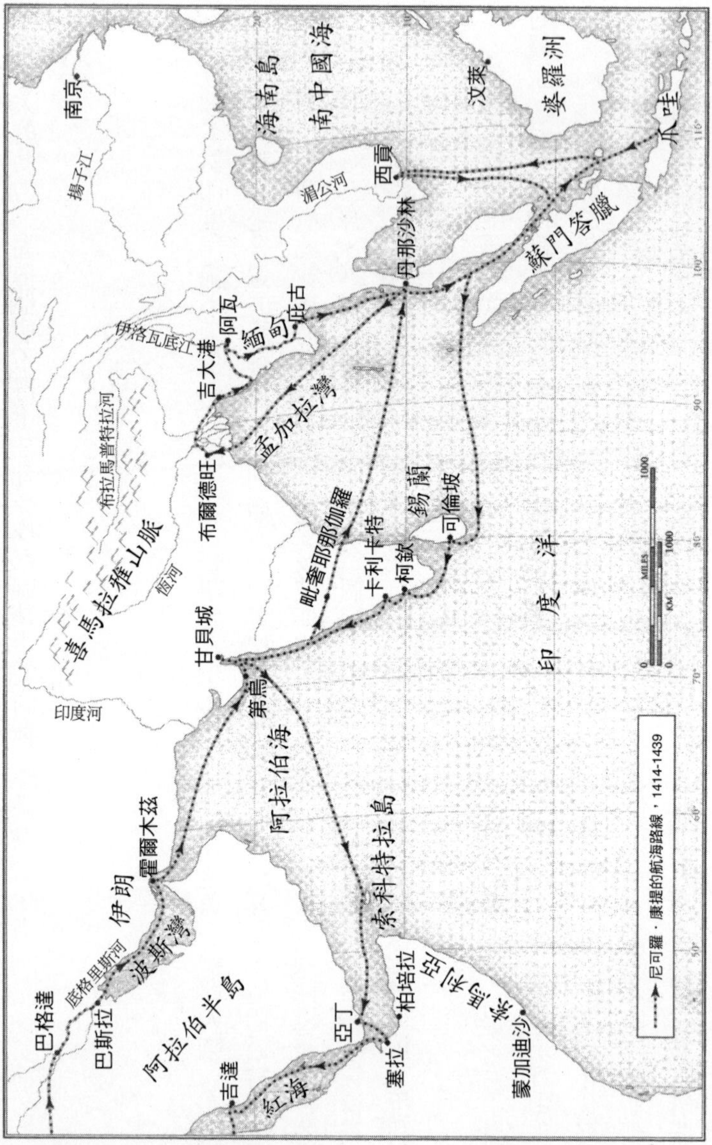

尼可羅・康提在印度洋的航海路線

亞控制的港口——橫越紅海。

為了拯救與他同行的妻小免於一死，康提曾在開羅公開放棄基督教，返國之後他請求教宗赦免其罪。康提增進了羅馬地理學家對東方的理解，並以親身經驗充實了歐洲人對東方的傳統認知——部分來自古典經典裡的模糊文本，部分來自旅行家和半吊子旅行家的可疑描述，例如馬可波羅，博學之士通常不太相信他的遊記。一四三九年時，佛羅倫斯的議會代表閒聊時就喜歡交換地理知識，激起大家對地理新發現的興趣，這時跟人分享新發現再適合不過。康提把他的故事說給佛羅倫斯的某人文主義者聽，後來對方將它寫成一段改變命運的教化故事。

康提的故事給我們的教訓是：「命運無常」。一四九九年，史特法諾寫下他在印度洋的冒險經歷，同樣以哀嘆時運不濟為中心，他以道德勸誡的語氣回顧他「為了贖罪」而咬牙忍耐的「悲慘旅程」。假如躲掉這些災難，說不定他就能靠在印度地區經商時從指間溜走的財富安養天年，也用不著落得向金主搖尾乞憐的下場——這顯然是他文中潛在的意涵。「但誰能與財富對抗？」他象徵性地問，最後「對吾主上帝表達無盡感謝，因為祂留我不死，賜我莫大慈悲。」[9]他跟阿多諾往東最遠曾到蘇門答臘北部的某個商業中心，從那裡搭船到緬甸的庇古，明顯有意在那裡從事寶石買賣。但在那裡做生意相當困難。回程時，蘇門答臘當地的統治者沒收了他們的貨物，包括他們從緬甸買來的珍貴寶石。一四九六年，阿多諾在庇古「歷經五十五天的折磨」，而「他的屍體就埋在某個荒廢教堂下，無人聞問。」[10]

史特法諾在馬爾地夫等季風轉向，一等就等了六個月，冀望利用他在冒險旅程中搶救的少數錢財順利返家。等到季風終於轉向，卻又下起了滂沱大雨，他那艘沒有甲板的船因為進水太多而沉船，「會游泳的人都獲救，其餘皆溺斃。」[11]攀附在船骸上從早到晚漂浮了一天之後，有艘剛好經過的船將他救起。海上的故事總是少不了船難和戲劇化的逃生過程，但即使史特法諾誇大了事實，他跟康提一樣，都傳達了西方人對海洋及海洋周圍土地的看法，因而具有一定的代表性。

康提和史特法諾兩人都是商人，每到一個地方自然會為交易商品編製目錄，並對辛香料特別感興趣。史特法諾寫下他在卡里卡特港看到胡椒子曬乾的過程、在斯里蘭卡看到大量肉桂、在蘇門答臘到處可見胡椒、在科羅曼德見識到檀香木的種植地。他對於斯里蘭卡人用肉桂樹的莓果製作芳香油的描述，反映了他個人的觀察（但有些他所謂的觀察比較像讀書摘要）。他還記錄了蘇門答臘的樟腦和榴槤（「味道多變，如同乳酪」[12]）。康提和史特法諾都是寶石專家，所以都想找到會「長出」紅寶石、石榴石、紅鋯石和水晶的地方。兩人也都對收集軍事情報有些興趣。史特法諾喜歡豢養戰象，並證實了康提所言：庇古統治者的廄棚確實養了一萬頭戰象。

以上都是冷靜而實在的觀察。但只要不敵新奇貨品的誘惑，兩位作者似乎就會失去理智。他們的紀錄中充滿了對不可思議事物的描述，也就是旅行家的奇見異聞，當時的讀者稱之為「mirabilia」（搜奇）。讀者不一定要相信他們所見所寫，純粹就是喜歡這類故事。康提和史特法諾筆下的印度洋是個顛倒錯亂的世界，互相殘殺才是常規，蛇在天上飛，怪物在岸上點火，利用不可抗拒的磁性誘魚上岸，礦工派禿鷹和老鷹去採集鑽石。[13]其中有些故事跟辛巴達的故事雷同，應視為作者確實經由第一手資料認識東方的證據。

從兩人對性的著迷，就能清楚看出他們對感官刺激的偏好。史特法諾用許多篇幅寫一夫多妻制和一妻多夫制。根據他的描述，印度男人「從不娶處女」，會在婚禮前把未來的妻子交給陌生人破處「十五到二十天」。康提則詳細列舉了偉大統治者的後宮，並對勇敢撲在死去丈夫火葬堆上（當地稱此儀式為「suti」）的女人表示讚賞。他發現印度妓院林立，裡頭的「芬芳香水、油膏、甜言蜜語、妙齡美女」如此誘人，因此印度「很多人都放蕩成癮」，而男同性戀「則沒有必要，所以不為人知。」[14]在阿瓦和緬甸，當地女人嘲笑康提的老二短，並向他推薦一種當地習俗：皮下植入十幾顆金銀或黃銅做成、如小榛果一般大小的小球，「植入之後，老二勃起時，女人就能享受極致的快感。」但康提拒絕了，因為「他不希望自己的痛苦變成別人的快樂。」[15]

大致而言，兩名商人記錄了一個富庶而文明的世界。根據伊莉莎白一世時期的某份譯本，康提認為恆河那頭的人「習俗、生活和治安都跟我們相當；他們住的房子豪華又整齊，容器和家居用品也很乾淨，他們欣賞高貴的生活方式，避免為非作歹的事，他們是客氣有禮的人，也是富裕多金的商人。」[16]但如果說東方文明有什麼不足之處，那就是海運無法滿足高產量的經濟和蓬勃的貿易所需。史特法諾對載他沿著紅海橫越印度洋的綁繩船隻大感驚奇。他發現艙壁把船身隔成一個個防水的隔間。但即使船設計得好，造得好，航行技術也沒話說，仍然不足以應付如此龐大的貨運量。

因為如此，到了一四九〇年代，印度洋正顫巍巍地走在新未來的邊緣，而歐洲人則利用自己的優勢大撈了一筆。為了開創新未來，歐洲人必須駕船進入印度洋才行。因為缺少可賣的商品，歐洲人不得不開發其他做生意的方式，而運輸和貨運正是他們最好的著力點。沒有自己的船，像康提和史特法諾這樣的人充其量只是小販，不可能遠遊海外。但印度洋地區如此富裕多產，需求龐大，供應充足，可以吸收的船貨量遠超過當時可供應的船貨量。任何一個歐洲人只要能航行到印度洋，勢必能發一筆財。

如今，要達成目的只有一個方式：駕船繞過非洲南端。但這麼漫長危險的旅程可能成功嗎？當時的船可以勝任此任務嗎？船上可以裝載足夠的食物和水嗎？無論答案如何，當時歐洲人甚至不確定經由這條路線就能抵達印度洋。當時最受尊崇的地理學家，即西元二世紀時住在亞歷山大港的地理學家托勒密。他的《地理學》後來在十五世紀初廣為流傳，成為最受歡迎的西方地理學著作，一般認為書中把印度洋形容成一個內陸湖，無法經由海洋進入。呈現此種觀點的世界地圖（當時為數不少），把印度洋畫成一個大湖，從非洲東南部突出去的狹長陸地擋住南邊的入口，再繞一圈銜接東亞沿岸。傳說中的富饒印度和香料島嶼就位在大湖內，與世隔絕，如鎖在保險庫裡的珠寶。

這雖然是錯誤的認知，但多少可以理解。印度洋的商人只走安全可靠的路線，藉由可預測的季風之助，確保船隻能夠往返亞洲沿岸和東非大部分的貿易據點。他們不太有必要把航行範圍往下拉約十度，這樣就會走進暴風圈，也沒有必要冒險航行到莫三比克南部沿岸，那裡的暴風雨會撲向下風岸。總之，對他們來說，往下走沒有可能的貿易伙伴，也沒有值得冒生命危險爭取的商機。從季風系統內來看，進出印度洋都是困難重重的航程。

相反地，對欲從大西洋進入印度洋的人來說，這些阻礙都不成立。一四八七年，葡萄牙探險家巴托羅梅·迪亞斯好不容易繞過「暴風角」。葡萄牙國王應該是為了鼓勵航海家硬著頭皮大膽挑戰，才將它改名為「好望角」。但當地的暴風雨猛烈，成功的希望渺茫。越過好望角之後，迪亞斯發現還有逆向的洋流及危險的下風岸等著他。此去印度洋似乎還阻礙重重。迪亞斯並沒有繼續往前航行，證明印度洋並非四面環陸的大湖。他只是證明了繞過非洲最南端的航行有多艱辛：為了避開西非海岸的逆流，後繼的挑戰者必須深入南大西洋，這表示要比以往離家更遠，在海上航行的時間也更長，如此才可找到能帶他們繞過海角的西風。

因為難度太高，迪亞斯在海上探險的同時，葡萄牙國王也派人經由陸路走傳統路線到印度洋收集情報，試圖解開是否可從南邊進入印度洋的謎題。負責這項任務的是佩羅·達·科維良。當時不少貧窮但有才幹的貴族在葡萄牙和卡斯提爾之間遊走（雙方國界管制不嚴），科維良就是其中之一。科維良在塞維爾待了幾年，在當地的卡斯提爾貴族梅地那希多尼亞伯爵（後來變成公爵）家中幫忙，這對他應該是很好的見習機會。梅地那希多尼亞伯爵本身曾贊助加納利群島的征服行動，也是大西洋鮪魚業和製糖業的重要人物。但一四七四年葡萄牙和卡斯提爾爆發戰爭，科維良返回祖國效忠葡萄牙國王。他因為某些性質不明的任務（可能是間諜或外交工作）而到了馬格里布皇宮，並在那裡學習阿拉伯文。

大概就在迪亞斯從大西洋出發，前往探索到印度洋的路線時，科維良也跟同伴阿方索·德·派瓦出發前往尼羅河上游，橫越衣索比亞沙漠到紅海沿岸的塞拉。他邊走邊問，往東曾到卡里卡特港，往南最遠可能曾到莫三比克沿岸的索法拉——東非黃金在印度洋地區的交易中心。科維良在一四九〇年底回到開羅，在那裡把沿途所見寫成報告寄回家。可惜這份報告並未存留下來，但報告中當然點出了此行最大的收穫：確實可從南部進入印度洋。科維良後來轉向從事此

一五二〇年，前往衣索比亞的葡萄牙大使在尼古斯（衣索比亞國王）皇宮裡看見科維良。衣國的官方紀錄特別強調「祭司王約翰」的高貴軒昂。

行進一步的任務：與衣索比亞統治王室建立外交關係。衣國統治者將這位葡萄牙訪客留在宮中為他效力。一五二〇年，下一批葡萄牙使團千辛萬苦抵達時，科維良也仍留在衣索比亞。

＊＊＊

葡萄牙決策者認為，可利用衣索比亞統治者實現走海路到印度洋的計畫，因為他統治的國家是信仰基督教的國家，而他本人也被視為「祭司王約翰」——傳說中的東方君王，據說他財力雄厚，三四百年來西方人曾斷斷續續找過他，希望與他結盟一同對抗伊斯蘭。（祭司王約翰的傳說在歐洲流行的時期從十二到十七世紀，據說他是東方三賢人之一的後代，統治一個位在東方的基督教國度，周圍都是穆斯林和異教徒。）從一四三〇年代中國人退出印度洋，到歐洲人在一四九〇年代抵達印度洋期間，印度洋都是個穆斯林獨大的大湖，它周圍的國家多半受穆斯林統治或支配，伊斯蘭教人口多且常以多數人的意見為主。該地區主要由穆斯林商人（阿拉伯人、古吉拉特人、波斯人）把商品運送到印度洋各地，但印度教徒、耆那教徒和佛教徒商人也占有重要地位。領航員依賴的最新航海指南，出自偉大的穆斯林海洋學家阿瑪·伊本·馬吉德之手。馬吉德把自己的東非海岸考察之旅整理成冊，名聲日漸遠播之後，亞丁灣的海員甚至把他看作聖人，每次出海都會祈禱他能保佑旅途平安。

印度洋當然也有穆斯林難以打進的地方。有些社群對伊斯蘭懷有戒心。具有世俗傾向的貝那勒斯詩人卡畢爾就說：

感受到了神奇的力量，你行割禮——
恕我難以苟同，兄弟。如果你的神贊同行割禮，
為何你不以此示人？

在卡畢爾的懷疑眼光下，印度教徒不比穆斯林好多少：

如果穿上衣服就能使你成為婆羅門，
那麼夫人要穿什麼好？
……印度教徒、穆斯林，他們都來自何方？[17]

不過，狂熱主義要比懷疑主義更能阻止伊斯蘭教往外傳播。印度教徒堅決反對改信伊斯蘭教。在南印度，好戰的毗奢耶那伽羅王國國名意指「勝利之城」，反抗意味表露無遺。一四四三年，有名穆斯林訪客來到這厚達七層、長達六十哩的城牆內的城市，對這「前所未見」之地留下深刻印象。毗奢耶那伽羅的拉加（即王侯）自稱是「東西海洋之王」。十六世紀早期，有位統治者如此自勉：

身為國王，應該利用國家的港灣促進貿易，讓馬匹、大象、珍貴寶石、檀香木、珍珠和其他物品都能自由進口……要使從遙遠國度進口大象和良馬的商人依賴你，就要讓他們有城鎮可去，在城裡有像樣的地方可住，每天有人聽他們說話，給他們一些賞賜，允許他們有適當獲利。長此以往，這些商品絕不會落入敵國之手。[18]

然而，實際上，毗奢耶那伽羅王國的首都離海岸很遠，而偏遠的省分也很難控制。一四八五年，鄰國的勢力不只阻礙該國往外擴張，還對其存在造成威脅。沿海商業中心的稅收見底，邊界又不斷往內陸縮減，因為穆斯林軍閥侵占了邊境的土地。一位不滿的將軍薩魯瓦．那羅僧訶見勢發起政變，動員作戰。此後只帶來暫時的和平。一四九一年他死後，王位之爭再起，王國幾乎瓦解，直到一四九二年另一名野心勃勃的將軍納拉薩．納亞卡掌握實權（但並未自稱為王）才回穩。多虧有這些強人，毗奢耶那伽羅王國才得以苟延殘喘，甚至在經過一代之後重啟擴張行動。

宗教聖戰是傳播及鞏固伊斯蘭訴求或至少是鞏固伊斯蘭教權力的一條途徑。好戰的蘇丹都以宗教為由，為自己發起的戰爭尋找正當性。一四七〇年，俄國商人阿法拿西．尼吉丁報告了有關穆斯林的事蹟，他以驚訝不已的措辭形容穆斯林的軍力，並描寫了他們攻打印度教徒領土的突襲行動。後來尼吉丁放棄從商（他認為印度的胡椒和紡織品毫無價值），因此他為其所謂的「罪惡之旅」留下的紀錄難免有所偏頗。此外，為了要在以宗教狂熱為榮的穆斯林統治下的國度經商甚至存活，尼吉丁只能對信仰採取妥協或閃躲的方式，因此而生的強烈罪惡感也影響了他的客觀中立。他反覆強調（過分頻繁）他依然忠於基督教，但從他的紀錄中明顯可見他必須放棄信仰，至少表面上。他書中的主旨似乎在嚴正警告其他基督徒不要到印度經商，免得靈魂受害。在印度德干的巴赫曼尼王國待了數月之後，他已經算不出復活節的日期。

> 我身上一無所有，書或其他東西都沒有，我從俄國帶來的東西都被搶走了。我遺忘了基督教信仰和基督教節日，不知復活節或聖誕節為何日……因為我夾在兩種信仰中間。[19]

據尼吉丁所說，巴赫曼尼國內有百萬全副武裝的大軍，包括大砲。蘇丹身穿金盔甲，上面鑲藍寶石和鑽石。他的大臣坐在黃金椅上給人扛著穿街過巷。數百頭披上盔甲的戰象護送蘇丹，象背上都安了加裝防護的戰轎，轎子裡站滿槍砲手。此時的巴赫曼尼王國幾乎已達權力顛峰。一四六〇和一四七〇年代，在膽識十足的寵臣馬穆德．加萬的輔佐下，蘇丹犧牲貴族以壯大自己的權力，犧牲鄰國以擴大本國的版圖。但內外征戰引發仇恨，也重挫國家元氣。一四八二年蘇丹派人殺了加萬，據說是因為他「竟敢阻擋我方去路且欲投靠敵軍。」[20]不久，蘇丹也隨加萬而去，把王位留給年僅十二歲的辛哈布德丁．馬穆德。此後大臣和將軍為了爭奪權位而互相殘殺，引發人民暴動，地方上的權力掮客趁機篡奪政權並脫離王國統治。到了一四九二年，巴赫曼尼王國已經四分五裂，此後兩三年，辛哈布德丁不斷對抗反抗勢力，重建政權，但都只能暫時阻止王國瓦解。

約在同時，伊斯蘭教國家古加拉特正值全盛期。一四八四年，貝加爾哈（1469-1511）征服原本由印度教徒統治的占巴尼，並開始照戰火遺跡下仍可見的宏偉比例重建宮殿、市集、廣場、花園、清真寺、灌溉池和觀賞池。城中有工作坊製造細緻的絲綢、紡織品和武器，城牆外則容許可建印度神廟。蘇丹之下勢力最大的臣子名叫馬立克・阿亞茲。一四八〇年代，阿亞茲陪同當時的俄羅斯主人來到古加拉特，主人便把英勇過人、箭術精湛的他送給蘇丹當奴僕。後來他因為在戰場上表現英勇而重獲自由。但另有一說是，他殺了便溺在蘇丹頭上的獵鷹才獲提拔。蘇丹賞賜給他一塊土地，某個沿海聚落的古老遺址也包括在內。這塊名為第烏的土地幾百年來都是一片蓊鬱叢林，拜阿亞茲之前的領主之賜正漸漸崛起。阿亞茲將此地改造成一個穩如堡壘的商業中心，並吸引紅海、波斯灣、麻六甲、中國和阿拉伯來的商船，把該地當作進入北印度的通道。阿亞茲的生活方式也反映了貿易的價值。他去拜見蘇丹的陣仗中，包括九百匹馬及一千名提水人，屬下為賓客供應印度、波斯和土耳其菜時還使用陶瓷餐具裝盤。

不過，當時印度的國家沒有一個比得上德里蘇丹國。德里崛起的模式就跟印度許多往外侵略的王朝所建立的霸權一樣，其實不像國家，反而像黑道組織，由凶悍的氏族和同族親友共同分享權力。創國者巴魯爾從阿富汗來到此地後，便在家書中讚美印度是塊富饒之地，慫恿族人擺脫貧窮的家鄉，追隨他的腳步。據當地人說，他的族人「像螞蟻或蝗蟲」蜂擁而至。但廣大的領土、豐富的多樣性和商機很快超過他的能力範圍，他一定得向外求助。巴魯爾找了兩萬蒙古人來為他工作。在擴張國土的同時，雇用土著也顯得越來越明智且必要——只要他們是穆斯林或有意皈依伊斯蘭教。

一四九二年，巴魯爾的接班人希坎德·洛迪即位。洛迪採納了當地的宮廷儀式，並「寵信貴族及從阿拉伯、波斯和印度各地來的族長。」[21]洛迪的外祖父是平民（一名金匠），這個污點差點害他無法登上王位。他在禮儀和道德方面要求很高，規定很嚴。洛迪跟當時所有的伊斯蘭統治者一樣，會委託編年史家編寫歷史，這些人極盡歌功頌德之能事，因此編年史全無可信之處，比方本該公正無私貫徹伊斯蘭教律法的在位者竟飲酒過量，而編年史家卻以「健康考量」為其脫罪。洛迪確實不遵守自己訂的規矩，包括禁止剃鬍。他會行幻術，召喚神靈，甚至擁有一個能為他揭示遠方事件的魔法燈。[22]此外，他還曾因為貴族爆發爭執擾亂馬球比賽就鞭打他們，也曾看不慣某族長魅力四射、大受歡迎而燒了他的鬍子。

洛迪的宗教狂熱連他自己找來的編年史家都覺得反感。他拆了印度神廟，摧毀神像，禁止宗教儀式。曾有族長質疑他禁止印度教徒沐浴淨身的正當性，他一氣之下拿劍想除掉對方。他的天職就是到處征戰，因此他自稱為「希坎德」——當地對亞歷山大大帝的稱呼（波斯文對亞歷山大的譯法）。他最遠曾經併吞比哈爾及多爾浦爾，卻不正視國家過度擴張、民生凋敝的問題。他把印度教神像劈裂，再把碎片送給伊斯蘭教屠夫用來當作秤肉的器具；把神廟都改成清真寺和伊斯蘭學校，還活活燒死一名印度教聖徒，只因為對方說「只要誠心遵守，伊斯蘭教和印度教教規都會為神認同。」洛迪常夷平印度教神廟再改建清真寺，他在曼德雷亞、烏特吉和那瓦的所作所為就是明證。他下令禁止沐浴、剃鬍以迎接仲夏慶典的印度教習俗，違者可能被處以死刑[23]。

然而，跟侵略行動比較起來，和平皈依仍較有助於傳播伊斯蘭教，例如經由貿易帶來的文化交流，以及緩慢且有時一無所獲的傳教工作。在今日所知的馬來西亞和印尼兩地，宣傳伊斯蘭教的方法都是經由「話語的聖戰」[24]，如同在非洲——當時另一個擴展伊斯蘭教勢力的競技場——一樣。

貿易使得皈依伊斯蘭教的實例在市井間流傳，也讓穆斯林成為港口總督、海關人員，以及市場獨占者的代理人。史瓦希里沿岸（即今日的肯亞、坦尚尼亞、莫三比克）有很多貿易國家，但一般認為那裡住著航海民族其實是誤解。幾代以來，史瓦希里人刻意與非洲人的形象拉開距離，強調他們與阿拉伯和印度之間的文化及經濟聯繫，目的是要擺脫西方領主對他們的種族歧視。獨立之後，有些內陸鄰國對他們展開報復，把史瓦希里人當作殖民者，有點像賴比瑞亞和獅子山的內陸族群，把重回蒙羅維亞（賴比瑞亞首都）和自由城（獅子山首都）定居的黑奴後代當作外來者和活該被仇視的菁英階層一樣。在肯亞，煽動民心的政客還威脅要驅逐史瓦希里人，把他們當成外來入侵者。但史瓦西里語跟其他班圖語很相近，儘管夾雜許多阿拉伯外來語。史瓦希里人可能在幾千年前從內陸移到沿海地區，並跟內陸一直保持聯繫，即使後來跟印度洋來的訪客從事貿易，也未曾切斷與內陸的聯繫。

史瓦希里人的城市都位在沿海，讓人對其重視海洋的原因有所誤解，比方接近淡水、方便通往陸路、方便取得受歡迎的珊瑚和進入海洋等等。史瓦希里菁英階層通常會把女兒嫁給內陸的生意伙伴而非外國商人。很少城市有良好的停泊處，一半以上的城市，港口簡陋甚至沒有港口。戈第城占地十八英畝，城牆高達十呎，宮殿寬逾一百呎，離海岸有四哩遠。史瓦希里商人常往返自己的海岸和內陸，取得黃金、木材、蜂蜜、麝香貓、犀牛角和象牙再賣給阿拉伯人、印度人和古吉拉特人越海運回家鄉。他們是典型的中間商，似乎只要有顧客自動上岸，就沒有必要自己冒險出海貿易。

十六世紀初來訪的葡萄牙人杜瓦特．巴波薩，發現了史瓦希里人對內陸又愛又恨的矛盾情結。一方面，沿岸和內陸在貿易方面互相依賴，另一方面穆斯林和異教鄰國的宗教對立又使他們走向戰爭。巴波薩認為這是為什麼沿海居民的「城市以石頭和灰泥築牆，因為他們常跟內陸的異教徒打仗。」[25]除此之外還有物質因素引起的衝突。史瓦希里人需要田地種植作物，內陸族群便成了他們取得田地的犧牲品。此外他們也需要奴隸來服侍他們。沿海和內陸民族互相攻擊，也會互相要求納貢和定期從事貿易。十六世紀初葡萄牙人抵達時，他們總覺得最大的史瓦希里港口蒙巴薩很怕鄰國那些「野蠻人」，即揹著毒箭的蒙祖古洛人，他們「沒有法制，沒有國王，對竊盜和仇殺之外的生活都毫無興趣。」[26]但捍衛伊斯蘭教就算不是真正的理由，起碼是互相仇視的標準理由。經過來訪商人及有時隨商船前來的蘇菲派穆斯林和伊斯蘭教族長將近五百年的宣揚灌輸，伊斯蘭教在當地確立了根基。到了十四世紀初，外來的穆斯林還常讚美當地信仰的純正。或許要一直到十六世紀葡萄牙海盜介入史瓦希里沿岸的印度洋貿易，當地伊斯蘭教才開始分歧。

對某些城市而言，海洋扮演至關緊要的角色。齊爾瓦是史瓦希里最大的商業中心之一，因為跨海貿易商可利用季風在一季之內抵達該地。更南邊的港口，比方索法拉，雖然盛產黃金卻要辛苦等到風轉向才可前往（通常都會在齊爾瓦等）。古吉拉特來的商人似乎很少航行到蒙巴薩或馬林迪以南的地方，商人都聚集在這兩地，交易最遠到索法拉的各種沿岸商品。古吉拉特商人則拿印度紡織品、絲綢和棉布跟其他人交換商品。

海洋對岸即為東南亞，穆斯林若對長程貿易沒有足夠的興趣，就更難打進東南亞的農業國家。在後來稱為印度支那的地方，高棉王國是個自給自足的國家，生產的稻米要餵飽人民不成問題。其歷代統治者對自力從事貿易從來就不感興趣，卻曾在十四、十五世紀之交遷都到今日的金邊，明顯想加強控制海上貿易的稅收。越南在文化上和地理上都接近中國，採取的政策強烈排斥海外貿易。黎聖宗在位期間（1460-1497）禁止浪費土地，將大片地產分割耕種，派犯人和退伍軍人占領邊境地區，給予挖掘溝渠和種植桑椹之人免稅優惠。他往南征伐，把邊界往歸仁以外推，幾乎讓國土增加一倍。他頒布規章規定臣民按階層配置，受國王指派的官吏統治，但其目標太過理想化，要付諸實現很難。他在國內廣建文廟，胸懷大志的菁英在那裡鑽研儒家著作，準備以中國科舉為範本的公職考試。除了授權給儒家官員及推動受儒家思想啟發的嚴格法制社會，黎聖宗也不忘將自己塑造成英勇先祖再世，以牢牢抓住民心。

東南亞本地的國王若是信奉伊斯蘭教，損失不可謂不大，例如不再被奉為神明轉世、佛教千年之前的使者或印度神的化身，也不能享有印度教和佛教供奉之聖物的保管權。坐上大城——即後來的暹羅王國——王位的拉瑪鐵菩提二世，就曾在一四九一年跟鄰國的諸位國王一同嘗試巫術。而高棉的國王之所以坐上王位，是因為人民相信國王是佛陀再世或濕婆神（印度教的最高神祇，宇宙的創造者）化身。在這種君權神授、以農立國的國家，伊斯蘭教很難立足，無論是伊斯蘭教商人或傳教士都很難發揮太大影響力。

印度支那另一側、位處近海的馬來半島，則有許多貿易國家和航海傳統，相較之下比較容易進入。如同麻六甲的蘇丹一四六八年的觀察所見，「要支配藍色大海就要從事貿易，即使家鄉土地貧瘠。」[27]十六世紀末曾到東方遊歷的詩人卡蒙斯曾寫詩讚美東方，他如此描寫馬來世界：

麻六甲就在眼前
宏偉的商業中心和倉庫當設於此
海洋各地來的人都在此聚集
各種商品琳瑯滿目
海浪（據說）翻騰洶湧
衝破從這海到那海的通道

蘇門答臘的古老高貴小島曾經突圍
而後狹長土地與之相連
黃金半島於是形成，直至兩地分開，
因為盛產金礦至今
而得「黃金」稱號
容或是聖經中的俄斐（盛產黃金和寶石之地）亦未可知[28]

＊＊＊

伊斯蘭教商人早在當地人尚未接納伊斯蘭教之前，就在麻六甲一帶往來好幾百年。有些穆斯林在港口城市形成社群。後來傳教士接著進來，例如學者在尋找贊助人途中為了盡穆斯林的責任，一邊勸人皈依伊斯蘭教；鍛鍊心靈的人為了自我訓練，迫不及待跟當地的巫師比賽禁欲苦行的能耐和超自然力量。蘇菲派教徒（伊斯蘭的神祕主義教派）對某些地區有重大貢獻，他們可以理解當地流行的泛靈論和泛神論，感受得到「祂比頸部血管還近」的感覺。[29]蘇菲派可以算是最有效力的傳教徒。如同所有皈依的故事，我們很難分辨哪些是奇蹟故事（事後為了賦予事件神聖的意義才如此編造），哪些又是真實事件。蘇菲派的皈依傳說之所以不值得採信，不只因為作者往往為了更遠大的目標而扭曲了故事，也因為這些故事的架構明顯出自傳統文學主題。

宗教性質的自傳可想而知充滿了兒時偷摘果子、年少放蕩、瞬間黑暗籠罩、猛然瞥見光亮之類的故事。重點是整個社會重新自我形塑的過程。我們對這個過程的了解仍然不多，在這個過程中，「伊斯蘭」成為整個社群集體自我指涉的一部分，將無數從未有過皈依或其他類似經驗的人容納進來。底層的社會集體重整則是更進一步、更久遠的過程，伊斯蘭在過程中吸收社會菁英，或成為某個特定社會的生活形貌的一部分，或是——恕我使用另一種比喻——社會認同脈絡的其中一條線。對於這種新來的宗教信仰和教義規範，社會中大多數人只有消極的接受，並無積極的參與。

根據傳說，十三世紀末，東南亞第一個接納伊斯蘭教的統治者是在睡夢中得到了真主給他的訊息，此人就是蘇門答臘島上的巴賽國王。後來他邀請一名聖徒為他完成皈依儀式。十四世紀時，其他蘇門答臘島上的國家紛紛跟進，馬來亞本土也出現了穆斯林統治的國家。十五世紀初，麻六甲的統治者接納了伊斯蘭教。從十五世紀末開始，皈依伊斯蘭教的人數快速增加，一方面因為王朝聯姻，另一方面因為蘇菲派有如放射線從各個中心往外擴散。麻六甲似乎提供了人力，幫助爪哇島各國皈依伊斯蘭教，到了新世紀初，輪到爪哇島為摩鹿加群島的特納提做同樣的事，傳教士再從該島繼續往鄰近島嶼擴展。而地方首長為了鞏固權力，勢必會乖乖把稅收交給蘇丹。「對我們這些領主來說，」馬來編年史中寫到有個貴族曾說，「什麼才是重要的事？……我們認為該做的就去做，因為統治者才不管我們領主有何困難，他們只在意我們達到什麼成果。」[30]

蘇菲派的傳教士阿布亞．梅瓦希．阿沙帝利一四七八年過世之前，整理出他所謂的「宗教啟迪的金律」，書名即為《神啟金律》。他認為蘇菲派是菁英階層，其他人則是「越軌和立異之人」。[31]他的每條金律都以一段古蘭經破題。神祕經驗就像記憶，要「沉入與神合一的境界」裡，必須清除所有雜念，專注於本質，「如此祂與你之間的距離才會消除。」[32]阿沙帝利勸人捨棄智性、理性、經驗和權力[33]，把對宇宙的覺知丟棄，落實恆久的苦修，因為「一般人懺悔只是一時興起」。蘇菲派教徒之所以可以得到啟迪，是因為他們承認邪惡對他們的影響及悔改的必要。除了古蘭經，作者也引用了四大福音書。[34]

阿沙帝利認為要隨時警醒才能與神合一。「置身人群卻仍孤獨之人，心中所思，將能守護真理。」「渴盼者的心中和思維內，會閃過一絲渴慕對象的光芒和美，使他脫胎換骨，有如給巴比倫魔法師施了魔法；這一切都在他的渴盼及喜悅的夜鷹釋放而出之時發生。」作者善於利用在許多文化中常見、但伊斯蘭教避之唯恐不及的神話素材塑造出各種意象，比方把神啟經驗比作肉體之愛、異教巫術，甚至喝醉酒。阿沙帝利曾在花園裡有過神祕經驗，當時樹木沙沙作響：

與樹合而為一的風在破曉時吹來，

心中的渴望陣陣爆發。

愛的枝幹在我心中愉悦地抖動，
愛的果實四處掉落。
合而為一的陽光射出光芒
刺穿遮蔽的天篷。
澄澈喜悦灑在我們身上，閃閃光芒
照亮悲憫的臉龐，驅散所有責難。[35]

正當哥倫布準備展開第一次跨洋之旅時，當時最偉大的神祕主義者努爾・亞丁・阿本德・阿拉曼・迦米在今日的阿富汗過世。迦米是公認的詩聖，有些人認為他是波斯最後一個偉大詩人。他曾為許多蘇菲派教徒立過傳，也是當時最受敬重的知識分子之一，他在亞洲聲望遠播，非義大利文藝復興任何一個藝術家在狹小的基督教世界達到的聲望所能及。鄂圖曼帝國的統治者和蒙古可汗帝國的繼承人，都想延攬迦米擔任國策顧問，但都未能如願，因為他偏愛藝術和冥想，不想投身政治。迦米有些著作被譯成中文，之後兩百年對佛教及伊斯蘭教神祕主義都仍具極大影響力。除了紀錄自己的神祕經驗，他也寫下對神祕主義的分析，書名為《光束》（*Lawa'ih*）。感官遮蔽了真實，自我會分散注意力，他建議要「試著躲避自己的目光。」[36]學習本身是一種誘惑——這種看法很多歐洲方濟會的神祕主義者都會認同。「愛怎麼可能從層層書頁裡浮現？」他問。[37]迦米應該會同意多數西方神祕主義者對另一件事的看法：神祕主義者要慎防自我放縱，要讓愛變得實際可行。迦米提醒人「不要把真跟世界分開，因為世界即真，真即世界。」[38]然而，對他來說，他的目標不在此世。這個世界不值得他思索。他不屑理睬這世界，只是聳聳肩，幾乎像在冷笑：「我已經嚐夠所有稍縱即逝的美好。」[39]迦米明白消滅就是意識終止：「消滅的消滅包括在消滅裡……若你意識到一根頭髮的尖端和消滅之路的語言，你就已經離開了那條路。」[40]甚至連宗教都跟神祕主義者無關，神祕主義者「的習慣就是消滅，常規就是貧窮。」當你與神合而為一，何必還要與神學家為伍？基督教神祕主義者也有相同的看法。

迦米公認的代表作是他創作的最後一首長詩：〈育書夫和祖萊克涵〉。這是一個轟轟烈烈的愛情故事，象徵迦米虛構的某種宗教信仰，雖然沒有明說就是伊斯蘭教，但個人色彩濃重，裡頭還胡亂改寫古蘭經。他把古蘭經裡有關育書夫——聖經裡的約瑟夫——和他逃離弟兄魔掌時巧遇並想引誘他的女人等故事，寫成一則愛的論述，正如某種伯特利之梯，（通往天堂的階梯，伯特利就是上帝的所在。）即自我不斷提升終至與神合一的途徑。文章一開始，作者建議正在尋求神祕經驗的讀者「別再尋覓，去戀愛才要緊。」「之後再回來向我請益。」愛的結合是與神相通的方法，因為神也會「加快心跳，使靈魂充滿狂喜。」祖萊克涵一開始是在強烈的幻想中尋找未來的愛人，以致欲望使她無法敞開胸懷真正去愛育書夫。當世界為育書夫的光采和美睜大眼睛時，他的妻子卻用自責折磨自己，只想一了百了。假如她抓緊的是內在，而不是遮蔽內在的外在肉體，她就會發現，婚姻之愛是通往上帝的一條途徑。

祖萊克涵逐漸瞥見神祕主義的真相，即經由沉浸愛河而實現自我的可能，只可惜肉慾阻礙了她。迦米說，「只要愛尚未圓滿，戀人唯一熱中的就是滿足慾望……他們甘願用千刺百刺刺傷所愛。」祖萊克涵必須通過一連串可怕的淨化過程，例如絕望、放棄、盲目、遺忘等類似神祕主義者自我提升的標準階段。她一再被育書夫拒絕，也失去了曾經對她不可或缺的一切：財富、美貌，還有視力，最後才得以與愛人結合。最後她終於明白神祕主義的真諦：

在孤獨中，存在棲身，不留痕跡
全宇宙仍在沉睡
隱於無我中，某存在
自外於「我」或「你」，也遠離
所有雙重性；美的極致
不顯於外，只顯於自身
為自身照亮，卻飽含能量足以
迷倒眾生；藏於不可見處，
純粹的本質，一無瑕疵。[41]

肉體之愛像雕刻的神像一樣瓦解。育書夫真正的美再度震撼他的愛人，像一道眩目的光，而他彷彿消失在那道光裡。

來自恆久不衰的美，發自
純淨的所在，照亮
各個世界，以及世上所有生靈。
其中一道光落在宇宙
以及天使上，這道光
令天使目眩神迷，令其感官旋轉
如不斷轉動的天空。千種百樣的
鏡子展現那光，各個地方
讚美四起，伴隨新的和諧之音。
二品天使欣喜若狂，急急尋找
頌歌。探索無邊汪洋的
靈魂，天堂在汪洋中漂游
猶如小船。他們宏聲大喊，
「讚美宇宙之王！」[42]

如今，我想大多數人都很難把神祕主義跟現代聯想在一起。不過，神祕主義至少是通往現代性深宅大院的一道入口。現代性說穿了就是自我意識的提升——即個人主義，有時甚至接近自戀或自我中心——把個人的利弊得失放在社群之前。沒有個人主義的興起，很難想像世界為了「開明的利己」（enlightened self-interest）而產生經濟架構，或循「一人一票」的方向形成政治結構。此外，舉凡挖掘自我的現代小說、現代心理學、自我感覺良好的價值、存在的焦慮，以及「唯我世代」的自我耽溺，都會變得難以想像。要從自我犧牲裡解放，必須從信仰虔誠的心靈開始，或者至少那是其中一個起點。因為在中世紀時，宗教制度是自我實現的最大障礙。信徒彼此監督，阻止欲望脫軌；大家一致追求宗教救贖，削減了個人的權力。宗教機構代表的權威，凌駕了個人的判斷。神祕主義是掙脫這些禁錮的一個途徑。對可以直接跟上帝交流的信徒來說，教會可有可無。由此可見，從某方面來說，蘇菲派、天主教和東正教神祕主義者及新教改革者都在做同樣的事：開發身體潛能以跟神聖能量直接相連；解放自我，由自己做抉擇；取消知識階層的特權。無論現代性是什麼，絕對跟自我價值的提升密不可分。然而，神祕主義對創造現代性所做的貢獻一直為人忽略。神祕主義教人意識到自我的存在，幫助我們更往現代性邁進一步。

第十章　「第四世界」

——大西洋和美洲的原住民社會

一四九二年三月六日：蒙提祖瑪的年輕國王歡慶春天的豐收節，並目睹獻祭俘虜的血腥場面：他們的心被挖出，屍體被丟下高聳的神廟階梯。

一四九三年哥倫布第一次遠航歸來時，沒有人知道他到了什麼地方，探險家自己更是摸不著頭緒。當時的人一般認為地球是一座島，分成歐洲、亞洲和非洲三塊陸地。多數歐洲學者很難相信他們所謂的「世界的第四部分」真的存在。（有些美國原住民碰巧稱自己腳下的土地為「第四世界」，以跟天空、海洋和黑暗地底區分。）人文主義的地理學家知道遠古作家曾推測「對跖」大陸的存在，並由此針對哥倫布的發現推出正確的結論。另一個與證據較為一致的推論是，哥倫布只是偶然發現了「另一座加納利島」，即另一個西班牙人早就亟欲納入卡斯提爾王國統治的群島。不過這是個情有可原的誤判，因為哥倫布新發現的地方與加納利群島的緯度相同。據哥倫布的自述，當地居民的膚色與文化也「類似加納利群島的居民」。哥倫布雖迫切想找到有價值的商品，但新發現的陸地似乎比較可能供應奴隸或成為蔗糖產地，跟加納利群島的情況一樣，即使在發現者眼中也不例外。

征服加納利群島是哥倫布探險生涯中的重要背景。該群島是征服美洲的實驗室。它位於大西洋的邊界，島上居民是文化上難以溝通的「異族」，歐洲人眼中的「野蠻人」；對歐洲人來說那是個全新的環境，要適應歐洲人的生活方式很難；島上可種植新作物，以農場經營的方式開發島上資源，派人進來屯墾殖民，開發嶄新的、多元的貿易。

瓜瓦曼·波瑪十七世紀初的畫作。畫中有一人在索牆上工作，印加監工在旁監督，從其耳圈可見他是菁英階層。

哥倫布啟航時，征服大西洋的行動早已在加納利群島上展開。因為有一群塞維爾銀行家和王室財庫大臣攜手合作，共同負擔一四七八到八三年征服加納利群島的花費，贊助哥倫布第一趟大西洋之旅的主要金主才有著落。哥倫布從加納利群島最西邊的港口戈梅拉港出發，該港直到一四八九年西班牙軍隊掃蕩最後一次原住民反抗行動後，方才真正安定。但直到一四九六年將最難對付的小島都擺平後，西班牙才認可征服加納利的行動完成。

加納利群島上的原住民——殖民時代全都因征服行動、奴役、疫病和同化等因素而消失——是之前定居在北非的柏柏爾人的最後一代傳人。若要形容其特徵，這世上仍找得到的最類似族群是伊姆拉古恩族和澤那加族，兩族都是貧窮而邊緣的捕魚民族，在今日的撒哈拉沿岸生活，占領沒人想要的土地並以此維生。歐洲人登陸之前，島上居民與世隔絕，自成一個世界，也能保有以畜牧為主、小面積種植穀物為輔的混合經濟。他們把種植的穀物製成gofio——將烤過的穀粉與牛奶、湯或水混合而成的粥，島上各地至今仍在食用，但據我所知，這種食物並未受到其他地方歡迎。他們把與世隔絕當作一種美德，不但放棄航海且很少與其他島嶼交流，即使有些島舉目可見，他們就像遠古的塔斯馬尼亞島、查塔姆群島或復活節島，自願與世隔絕。他們捨棄了能帶他們回家的技術，好像故意要遠離世界，有如過往時代的遺民。然而，與世隔絕有其不利之處。與其他文化接觸能促進我們所謂的發展，孤立則會導致停滯不前。加納利群島的物質文化因為與世隔絕而停留在原始階段。居民住在洞穴或簡陋的茅屋裡，面對歐洲侵略者，他們只能拿石頭和木棍當武器。

這些島民不屈不撓、成功抵擋侵略者，證明歐洲人靠著優越科技迅速擊敗「原始人」和「野蠻人」其實是錯誤認知。從一三三〇年代開始，愛好冒險的個別歐洲人和野心勃勃的歐洲國家陸續出海，他們抓走當地土著當作奴隸，使某些島嶼的人口流失。但直到十五世紀初，諾曼第探險家展開有計畫的征服行動，確實掌控最貧窮且人口最少的蘭薩羅特島、富埃特文圖拉島和希羅島，歐洲人才在當地建立長久的影響力。這些征服者建立了不穩定但持續一段時間的殖民地，在法蘭西、葡萄牙和亞拉岡王室之間猶豫一番之後，最後決定效忠卡斯提爾王國。

在這之後，征服行動再度停擺。剩下的島嶼驅逐了來自葡萄牙和卡斯提爾的許多探險隊。十五世紀中，培拉薩家族——塞維爾的小貴族，在某些小島上稱王並主張自己擁有其他小島的征服權——直接繞過歐洲殖民者，逕自在戈梅拉穩固根基，建立堡壘，跟島上土著強索貢品。反抗行動一再發生，並在一四八八年達到顛峰——當地原住民將現任統治者赫南．培拉薩處死。西班牙國王不得不派兵前去重建秩序。反抗分子遭報復者加以處決或集體奴役，並被打成「反抗天王的叛徒」，其合法性相當可疑。後來西班牙人在島上設立常駐軍。在此同時，殖民者對待島上土著的方式，觸動了卡斯提爾人的良心。國王委託法學家和神學家調查此案，調查結果認為應將奴隸釋放，很多人因而得以返回群島幫忙殖民其他島嶼，但他們的家鄉已經到了轉型的成熟時機。往後十年，歐洲投資者就會把它改造成蔗糖產地。

此時，費迪南和伊莎貝拉尚未投注全力征服格拉那達，他們之所以認為值得爭取加納利群島，是因為卡斯提爾與葡萄牙交惡，加納利群島的地位因而更顯重要。卡斯提爾王國把手伸進非洲大西洋沿岸，早讓葡萄牙人看不順眼，但一四七四到七九年的戰爭——葡萄牙的阿方索五世與費迪南和伊莎貝拉夫婦爭奪卡斯提爾的王位（為了這個王位，阿方索娶了自己的甥女，卡斯提爾王后的私生女喬安娜）——更使卡斯提爾王國加大動作。國王大開海盜船和走私船的大門。在塞維爾和卡迪茲設有分支，並特別留意糖業發展潛力的熱那亞經商家族，都迫不及待想投資這塊市場。戰爭的主要戰場在卡斯提爾北邊的陸地，但在加納利群島同樣緯度的海上也爆發「小型戰爭」。卡斯提爾的武裝民船，打破了葡萄牙在幾內亞沿岸貿易及買賣奴隸的獨占權。葡萄牙則發動攻擊，威脅卡斯提爾在加納利群島設立的前哨站。未被征服的島嶼的價值不證自明，如大加納利島、特內里費島和帕爾瑪島，這些都是加納利群島中面積最大、最具經濟發展潛力的島嶼。一四七八年，費迪南和伊莎貝拉派兵重新展開征服行動時，七艘輕帆船組成的葡萄牙遠征隊早已上路。卡斯提爾的出手是為了先發制人。

其他醞釀時間較久的原因也影響了王室的決定。首先，除了葡萄牙，卡斯提爾國王還有必須戒備的敵人。因為聯姻，培拉薩家族的統治權延伸到迪亞哥·德·赫耶拉手中。赫耶拉是塞維爾的小貴族，對征服行動滿懷憧憬。他聲稱自己降服了特內里費島的九名國王（或稱酋長）及大加納利島的兩名國王，絕對是誇大之詞。赫耶拉突襲小島是為了藉由威嚇獲得貢品，並照著前人的方法，在島上豎立嚇人的砲塔以控制各個島嶼。但這些面積大、人口多、拒不投降的島嶼，不願屈服於地方貴族的控制。有效的征服和有計畫的開發利用，需要集中的資源和龐大的投資才可能完成。王室比較可能具備這些條件。

就算赫耶拉能夠征服加納利群島，王室也不可能笨到容許他這麼做。赫耶拉並不是不可

編按：文中出現在括弧內的粗體字為譯註或編按。

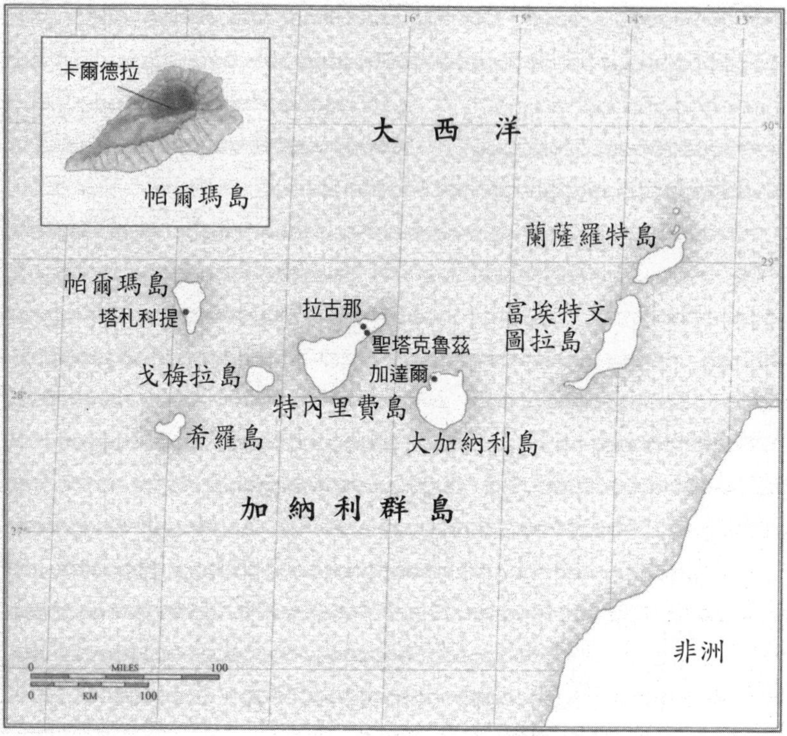

加納利群島

能與葡萄牙人串通，本身又是典型的好勇鬥狠之士，他在偏遠地區掌握的勢力早就讓國王看不順眼。大概打從第一批征服者占領加納利群島以來，各方領主就為了王室對群島的統治權限爭論不休。一四七五年到七六年，地方挺身反抗領主（一連串反抗行動之一），費迪南和伊莎貝拉坐收漁利，並趁機鞏固自己的宗主權，最重要的是：確立王室對加納利群島的所有殖民地擁有最高裁決權。一四七六年十一月，他們針對加納利群島領主的合法資格做了調查，一四七七年十月，其結果被寫入領主和宗主國之間的協議：赫耶拉的權利無人可質疑，唯一例外是掌握最高權力的國王；但「基於某些公平且合理的理由」（從頭到尾都未指明理由為何），征服權應歸費迪南和伊莎貝拉所有。

除了政治上的理由，征服加納利群島也有經濟上的目的。過去歐洲人涉足非洲大西洋，都是為了黃金，這次也不例外。根據某個特權編年史家所說，費迪南國王對加納利群島感興趣是因為他想與「衣索比亞礦場」[1]——當時即泛指非洲——往來交流。一四八二年，非洲突出部底側的貿易站聖若熱．達．米納啟用，葡萄牙人卻禁止西班牙人進入。因為如此，他們必定得尋求其他管道，這也說明哥倫布的日誌中為什麼強調他必須找到黃金。同時間，歐洲對糖和染料的需求日增，征服加納利群島更加值得一試，因為染料是該群島的產物之一，而糖是歐洲殖民者引進的新興產業。

王室主導的征服行動，幾乎跟赫耶拉帶領的征服行動一樣艱辛。受雇於費迪南和伊莎貝拉的某個編年史家，每次提起加納利群島的戰役，都忍不住批評其龐大花費。國王奪回征服權的目的雖然也包括阻止私人占領小島，將小島變成「公有地」，但久而久之，他們不得不允許現今所謂的「公私合營地」存在。之前，國王靠著販賣贖罪券為戰爭籌措資金，即主教發給懺悔者票券，赦免他們在這世上犯的罪。費迪南和伊莎貝拉認為自己有權販賣贖罪券，為對抗非基督教徒的戰爭募款。但戰爭越打越長，稅收下滑，他們便轉而要求有志於征服事業的人自己去募款。征服者原本只拿薪資，漸漸開始接收被征服的土地當作抵押。國王不把戰爭獲得的收益投入其他戰役，反而把尚未收取的戰爭收益讓給能在其他地方籌到資金的征服者。到了最後，特定團體出錢贊助帕爾瑪島和特內里費島的征服行動，收益再由征服者和贊助者分攤。

若非西班牙人從內部分裂下手，加納利群島可能如某位大臣所說，永遠難以征服。前三年卡斯提爾王國人力不足，物資供應也不穩定，只要突襲原住民村落就已滿足。這些從城市民兵隊招募來的人只為薪水工作，沒有占有土地的強烈動機，所以沒直搗敵營，攻打加納利人過去在山上的防衛據點，反而把重心放在低矮的平原和山丘這些可找到食物的地方——島上居民在平原種植穀物，在山坡上放牧山羊。這是種只求生存、不求勝利的戰略。突襲空檔期間，西班牙征服者就留在拉斯帕爾瑪斯的據點，但停滯不前的作戰方式引發不滿。

一四八〇年，軍隊司令佩德羅．德維拉抵達加納利群島，展開目標更明確的作戰策略。他計畫從海陸兩線攻進很少有人進得去的西岸，並在西北部阿加特的某戰略位置上建立防衛據點，拉起第二戰線。他第一次大獲全勝，是原住民領袖誤判的結果，他們派軍到拉斯帕爾瑪斯附近的塔瑪拉塞特平原，準備投入一場傳統方式的戰役，最後卻損失慘重。根據編年史家的紀錄（如果可信的話），德維拉親手殺了一名死對頭，但整個場景瀰漫騎士或荷馬史詩的色彩，不免令人懷疑。到了一四八〇年或八一年年底，原住民為了回田裡播種而暫停作戰，西班牙人舉辦盛大的受洗典禮慶祝停戰，但很多開心受洗的原住民應該不全理解這種聖禮代表的意義。

儘管如此，有些原住民顯然將此儀式視為與西班牙建立關係的新階段。一四八一年五月，一群族長和長老來到了費迪南和伊莎貝拉的宮廷。國王王后趁機將基督徒樂善好施的一面展現在他們面前。他們在給訪客的御書上聲明，國王王后已將大加納利島的居民「納入王室保護和防衛，將他們當作基督徒」，並承諾讓他們恢復自由身，保證他們可跟在卡斯提爾出生的子民平起平坐，也可在卡斯提爾領土自由遷移及從事貿易。從此以後，「忠於」及支持基督教的原住民便開始增加。

在接下來的戰役中，德維拉就能以此為基礎，挑撥離間敵對的派系。一四八二年，勢力最大的原住民首領（過去稱他為田納塞．薩米旦，但後來其受洗名丹．法南多．瓜納特米較為人知）被捕並皈依基督教，大大助了德維拉一臂之力，因為法南多可以誘導許多同胞歸順，尤其是小島北邊、法南多權力根基周圍地區的居民。

但勝利之日仍然遙不可及。反抗分子固守中央山脈，該地有驚險的棧道和陡峭的隘路作為屏障，難以攻破，德維拉只好改採恐嚇和焦土政策。為了替犧牲的西班牙士兵報仇，無辜的原住民被活活燒死。西班牙軍隊還將敵人的物資和家畜占為己有。原住民有的迫於無奈，有的被法南多說服，陸續向西班牙軍投降。有些人放棄了希望，在自殺儀式——從極高處往下跳——中結束抗爭。

其餘的人仍持續抵抗，因為他們仍然有打贏戰爭的勝算。一四八三年冬天，島上居民被逼到一個偏遠的深谷，他們利用一貫的戰略摧毀巴斯克自願軍組成的部隊：製造雪崩活埋敵方軍隊。德維拉間接承認自己的軍隊無法在對方選擇的戰場上打贏戰爭。他撤退到拉斯帕爾瑪斯，邀敵軍達成保住顏面的和平協議。除了少數人仍留在山頂負隅頑抗，全島幾乎都在一四八三年夏天歸於平靜。在此同時，帕爾瑪島建立了打不倒的名聲，但島上的不同族群相互仇視，造成內部分裂。西班牙人通常稱這些族群為「幫」（bands），並共分出十二個幫。帕爾瑪島地形多變，氣候也隨地形而變，入侵者對有些地區幾乎完全沒轍。無論物質方面有何差異，島上原住民的生活方式都相同：牧羊加上種植可製成gofio的小麥。凱恩人會標出他們眼中的聖地，在該地留下肉類祭品或舉辦體育競賽，尤其是芭蕾舞般的正式摔角比賽，至今在加納利群島上仍然風行。他們會利用今人稱之為「協助自殺」的方式，處理回天乏術的病人或垂死老人：把人放在羊皮上置於洞口等死，在他們身旁放一瓶羊奶，多半是安慰的成分，而非為了維繫生命。

一四〇二年，諾曼第來的探險家試圖征服帕爾瑪島但仍告失敗。航海家昂利克王子展開反覆出征也都受挫。十五世紀中，培拉薩家族展開最堅持到底的一次行動。原住民擊敗他們的軍隊，殺了古倫．培拉薩，即背負培拉薩家族全部希望的年輕繼承人。有首民謠即源自這個事件，裡頭充滿對騎士的浪漫想像，蒙蔽了戰爭的醜惡現實：

哭吧，諸位女士，哭吧，若上帝賜妳慈悲
古倫．培拉薩葬身於此
那花曾在他臉上綻放，如今枯萎。
古倫，培拉薩，機運之子，
你的盾你的矛哪兒去了？

全都毀於命運的一瞥。[2]

帕爾瑪島仍堅持不投降，直到一名女子出現。女人在征服行動中發揮作用力的故事時有所聞，因此我們很容易將之視為傳說扭曲事實的例證。但法蘭希絲卡·卡茲米拉在征服帕爾瑪島中扮演的角色，不但在文獻中也在傳奇故事中留下痕跡。一四九一年，費迪南和伊莎貝拉派軍包圍格拉那達時，接獲一個消息：大加納利島的首長和神職人員選出一名信仰虔誠、在帕爾瑪島出生的女性奴隸，派她返回家鄉傳福音，並「找島上族群的領導者和酋長洽談，因為他們傳信表示想要成為基督徒並投效陛下統治。」[3]

一位當地的女性平民竟然可以得到教會授權，從事傳教工作，可見法蘭希絲卡必定有不凡的個人魅力，而她似乎也善用其魅力打動同胞。她爭取很多同胞站在西班牙人這邊。法蘭希絲卡從帕爾瑪島帶回四五名首領回到大加納利島，在當地大教堂受洗更衣。「他們成為基督徒之後，」據地方當局報告，「她就把他們送回帕爾瑪島，讓他們安排其他族人皈依基督教，臣服於陛下的統治。」[4]島上首長下令任何人都不得奴役已皈依基督教的族群之成員，教會當局也援用教宗尤金四世一四三四年的詔令，禁止奴役有意皈依基督教的原住民，以及因法蘭希絲卡而皈依並遵守和平協定的原住民。

法蘭希絲卡的成功，讓侵略者有機會拉攏原住民，獲得一臂之力，最後再利用其內部分裂遂行己願。有個人早就為了籌措資金以備再度攻擊帕爾瑪島而傷透腦筋，此人就是阿隆索·德魯歌。他正是這項任務的完美人選。他有類似的經驗，先是對抗過摩爾人，後來參與了大加納利島的征服行動，當初能逮到法南多．瓜納特米，他也功不可沒。此外，他具備征服者的性格，心狠手辣，野心龐大，肆無忌憚，作風強硬。德魯歌也是個精明的企業家，不怕冒著金錢還有名聲的風險。他在大加納利島創立第一家製糖廠，並發現即使帕爾瑪島的奴隸交易並不看好，至少當地的氣候和土壤適合種糖，保證有利可圖。但格拉那達戰爭如今發展到了關鍵階段，此時為了更遠的探險行動募集資金和人力並不適當。

根據傳說，沮喪的德魯歌正在塞維爾大教堂閒逛時，無意中獲得了征服帕爾瑪島的資金：聖彼得化身為一名神祕老翁，把滿滿一袋金幣塞進他手裡。這個故事是試圖賦予不光彩的征服行動神聖色彩的無力之舉。德魯歌的金主其實就是塞維爾的那群民間金融家，其中有些投資過哥倫布的航海計畫。

一四九一年夏末，德魯歌臨時湊合的小軍團抵達了帕爾瑪島的西岸，受到一群因法蘭希絲卡影響而皈依的居民歡迎。假如後來的傳說可信，那麼當時擔任或一心想成為島上「眾首領之首」的馬雅安提哥率領願意與敵軍合作的人前來。他跟德魯歌達成了協議，代表雙方會比過去更加積極合作。雙方日後將會「和平共存，合而為一」。馬雅安提哥將會承認並服從卡斯提爾國王，他可以繼續統治自己的土地，代表卡斯提爾國王行使管轄權。其人民將可享有卡斯提爾人民的所有權利和特權。但後來的戰爭演變成原住民互相殘殺的局面，西班牙人坐收漁利，並接收了喪命或被免職之高層的權位，跟西班牙後來在美洲的許多戰役如出一轍。

在基督教信眾的支持下，德魯歌沿著海岸，以順時針的方向攻擊沒有團結抵抗入侵的社群。他先一一擊破再撤退到避冬之地。帕爾瑪島內部的反抗行動較為激烈，因為當地的火山活動和侵蝕作用造就了一片廣大的天然堡壘：卡爾德拉——一處形似大鍋子的火山口，位於山腳，往上是兩哩長地形陡峭、叢林密布的山坡。有支民族獨占了這塊土地，由一名堅持獨立的領袖統治，傳統都稱他為塔那烏蘇。當地盟友必須把德魯歌扛在肩上才能翻越當地的崎嶇地形。第一次攻擊失敗後，德魯歌打算下次從另一條更曲折的路線進攻，據說完全不可行，因此敵方可能毫無防備。但塔那烏蘇打小規模戰爭和埋伏的技巧過人，似乎很難打敗。

假如目前存留的唯一紀錄可信，那麼若非德魯歌誘騙塔那烏蘇參加一個假會談，塔那烏蘇可能會無限期抵抗。西班牙趁機制伏塔那烏蘇，殲滅他的支持者。據說德魯歌派名叫胡安·德·拉·帕爾瑪的當地特使，向塔那烏蘇提出當初皈依基督教的原住民所接受的歸順條件。塔那烏蘇堅持要德魯歌把軍隊撤離其土地才肯考慮對方的提議，屆時他願意參加在前線舉辦的會談。德魯歌雖然同意讓步，但是否出於真心，不免令人懷疑。會談當天，塔那烏蘇遲到，德魯歌因此將協議視為無效，全副武裝帶軍出發。當兩方相遇時，塔那烏蘇的顧問勸他不要與對方重新展開會談，但他拒絕了這個提議——這比較像文學上常見的橋段，而非真實事件的紀錄。塔那烏蘇相信了德魯歌的誠意，因而不疑有他前往會談，結果會談轉變成戰爭。他遭到監禁，無法像以前的加納利領袖在戰敗時跳崖自我了斷，只好把自己活活餓死。[5]

編年史就這麼一次與英雄故事分道揚鑣。存留至今的文獻是十六世紀的最後幾年留下的紀錄，當時大膽標榜修正主義的修士正在改寫征服加納利群島的歷史。他們希望這段歷史符合道明會倫理學家巴多羅梅·卡薩斯塑造的新世界人民的理想化形象。這位義憤填膺批評帝國行徑的道明會修士，利用各種遊說技巧抨擊王室，讚美原住民的善良質樸，不遺餘力捍衛原住民的權利直到一五六七年辭世。塔那烏蘇的死無疑也跟當時的編年史一樣遭扭曲，反映了一種深受騎士文學影響的認知。不過，從德魯歌的各種紀錄來看，心狠手辣和大膽冷血無疑都是他的招牌特徵。

或許是因為早期在外建立了貪婪的名聲，德魯歌才會嚐到資金不足、訴訟纏身的苦頭。一四九四年，他誤入壯觀的歐羅塔瓦山谷入口附近的陷阱，之後他試圖入侵特內里費島，差點全軍覆沒。隔年，德魯歌率領更多軍隊捲土重來，吸收了許多對剛愎自用的反抗軍領袖陶洛族族長（特內里費島最富有的族長）感到不滿的原住民。兩軍在拉古那附近的平原交戰，地形對西班牙騎兵和石弓隊有利，但德魯歌贏得勝利後仍然覺得不夠穩當，並撤回到冬季營地。他在一四九六年秋天小心翼翼出擊，結果發現原住民部落遭到某種不明疾病侵襲。這是一連串致命傳染病的第一波，以小島的人口比例來說，其嚴重程度可比後來橫掃新世界的傳染病。德魯歌一舉攻下已成荒原的土地，逼得陶洛族族長執行西班牙軍人早已見怪不怪的自殺儀式。怪的是，沒有編年史家記下這個事件，但族長自盡的地點後來成了著名地標，之後幾年常在撥贈土地的紀錄中出現。其他族群在之後幾週陸續繳械投降。一四九六年六月，德魯歌終於能帶著部落首領到國王面前邀功。

＊＊＊

這麼說應該不算誇大：要不是加納利群島意外成為卡斯提爾王國的殖民地，西班牙人也不會成為新世界的霸主。海洋的風系使加納利群島成為遠航的理想停靠站，其所在位置幾乎就在將帝國主義者帶往美洲的信風路線上。十七世紀初的菲利普四世稱此群島是「我最重要的資產」，不僅戰略地位重要，也掌握了大西洋的風系。

征服加納利群島的過程，就是西班牙的帝國先修課。各種關鍵問題都在這裡事先演練過，例如遙遠的距離、陌生的環境、崎嶇險峻的地形、知識和道德上的文化差異、須將敵對族群加以分化再出兵征服等等。從這些相同點來看，之後在新世界發生的各種衝突應該不會跟加納利群島相差太多。加納利群島面積小，反抗者不多，作戰技術也很原始。儘管如此，西班牙還是花了相近一個世紀才征服加納利群島，而且每座島都以意想不到的耐力和效力抵抗陸續前來的遠征隊。但是征服美洲的紀錄卻以驚人的速度累積。在加勒比海地區，只要是西班牙人想占領的島嶼，都能輕鬆快速達到目的，這多少都是得自征服加納利群島的直接經驗。一四九六年，哥倫布在幾個月內剷除了伊斯帕尼奧拉島上反對西班牙殖民的原住民。在這之後，反抗行動只限於叢林和高山上的游擊戰。波多黎各、古巴和牙買加等鄰近島嶼，西班牙也都循類似的模式陸續征服。

在美洲大陸上，有些人口稠密、經濟富足的社會，當地不但可以組織大批武裝部隊，環境也對西班牙征服者不利。這次西班牙軍隊面臨的考驗，比之前在加納利群島上更嚴峻，因為離家更遠，支援更困難。但西班牙似乎一口就吞掉阿茲特克人和印加人的帝國，儘管一開始兩者都給人怎麼也打不倒的印象。過去對此提出的各種解釋全都不對，比方西班牙人天生高人一等、原住民誤以為他們是神並預見他們即將到來、西班牙人的技術是關鍵致勝點、傳染病重挫反抗行動等。但稍微回顧一下阿茲特克和印加帝國在一四九二年左右的狀況，有助我們理解為什麼會發生這麼大的劇變。

他們的世界就是哥倫布到不了的富裕世界之一。加勒比海是片難以跨越的海域。平均來說，十六世紀的西班牙船隊從聖多明哥航行到墨西哥沿岸的韋拉克魯斯，幾乎要比橫越整個大西洋多花一倍的時間。一五〇二年，哥倫布第一次橫越墨西哥灣，二十幾年後西班牙船長仍在摸索當地洋流的規律。到了一五二七年，潘保羅．德．納耶茲遠征隊的領航員也還沒摸索成功，他們從古巴出發要到墨西哥，卻一直往回走，日復一日不知不覺被墨西哥灣流打退。他們自以為抵達了目的地，其實是到了佛羅里達州的西岸。

不過，哥倫布大概猜到了這塊大陸有什麼資源。一五〇二年，他在中美地峽遍尋不著通往太平洋的途徑，無意中瞥見一艘體積龐大、載滿商品的獨木舟，可見鄰近社群生活富足，還有剩餘物資可供交易。這代表他從抵達新世界以來就到處尋找的生活富裕、外表即看出的「文明」族群真的存在，而且就在不遠處。

確實，偉大的文明橫亙歐亞大陸、北非、中美洲到安地斯山脈所在的南美洲，除了被海洋阻隔幾乎沒有中斷，就像環繞世界的一條腰帶。但在當時，這條腰帶還沒繫起來。美洲仍與世隔絕。因為所在的位置及洋流的方向，當地居民很難探索自己居住的半球及了解彼此的文明。阿茲特克人和印加人對彼此幾乎一無所知。現今的學者之所以反對拿這兩個霸權相比，是因為兩者之間的差異點要比相同點更有趣，而且（對大多數人來說）更加驚人。不過先來看看兩者的相同點也頗有收穫。

兩帝國都位在高海拔地帶，這當然有利有弊，比方山脈是天然的屏障；熱帶地區的高海拔氣候較溫和；豐富的生態系統集中在一小塊地方，隨著高度、坡度、日照和風向的不同而改變（唯有陡峭山脈才有此特點）。以舊世界的標準來看，兩帝國能提供的動物性蛋白質都相對稀少，當地沒有大型的四足動物，供應肉品來源的家畜數量少，體型也小。兩個帝國都相當依賴玉蜀黍並視之為神聖作物，雖然原因各有不同。

印加人和阿茲特克人發展出來的技術都有類似的矛盾之處。比方雙方都建造了宏偉的石造建築，卻沒有發展出拱門的技術。都從事貿易和長途旅行，卻沒有利用輪子。都偏愛明顯象徵宇宙秩序、卻又嚴格要求對稱和幾何原理的城市風景。都只鑄造軟金屬（如金、銀等），討厭鐵。都是突然興起的帝國，本來是地區性的小國，在幾代之間就快速崛起。都有豐富多變的自然環境，遠非歐洲所能相比或想像，而且必須靠不同生態區域交換產品，互換有無，確保物資豐富多樣，逃過乾旱和饑荒的威脅，才能產生凝聚力甚至存活下來。都得面對力圖反抗或劫後餘生的人民；都有需要獻祭活人的宗教儀式，因此需要能夠有效提供犧牲者的作戰策略和統治方法。都會投入規模越來越大、成本也隨之增加的戰爭，卻不知如何面對後果。都在一四九二年左右達到或幾乎達到顛峰，即擴張最快、社會最穩定的時期。

「阿茲特克」泛指共同合作統治中墨西哥的眾多族群。學者對其成員一直沒有定論。這個稱呼很少在十八世紀之前的文獻中出現，之前有沒有人自認是阿茲特克人也令人懷疑。阿茲特克人自稱Mexica——納瓦特爾語中的複數名詞，該種語言是中墨西哥許多民族的共通語言——或稱自己是各自社群的成員，這些社群就是高海拔山谷裡充斥的小城邦。想要了解他們的世界，最好從某個百分之百阿茲特克人的城市下手，換成今日的語言就是阿茲特克的「首都」：掌握霸權的特諾奇提特蘭城邦，位在今日的墨西哥城，當時某座大湖的中間。

特諾奇提特蘭位在一個貢品交換網的中間，該網絡交叉錯綜橫跨中美洲，因此會收到來自數百個國家送來的食物、紡織品、奢侈品，還有獻祭的活人，收取的遠比支出的多。我們很難捕捉這城市原來的模樣，因為西班牙人一五二〇年代入侵後將它夷平，並重建一座新城市以符合歐洲人的美學品味。如今，連那個大湖都消失在雜亂蔓延的墨西哥首都之下。然而，對特諾奇提特蘭來說，那座湖決定了當地人的生活方式。它提供安全的庇護，但也使農業難以發展（另一個因素是很多重要作物在高海拔地區都會凍死）。一五一九年，西班牙冒險家第一次看見特諾奇提特蘭的市場後大為讚嘆。但琳瑯滿目的商品幾乎全都來自別的地方，必須靠獨木舟載送或挑夫搬運（因為當地不見馱獸），穿過堤道，才能前往隔壁小島或水岸上的其他城市。

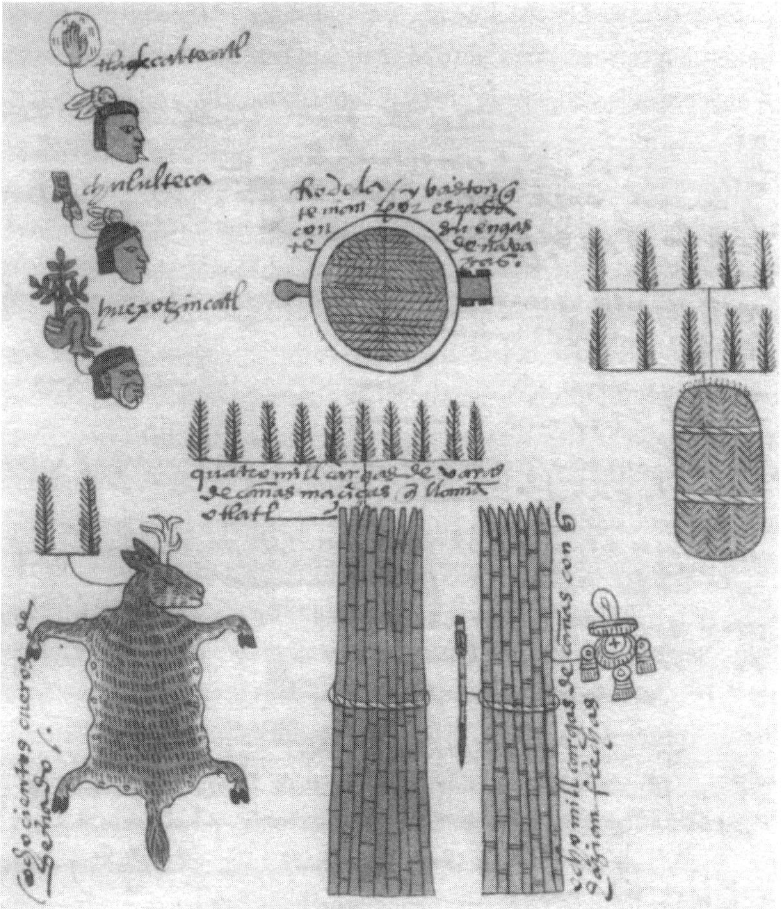

特諾奇提特蘭收到的貢品清單，上面有鹿皮和「菸管」，都是其死對頭——特拉克斯卡拉和胡埃克斯特辛可兩地的山上族群——進貢給他們的物品。

特諾奇提特蘭城的龐大人口——只能大概猜測，但一般估計在五萬到十萬之間——使西班牙人將之比為歐洲的最大城。換句話說，聚集這麼多人力資源的地方不可能完全自給自足，對外貿易或征戰自是必然。從宏偉神殿的高度和分布範圍，以及包圍中央廣場的石造宮殿來看，就知道這座城市有多繁榮。高聳的階梯式金字塔上矗立的神殿櫛次鱗比。西班牙人第一次遠遠看見時既讚嘆又恐懼，那就像童話中的怪物住的城堡塔樓，陰暗又華麗，上面畫了凶神惡煞和獻祭活人的畫面，以紅土色和水藍色為主要色彩。當他們拉近距離看時，得到的印象甚至更加複雜強烈，因為陡峭危險的神殿階梯上，沾染了獻祭活人的鮮血。

這些原住民城市早已灰飛煙滅，這表示我們留下的印象並非自己的認知，而是透過早期觀察者驚恐的眼神得到的印象。不過，阿茲特克的較小型藝術作品有很多存留至今，作品中呈現了現代西方人能夠感同身受甚至與之認同的情感。阿茲特克和印加藝術作品在這方面的差異極大，非其他方面所能比擬。印加藝術作品反映的世界觀全然抽象。織工和金匠都將人和動物的形體拉平或拉直。紡織品和浮雕展現了恣意馳騁的想像力，緊繃的線條和尖銳的稜角代表了欄杆和監獄牆壁等意象。印加藝術中的自然主義比起以抽象的美學表現法為主的正統伊斯蘭藝術還要少。他們將資料甚或故事記錄在結繩上，這種方式或許跟我們稱為書寫的符號標記工具一樣好用，不過也因此缺少了阿茲特克人留下的那種豐富而生動的圖案——阿茲特克人會把記憶和想法畫下來，連最平凡無奇的瑣事也不例外。

阿茲特克人最具代表性的藝術作品是圓雕，他們不但是這方面的高手，也將中美洲的傳統藝術提升到新的境界。其中又以小件作品最能抓住現代人的目光。當時的工藝家照著自然的樣貌及精細的觀察雕出栩栩如生的輪廓。有一個作品是半人半猿模樣的兩人坐在一起，搭著彼此的肩，頭微傾，交換眼神，暗示兩人的感情突然受到懷疑。另一個雕了一條蛇，嘴大張，眼神邪惡，懶懶地盤成一圈，吐出尖端分叉的長舌。還有一隻跳舞的猴子代表擬人化的風，肚子因為脹氣而鼓起，尾巴翹起表示牠突然放了一個屁。另一隻兔子拉長身體好像嗅到食物或危險，鼻子挺起或皺成一團，意味牠打了個冷顫。[6]

不管是生動的歷史文獻，或西班牙人征服不久後整理的副本或摘要中，特諾奇提特蘭都呈現出全副武裝的帝國形象。其中最壯觀的紀錄，收在一本可能於一五四〇年代初製成的書。此書是某西班牙總督委託他人編輯的報告，他想在西班牙人抵達之前藉該書向當局報告阿茲特克帝國的貢品水準、征服權，以及該地的統治架構。但這本書一直沒送回西班牙。法國海盜攔截了載著這本書的船隻。後來法王的地理學家將它偷走，並在一五八〇年賣給一名想從中蒐集西班牙王室弱點的英國情報收集員。一名英國語言學者想盡辦法把它弄到手，希望從中了解阿茲特克人的書寫系統。這份名為《曼多撒手抄本》的文件如今收藏在牛津大學的圖書館，上面的生動圖案仍然閃耀著當地染料的鮮豔色彩。

第一頁插圖畫出了特諾奇提特蘭人最喜歡的神話之一。裡頭記錄了特諾奇提特蘭的起源，一般認為該城創於一三二四年或二五年，當初創國所在地都泡在水裡，布滿水生植物，一開始只有低矮單薄的茅草屋，後來才陸續出現廣大的神殿、宮殿和廣場，而且清一色石造以凸顯帝國的恢弘氣派。傳說中的建國者名叫特諾奇，顯然來自城市名，好比羅姆勒斯（古羅馬創建者）的名字源自羅馬一樣。畫中的特諾奇，臉上以神聖染料塗黑，九個同伴陪伴在他左右，每個人都跟一個象形字（glyph）對應。比方Ozmitl在阿茲特克語中代表「被刺傷的腳」，文件上就出現一支箭刺穿腳踝的圖示，並以連接線連到Ozmitl的人像。

畫中的主角是一隻凶猛的老鷹。雖然從外在證據來看，我們可以肯定這幅畫出自當地畫家之手，但畫中的老鷹展開翅膀、伸長爪子，畫法有歐洲紋章學的影子，繪者彷彿想把自己的祖先跟歐洲霸主放在平等地位，因為歐洲人也喜歡老鷹圖案，羅馬人就是一個顯著的例子，但也有可能是哈布斯堡王朝，當時他們統治了大半歐洲，包括西班牙，並宣稱其他地方都歸其所有。對特諾奇提特蘭人來說，老鷹也喚起過去的傳說：有隻老鷹帶領特諾奇到牠在島上的巢穴，島上有顆石頭長出一顆仙人掌果，暗示上帝要他在此地建立城市。畫中的老鷹棲在代表特諾奇提特蘭的象形文字上：結了果實的仙人掌（納瓦特爾語稱nocktli），以及一顆石頭（納瓦特爾語稱tetl）。一個放頭骨的架子立在鷹巢旁，有如阿茲特克人展出獻祭者日漸腐爛的頭骨的架子，看上去像是老鷹爪下的獵物血淋淋堆在牠的鳥巢四周。特諾奇提特蘭人認為自己就像老鷹。他們會用老鷹羽絨裝飾盾牌，用昂貴的老鷹羽毛裝飾作戰配備。有些菁英會扮成老鷹出席重大儀式，包括戰爭，也會跟某些領地徵收活生生的老鷹當作貢品。他們的城市就是他們的鳥巢，他們在這裡塗上鮮血，以骨頭裝飾家園。

北美洲大多數原住民的創世神話都說人是從土地蹦出來的，從開天闢地以來就占有居住的

《曼多撒手抄本》裡所繪的傳說英雄：特諾奇。他在老鷹的指引下來到一座被湖泊包圍、高山環繞的小島，在那裡建立了特諾奇提特蘭城。

土地。阿茲特克人有些不同。他們自稱是別處來的移民，擁有的不是占有權，而是征服權。關於過去，他們有兩種互相矛盾的傳說。一個說他們屬於奇奇梅卡族，即狗族，曾是遊牧民族和野蠻民族，從沙漠攀過墨西哥的山谷到北方，跟在當地定居較久的居民交戰吃盡了苦頭，一心想要報仇。第二個版本說他們是前朝霸權托爾特克人的後代，托爾特克人的家鄉在南方，大城圖拉已經在那裡荒廢幾百年。嚴格來說，這兩個故事彼此矛盾，但都傳達了一致的訊息：阿茲特克人為何生性好戰、他們來自異地白手起家，以及命中註定要建立帝國。

若不是把暴力融入意識型態，特諾奇提特蘭要存活下來甚至有困難，更何況創立帝國。它位在海平面七千呎以上，中美洲人賴以維生的某些主要作物在這種高度根本無法生長。當地不產棉花，但十五世紀晚期左右，特諾奇提特蘭每年消耗成千上萬捆棉花，從日常服飾到用來抵擋敵方刀箭的棉花內墊盔甲都有。可可豆是種低地作物，只能在炎熱氣候下生長，中美洲人會把它磨成富含咖啡鹼的溶液，在宴會或儀式上當作菁英階層的狂歡飲料。特諾奇提特蘭周圍的湖面上散布著「漂浮的菜園」，他們不辭辛勞疏通湖床淤泥，只為了在上面種植南瓜、玉米和豆子。但這些主要作物也不足以供應快速增加、被大湖圍住的社群。唯有大規模的侵略行動，才可能解決這個城市的民生問題。

阿茲特克帝國往外擴張時，對外國奢侈品的需求也日漸增加。許多來自溫暖平原、森林、海岸和遙遠高地的挑夫，帶來各種新奇的貢品：長尾鳥的羽毛、美洲豹皮、來自海灣的海螺、美玉、琥珀、球賽用的橡膠（跟歐洲的馬上槍術比賽一樣，都是貴族的重要儀式）、當作焚香的柯巴脂、金和銅、可可、鹿皮，還有西班牙人口中「原住民用來芬芳口氣的煙管」。若缺少這些定期送達的物資，菁英階層的生活，以及保佑這城市為神眷顧的儀式都會瓦解。源源不絕的貢品是特諾奇提特蘭的優勢也是弱點。它展現了無遠弗屆的帝國威權，所以是優勢，但一旦貢品中斷，如西班牙人登陸並慫恿歸順民族群起反抗時，城市就會民生凋敝，走上衰亡。

但在一四九二年前後，怎麼看都沒有這種可能，甚至根本難以想像。一四八六年，阿烏伊佐爾成了阿茲特克的最高統治者。隔年，他在特諾奇提特蘭的統治中心興建神殿，據可靠估算，當時獻祭的活人就超過兩萬人。到他一五〇二年去世前，根據貢品紀錄，阿烏伊佐爾征服了四十五個社群，面積多達二十萬平方公里。他的繼承人蒙特祖馬二世即位後繼續統治特諾奇提特蘭，當時西班牙征服者已經抵達，但仍有四十四個社群臣服於其統治之下，他往外擴張的衝勁也絲毫未減。蒙特祖馬的軍隊在北邊的帕努科河穿梭來去，登上海灣沿岸，橫越中美地峽，最南曾到艾索諾科茲科，即今墨西哥和瓜地馬拉的邊界。西班牙人看到的不是一個衰微的帝國，或是自暴自棄、士氣低落的國家。相反地，很難想像有比阿茲特克人更積極活躍、更自信滿滿的征服者。

對於阿茲特克帝國的手下敗將來說，被阿茲特克人征服的過程可能比較像猝不及防的短暫驚嚇，而非長久的折磨。很多社群在阿茲特克的征服名單上反覆出現，因為他們積欠了該繳的貢品，可見很多所謂的征服行動，其實是對不聽話的附庸國採取的懲罰性攻擊。代表「征服」的象形文字形似一座起火的神殿，表示戰敗對地方神祇是種恥辱。西班牙人登陸之前，中美洲文化的一個驚人特點是，阿茲特克統治範圍以內或以外的人都信奉同樣的諸神，這或許是因為戰爭將文化往外傳播之故。但除此之外，被征服者的文化並無改變。

一般來說，原來的統治階層只要按時向特諾奇提特蘭進貢，就能繼續執政。西班牙人入侵阿茲特克帝國期間，各地的歷史紀錄只要保存下來，當地統治者便一直延續傳說英雄和建國先賢延續數百年從未斷過的傳統。特諾奇提特蘭很少干涉附庸國的內政或派軍進駐。西班牙人剛開始殖民時，曾努力在當地找到帝國統治的先例，希望將自己塑造成當地傳統的延續者，而非破壞者，結果只找到二十二個直接受特諾奇提特蘭統治的社群，其中大多都是剛征服的國家或是邊防要塞。由此可見直接統治也只是阿茲特克帝國暫時的、過渡性的工具。

因此，特諾奇提特蘭掌握的霸權其實並非現代意義下的帝國。有段時間我在大學裡教中美洲歷史，我一直想用一個中性的字眼來形容阿茲特克人支配的版圖。有天我終於靈機一動！我想到的是一個語意籠統的德文字：Grossraum，字面意義就是「大空間」。本來我欣喜若狂，但當我想通兩件事時，欣喜之情馬上消失無蹤。第一，課堂上的大學生根本不懂我在說什麼；第二，從跟問題毫不相干的文化中摘取一個字，完全是在逃避問題。我們不妨還是照它原本的模樣來稱呼它——一個複雜無比的納貢體制。

從特諾奇提特蘭被征服前的文獻中常見的貢品清單，就可看出這個納貢體制有多複雜。其中最重要的納貢國，莫過於與特諾奇提特蘭距離最近的一座小島：特拉洛爾科。兩國位在同一座湖泊中，特拉洛爾科的戰略地位勢必對特諾奇提特蘭造成威脅，它對宗主國的忠誠度也舉足輕重。一五二一年圍城期間，西班牙人利用威脅或協商的方式，一一離間特諾奇提特蘭的盟友和附庸，當時從頭到尾與特諾奇提特蘭站在同一陣線的只有特拉洛爾科。地位重要的特拉洛爾科也得到了《曼多撒手抄本》繪者的特別禮遇。他們用了許多篇幅生動描繪出特拉洛爾科著名的雙子塔，即中央廣場的雙金字塔，據說是阿茲特克王國最高的一座。手抄本上還有投降的特拉洛爾科首領醉醺醺、萬念俱灰跳下神殿階梯的圖案，特諾奇提特蘭人稱他為莫奎回思特爾。比圖畫本身更引人目光的是貢品清單，其中包括特拉洛爾科本地的產量不比其他地方多的大量棉花和可可。特拉洛爾科顯然把更遠地方送來的貢品，再轉送給特諾奇提特蘭。

其他在帝國階序中占上風的城市，也用類似的方式強徵或交換貢品。特諾奇提特蘭位在此階序的最頂端，並不表示他們完全不需要跟其他國家交換貢品。每年進行模擬戰時，特諾奇提特蘭會跟東南方遙遠山區的特拉克斯卡拉城象徵性地交換獻祭戰士，而雙方交換的條件對掌握霸權的城市較有利。此外，特拉克斯卡拉也進貢了其他物品，包括鹿皮、菸管、挑夫揹貨物的竹簍。但我們可以發現特拉克斯卡拉在此階序中占有特殊地位。西班牙人抵達後，特拉克斯卡拉試探他們、歡迎他們，甚至與之結盟，利用他們對付死對頭。西班牙人圍攻特諾奇提特蘭時，特拉克斯卡提供的人力與物資比其他族群都多。

阿茲特克帝國採取的是分權式的、非直接的統治方式，令人難以捉摸。史學家所呈現的印加帝國，一般都與阿茲特克帝國完全相反：高度集權、制度嚴謹一致。印加帝國確實與阿茲特克帝國不同，但不是一般認為的不同。歷來將西班牙征服秘魯的歷史搬上舞台的作品中，以彼得・謝弗一九六四年的戲劇作品《太陽帝國》最為出色。（謝弗最有名的劇作，應該是後來也改編成電影並獲得多項奧斯卡金像獎的《阿瑪迪斯》。）劇中有段精彩的對話捕捉到了一般認知下的印加帝國。在印加帝國無所不在的監視下（象徵其情報網無遠弗屆），西班牙人質問原住民對印加帝國的看法，從中得到了印加帝國組織龐大嚴謹、難以抵抗的印象。其人口不是照自然分布的族群加以劃分，而是照官方的規劃分成十萬個家族。人民的衣食都由帝國控制，每月都必須從事分配好的季節性工作，如耕田、縫紉、修補屋頂。對國家的義務支配了人民的各個人生

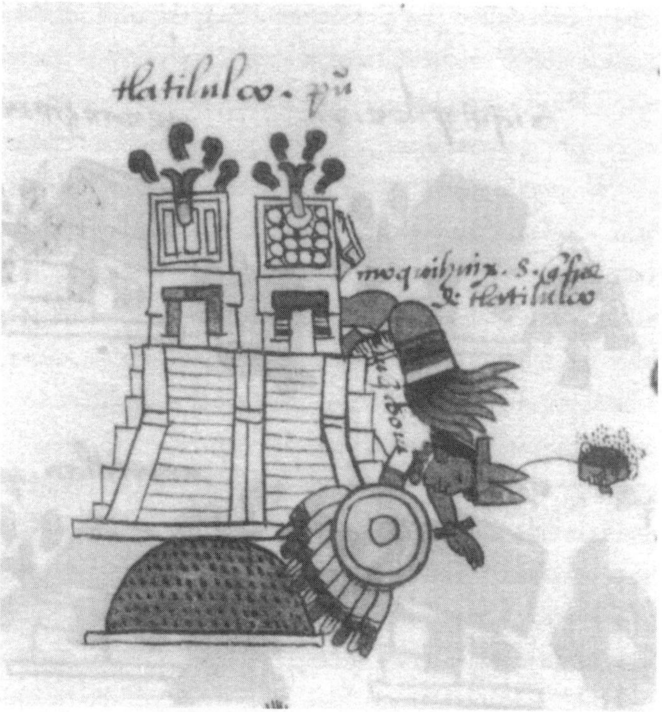

一四七三年，特諾奇提特蘭征服者攻占鄰近的特拉洛爾科城，敗戰的統治者莫奎回思特爾壯烈自盡。

階段。劇中的統治者插嘴說：「九到十二歲要保護收成，十二到十八歲要負責放牧，十八到二十五歲要為我——印加國王亞塔瓦帕——而戰！」

這幅畫面相當吸引人，卻會造成誤導。印加帝國並非中央集權制，也跟謝弗的冷戰時代劇描寫的「國家社會主義」不同。相反地，印加帝國幾乎跟每個附庸國的關係都不同，按照個別情況加以調整。

把印加帝國想成打壓差異的霸權，其實是早期殖民歷史學家刻意建構的結果。其中有些是神職人員或征服者，為了討好推翻印加帝國的西班牙人及貢獻一己之力的虔誠信徒，刻意誇大印加帝國的威權。另外，創造印加霸權神話的還有印加帝國的傳人，他們吹捧祖先是為了跟歐洲帝國的建立者平起平坐或超越他們。十六世紀時，這方面表現最突出的作家加爾希拉索·德拉維加，本身就是某印加公主之子，他那本有關其祖先的著作，在西班牙人抵達秘魯後八十年出版。德拉維加在安達魯西亞一個名為蒙提拉的城鎮，過著西班牙人稱為「少爺」的生活，展現紳士該有的言行風範。他在這個偏遠的小鎮輕易就成了地方名人，從他的教子之眾就可看出其社會地位。對德拉維加來說，印加人就像美洲的羅馬人，其完善的組織展現了當時歐洲人稱頌的古羅馬帝國的種種優點：井然有序、軍事實力、工程長才。

不過，古羅馬樹立的典範，對了解印加帝國來說用處不大。要了解印加帝國，從比他們先占領安地斯山脈的國家和文明留下的遺跡著手，才是最好的途徑。從第七到第十世紀，位在九千呎高的阿雅庫喬山谷的胡瓦里大城，某方面來說領先也預告了印加帝國的崛起。該城的中心是戰士階級的營房、宿舍和公共廚房，兩萬左右的勞動人口則分布在周圍。山谷附近的衛星城鎮也以類似模式配置，大概因為他們是胡瓦里的附庸國或殖民地。從更遠地方的類似證據來看，胡瓦里的影響力或權力延伸數百哩，翻過山脈和沙漠直達納斯卡。其勢力範圍與印加帝國的創始地庫斯科山谷重疊，當地人對他們的豐功偉業記憶猶新。

越往內陸，更高的山上散落著提亞華那科城的遺跡，該地區就是印加帝國後來鎖定的侵略目標。提亞華那科城位在的喀喀湖附近，城內高聳的神殿林立，還有凹陷的庭院、迎接軍隊凱旋歸來的通道、令人望而生畏的浮雕、支離破碎的巨石、令人卻步的堡壘。它延伸多達四十英畝，所在緯度高過西藏的拉薩，是貨真價實的「天空之城」，高於海平面一萬兩千呎。主要糧食是馬鈴薯，其他主要作物在逼近雪線的地方都無法生長。為了栽培塊莖，居民搭建圓石平台，把馬鈴薯置入沙與土混合成的表土裡。為了因應灌溉及氣溫驟變，他們在的的喀喀湖周圍挖了渠道。馬鈴薯田從湖畔往外延伸九哩遠，一年有三萬噸產量。城內居民囤積大量馬鈴薯，並利用安地斯山脈的氣候將馬鈴薯冷凍乾燥，變成chuñu——雖然不算美味卻是不可或缺的營養來源。提亞華那科顯然有意擴張版圖。為了彌補農作物的不足及對抗枯萎病，居民不得不占領較低緯度的土地，在上面種植藜麥和現今美洲人稱為玉米（即玉蜀黍）的作物。

印加帝國的運轉模式，跟之前的胡瓦里及提亞華那科大同小異，只是規模大很多，包括整個他們稱之為塔王汀斯尤（意指四州）的文化區域，安地斯山脈、山脈兩側，最遠到海岸和森林的土地都含括在內。印加帝國採取的是生態帝國主義，即不同氣候區互相交換產物，有時為了調整勞力供應以因應帝國所需，甚至會將整個社群遷移數百哩遠。

印加帝國的土地多半都位在高緯度地區，不適合種植玉米，但他們對這種作物又特別著迷，因此便有計畫地把人口遷移到適合種玉米的山谷，並把玉米囤積在緯度比耕地還高的倉庫裡，不只可用來供應軍隊、朝聖者和王室擴張行動，還可釀製儀式所需的玉米酒。他們還從事現今所謂的國家科學研究計畫，研發新品種，提高整體產量。[7]無論從環境或營養的角度來看，玉米都不必然是最適合印加人種植的作物。印加人之所以偏愛玉米不只是因為實用的目的。玉米對他們來說是種神聖的作物，好比聖餐中的小麥對基督徒來說無比神聖。其他諸如馬鈴薯和番薯等安地斯山脈的一般作物，或許都難以與玉米相比，因為太常見。

印加人也需要低地產物。較高階層對可可的需求量勝過玉米。可可通常保留給貴族，對貴族來說，可可開啟了想像的空間，有助儀式的進行。玉米酒這種平民飲料可以讓人喝醉，可可則能啟發靈感。烏魯班巴山谷專門栽種可可，沿著多倫多伊河、亞那提爾河及保加塔坡河呈弧形延伸[8]，並從兩邊山脈的低地引進勞力。棉花和和紅番椒的重要性也不輸可可，棉花用來做衣服，紅番椒用來調味及增加活力。紅番椒在庫斯科以北的維卡諾塔河沿岸生長良好。十六世紀初時，偉大的印加國王瓦伊納．卡帕克為了便於取得某些作物而在尤卡伊置產，紅番椒就是其中之一。蜂蜜及貴族服飾用的珍奇羽毛則是森林的產物。印加人總是將森林貶為野蠻、不安定之地，但終究還是適應了森林。西班牙人將印加統治者逐出高地後，他們就躲進了森林，在維卡班巴興建豪華都城，過著奢侈的生活，直到西班牙人一五七二年前來燒了這座城市，將印加人建立的最後一個獨立國家消滅。

從某些方面來看，「印加」這個名稱代表的意義要比「阿茲特克」容易掌握，至少印加人都如此自稱。一開始（或許在十五世紀中之前），「印加」代表的是庫斯科山谷的家族成員，後來也適用於一群分布極廣的菁英選出的成員，十五世紀末時他們分散到安地斯山脈四周，從北厄瓜多爾到中智利都有。某程度上（這裡不免要跟羅馬人相比），此名的延伸意義其實是某種國家策略，有點像逐漸延伸擴展的「羅馬市民」標籤。印加統治者賦予帝國心臟地區的子民重要地位，送他們到偏遠地區開墾，並讓戰敗地區願意合作的菁英擔任印加軍職。

印加人在某些方面確實用蠻橫的方式介入百姓的生活，主要是大屠殺和大規模驅逐兩種方式。恐嚇是他們治理國家的工具。印加人在不明日期征服敵國奇穆，幾乎將名為鏘鏘的首府夷平，並消滅所有居民。西班牙人抵達前幾年，據說印加國王卡帕克將兩萬名卡那利戰士溺死在亞華可恰湖裡。如果殖民時代的估計可信，卡帕克國王還徵收了十萬名工人建造他的夏宮，並遠從智利遷移一萬四千人到科恰班巴山谷從事新的農業計畫。西班牙人抓到印加王阿塔華帕時，他的營內有一萬五千人，都是從北厄瓜多爾被迫遷到新屯墾地的人；阿塔華帕付給西班牙人大筆贖金換回自由，但最後還是死在西班牙人手中。從西班牙人一五七一年所做的人口普查來看，庫斯科的人口包括至少十五個不同種族的後代子孫，都是印加王國從別處遷來監督新經濟活動的人，尤其是曾為庫斯科特產的紡織品。尤卡伊（卡帕克曾在該地置產）的工人就至少包含四十個不同的族群。[9] 殖民史專家認為，印加人每次占領新土地就會挑選六、七千個家庭前往定居。西班牙在莫霍城宣布印加帝國徹底瓦解，之後城內居民便紛紛返回遭印加帝國夷平的家鄉。印加帝國的移民策略跟文化同化無關，當局反而規定，移民要保留自己的語言和習俗，而且不得與鄰近社群互相混雜。

印加帝國對環境的控制絕不亞於對人民的控制。他們有長達三萬公里的道路網（近一萬八千哩），還有專門的跑者，若走有利的路線，一天便可達兩百四十公里（一百五十哩）遠。在華羅奇里和豪哈之間，他們要攀越一萬六千七百呎高的山隘。高達海拔一萬三千呎的地方則散落著中途站，那裡的工人有大餐可吃，還有可以麻痺痛苦的玉米酒可喝。軍隊在這裡可以養精蓄銳。巨大的橋樑連接道路。著名的華卡卡恰（聖橋）延伸兩百五十呎長，纜繩粗如人體，高懸在庫拉哈西的阿普里馬克河河谷上。這些縱橫交錯的道路都長得一模一樣，讓殖民時代早期的西班牙旅行者大為讚嘆，從而形成印加帝國採中央集權統治、致力於同化異族的印象，而縱橫的道路就像鉤子，將帝國牢牢抓住。印加人確實有某些人所謂的「獨特風格」：中途站、倉庫、兵營和沿路打造的神殿的建築樣式，這種利用建築物標示自身之存在或通行之地的習慣，是向胡瓦里和提亞華那科城學來的傳統。他們同樣也將其語言蓋楚瓦語，從安地斯山脈北部和中央的心臟地帶往外傳播，雖然這種語言可能早已是貿易上的通用語。

道路不只加快印加帝國發號施令的速度，有助軍隊往來移動，也連接起宗教聖地。安地斯山脈的聖地維護工作，包括維修神殿或提倡朝聖之旅等，都是帝國為生活在其威權下的人民所附加的價值。宗教儀式暗藏了現代西方人難以理解的政治關係，儀式的類型形形色色，每種都與當地人民的傳統相互對應。印加人把從帝國各地蒐集來的神像扣留在庫斯科，如果神廟管理者未依約納貢或履行義務就鞭打這些神像。地圖上通常會畫出路線，一條條線有如陽光從庫斯科往外放射，將山頂神殿和朝聖地點連接起來。庫斯科有一千名抄寫員負責把聖地、聖地的曆法和儀式編成結繩，利用它來記事。

有關宗教儀式最驚人的證據，出現在契卡斯人的紀錄中。契卡斯人是散布在庫斯科和沿岸之間的華洛奇里山谷的民族。十六世紀末，他們回溯歷史時曾提到，傳說中有個印加國王遭敵人圍攻，因而向全印加的神廟守護神求助。這份手稿呈現了神祇之間的對話協商，他們坐上轎子前往開會的地點。或許這其實才是外交展開的方式。印加人還會定期集合被製成木乃伊的前統治者一起聚餐，食物由隨從負責吃完，眾領袖則透過專業巫師跟彼此對談。現場擺放神像使場合更添神聖，並按照慣例由神靈互相對談，而非透過人類代言人，這麼一來彼此的交流更有外交分量，對談也更加自由。但如此一來，地方諸神當然不可能支持印加帝國，除了帕里亞卡卡，即與所在山區同名、由契卡斯人祭拜的神祇。帕里亞卡卡會將石頭變成戰士，因為這就是印加人為了成功徵兵常用的意象，而帕里亞卡卡要求的回饋只有：印加人每年在其神殿上跳舞，作為獻祭。

契卡斯人要求盟友舉辦這種儀式有何好處？一方面，這種舞蹈具有象徵意義，表示契卡斯神可指揮印加帝國，契卡斯與庫斯科統治者的關係不只是單純的臣服。另一方面，這麼做也有實際的好處，因為能確保與印加王國定期協商，彼此的關係義務也會不斷更新。這樣的安排對契卡斯意義重大，因此他們才會牢記這件事並記錄下來。後來契卡斯人之所以與西班牙人一同推翻印加帝國，理由就是：庫斯科統治者沒有遵守每年到神殿前跳舞的神聖約定。

婚姻也有助於提高帝國的凝聚力。印加國王的妻妾來自全國各地，這麼一來女方家族就會效忠國王（西班牙人日後也利用同樣的方式取得優勢），新娘某程度也成為確保其他社群乖乖聽話的人質。卡帕克國王有六千個妻子，助他穩住其他社群的忠誠度。卡帕克的母親當初從今日厄瓜多爾所在的邊境地區，嫁進了印加王宮。當母親那邊的貴族揚言不再效忠卡帕克國王時，卡帕克便祭出母親的木乃伊，也許是雕像，要她勸家族成員打消念頭，後來她藉由當地的巫師達成了任務。[10] 住在庫斯科鄰近城鎮的胡埃拉坎族提供了更多明證。他們族裡的某位公主與印加國王結婚，但後來鄰近敵國擄走該名公主與其子當作人質，他們因為沒有採取行動而喪失了與印加帝國的友好關係，之後印加帝國又透過聯姻與該敵國結盟。胡埃拉坎族暗中策劃謀殺印加王後代，想藉此扳回一城，但印加展開報復，出兵制伏，不只將其領袖消滅及驅逐，還將大半土地占為己有。[11]

政治聯姻的結果有好有壞。印加國王膝下子嗣眾多，花費龐大，為了王位明爭暗鬥，有人奪得王位之後，其他人通常就難逃被清算的命運。後宮的權力鬥爭扭曲了宮廷生活，在宮廷裡連枕邊細語都離不開政治。就如同時期在世界另一邊的鄂圖曼帝國，寵妾會利用與皇帝貼身相處的優勢，操縱國家委託案甚至干涉王位繼承。多少因為這個原因，十五世紀晚期印加國王才開始娶親姊妹為妻，並規定只有這些百分之百王室結合所生的後代才有繼承權。

貢品是鞏固帝國勢力的黏著劑。新任印加國王即位時，來自附庸地區的數百位兒童會被絞死當作祭品，與各地送來的大量貢品一同埋葬，例如羊駝、海岸的珍稀貝殼、金銀飾品和華服，包括用波多維荷和通貝斯的蝙蝠皮做成的斗篷。獻祭者的隊伍從庫斯科出發，兒童也在行列之中，一行人到國內各地的重要神殿獻祭，遠達約一千兩百五十哩之地。[12]隨著隊伍送達的有各式容器、紡織品、鞋類、奴隸和可可，還有獻祭所需的食品、活人和物品。印加人從齊隆谷的胡安卡尤徵收了一部分當地的各類作物：可可、紅番椒、瑪黛茶、乾燥鳥禽、水果和小龍蝦。另有大量金塊和黃金玉米穗軸被用來「鋪設」印加帝國的花園，庫斯科的神殿也鍍金鍍銀。根據西班牙人某份嘆為觀止的報告，庫斯科太陽神殿的花園內，「土壤就是一團團金沙，裡頭巧妙地種植了一棵棵黃金製的玉米。」難怪西班牙征服者要求用一屋子黃金贖回亞塔瓦帕國王時，印加人都面不改色。

阿茲特克帝國必須持續擴張，才能餵飽特諾奇提特蘭成長的人口並滿足奢侈貴族的需求。同樣地，庫斯科持續成長的龐大組織，也需要一直保持征服的動力。「大多數居民，」據西班牙征服者佩德羅．皮札羅說，「都成了死者的奴隸。」[13]據說死者都「占據了最肥沃的土地」。帝國必須不斷擴張，才有地方安置此後每位印加國王的木乃伊。這種制度在帝國中心埋下潛在的不定因素：宮中得勢的敵對陣營各擁資源，支持自己屬意的國王人選。結果造成中心政局不穩，邊境衝突不斷。西班牙人抵達之際，印加帝國擴張的速度已經減緩，爭奪繼承權引發的暴力和傷害重挫國力。

西班牙入侵前的安地斯編年史都不盡可信。十七世紀初，試圖了解秘魯歷史的耶穌會傳教士博納布・科波認為，這是因為印加人對編年史不感興趣之故。他進一步解釋，當你問原住民某些事件的日期，他們的回答都是模糊的「很久以前」。不過印加人確實有編年史的概念，只是他們的敘事方式非歐洲人所能理解，但他們仍照自己的方式連結不同事件、劃分世代、計算不等長度的時代（由真正的或傳說中的統治者的名號加以區別）。因此我們無法根據這些紀錄確認某些事件發生的年分，不過西班牙人抵達後或抵達前幾十年，印加領土擴張速度極快。當時印加帝國藉由征服行動，將安地斯山脈的定居民族納入同一個體制，所及範圍幾乎到南方的比奧比奧河。根據傳統的編年史所載，印加國王吐帕克・尤帕貴一四九二年即位。據西班牙和當地編年史家在殖民初期留下的紀錄，尤帕貴是征服版圖最廣的印加國王。他的父親帕恰古提開啟了帝國大業，把印加從自庫斯科山谷和周圍地區崛起的地區強權，擴展到今日所知的厄瓜多爾、玻利維亞和秘魯沿岸。尤帕貴進一步擴大征服範圍，幾乎將安地斯文化時期內的所有定居民族都含括在內，據說還到海上尋找「黃金之島」納入帝國版圖。

在此同時，哥倫布苦苦尋找的世界——他說是「亞歷山大想盡辦法征服」的世界——已遙不可及。但另一個位在大西洋對岸及加勒比海的世界正等著他，那個世界不但離他更近，上面的資源比亞洲和印度洋更容易到手。後來發現，從東亞到歐洲和北非的人口稠密區域，並未止於海洋邊際。在中美洲和安地斯地區，我們稱為阿茲特克人和印加人所占據的土地，也有稠密聚落設置的前哨站和城市生活，只是與世隔絕，尚不為人知。哥倫布回報的路線帶領歐洲人前往這些地方，發現當地的金礦銀礦及數百萬的生產人口。在這些地方以外，以及沿途的加勒比海群島中，是一片尚未開發的廣大土地，可以用來改造成牧場和耕地，發展潛力十足的農場經濟，為西方世界注入新財源。

美洲的加入——帶來的資源和機會——將使歐洲從一個貧窮、邊緣的區域，轉變成培植未來全球霸權的搖籃。但歷史也有可能轉向。假如中國介入征服美洲的行動，今日我們就會把美洲地區視為「東方」的一部分，國際換日線可能切開的是大西洋，而非太平洋。

結語　我們所在的世界

歷史沒有一定的路線。它橫衝直撞，步伐蹣跚，忽左忽右，從來不會往同一個方向前進太久。困在其中的人類，設法要給它一個目的地，可是大家都往不同的方向而去，鎖定不同的目標，也傾向於抹除彼此的影響力。若某種趨勢延續一小段時間，我們有時會將之歸因於「命運之子」或「歷史創造者」的帶領，或是社會運動（集體的英勇或盲目之舉）、大眾的力量、社會發展的法則或經濟的變遷（如階級鬥爭），或是「進步」、「發展」或其他大寫的歷史進程所致。但是，大多時候都是難以察知的隨機事件引發了歷史的重大改變。歷史體系令人聯想到氣象：一隻小小的蝴蝶拍動翅膀，卻可能引起一場風暴。

因為歷史沒有一定的路線，所以也就沒有轉捩點。或者應該說，歷史有太多轉捩點，所以想要釐清歷史，我們不妨試著去理解一場風暴。

只不過，無常的變動有時會對歷史造成深遠的影響，類似演化的過程。一般來說，借用演化來理解歷史並不適當，不過它在某些方面又提供了有用的類比。在演化過程中，一個出乎意料、無端出現的生物突變，跟外在環境的漫長緩慢變化交叉並行。某些狀態持續了好一陣子，比方巨大爬蟲類的身體、適合抓握的尾巴、較大的頭顱，而新物種活躍了一段時間才走入歷史，成為化石。類似的變化也在人類社群中發生。某些族群或社會具備了某種特長，其由來我們一直試圖分析但通常無功而返。因為這些特長，這些族群得以蓬勃發展，但經過一段時間之後，通常因為遭遇災禍而瓦解，或是因為社會變遷、環境改變（文化上或氣候上），或其他地方的社群革新圖強、日漸壯大而「走向衰亡」。我們在歷史中搜尋這些改變的關鍵點，或找出混亂中似乎有跡可循的動盪來源，就好像緊盯著地震儀，密切注意它什麼時候開始震動。

現今世界圖像的路線趨勢再明顯不過。我們住在一個人口爆炸的世界。西方霸權（現在幾乎是美國獨大，但以目前付出的成本來看，這種情況不太可能持續太久）與全球通訊，以及越來越互相依賴的全球經濟，形塑了今日世界的樣貌。一般人或許都能察覺到的其他特徵還有：文化多元主義及因此引起的社會緊張；相互較勁的宗教及世俗價值（及隨之而來的知識疑慮）；文化戰爭，甚至險些釀成「不同文明的衝突」；科技日新月異；資訊大爆炸；一窩蜂的都市化；瘋狂的消費；財富差距拉大；效率高而昂貴的醫療福利，以及憂心自然環境遭到破壞。最接近全人類共同價值的，除了對健康的執迷，應該就是各式各樣的個人主義。這些個人主義皆有助於形成某些普遍的潮流，例如代議民主制、規範式人權及自由經濟主義。除此之外，我們的世界是個容易驚慌失措的世界，改變路線時沒有清楚一致的方向，老在走火入魔和尋找解藥之間來回擺盪。時而開戰，時而停武止戰。與父母疏離的世代，教養子女成為自己的朋友。政府經常打出各種社會和經濟規劃方案，但也不時輕率撤銷某些規範。人們只要能消極地「反璞歸真」就滿足。

現今的世界似乎註定要走向滅亡。西方霸權步上了遠古恐龍的後轍。西方優勢的最後一個捍衛者——美國，受到東亞和南亞的挑戰，如今正步步敗退。多元主義越來越有朝向攤牌而非尋找和平解藥的趨勢。全球的人口趨勢可能正在往反方向發展。資本主義似乎已經回天乏術，遭人貼上「貪婪」的臭名。人類對個人消費主義的反彈，促使世界重新回歸共同的價值。我們因為害怕恐怖行動而忽略了人權；因為擔心經濟衰退而破壞了自由市場。面對當前的環境變遷，消費水準和都市化程度要維持現狀根本不可能。用過即丟的社會正朝著垃圾堆前進。察覺到「現代」正走向終點的人斷言：「後現代」已經來臨。

不過，這個日薄西山的世界其實還很年輕。表面上看來，返回一四九二年去尋找今日世界的起點似乎扯得太遠。事實上，全球人口到十八世紀才真正開始大爆炸。美國甚至要到一七七六年才存在，直到一九九〇年代才成為獨一無二的超級強權。供我們變出個人主義、世俗主義及受法律保障的自由人權等等的思想工具箱，其實是十八世紀西歐及部分美洲地區掀起所謂的啟蒙運動才逐漸成形，甚至在當時也歷盡艱辛才保留下來——染上了法國大革命的鮮血，也曾被浪漫主義背叛。

十九世紀之前，現今世界獨有的特徵多半都還隱而未顯。十九世紀時，工業革命奠定了西方國家的威權，並使真正全球化的經濟體不再遙不可及。今日我們熟悉的知識框架，在二十世紀初多半都還是新東西，例如剛問世的相對論、量子力學、精神分析及文化相對主義。個人主義仍必須與集體主義廝殺對抗。民主政治跟集權主義的戰爭，直到二十世紀將盡時才贏得看似穩當的勝利。環保意識在近四十年左右才成為全球當道的意識型態。其他形塑現代人的思考、生活和恐懼來源的科技，更是最新的發明，例如核子武器、微電腦資訊科技、DNA遺傳學、最近流行的疾病防治技術，還有如今養活全世界的糧食生產方式。這些快速而突然的新發展提醒我們，現代——每個世代都有各自詮釋的「現代」，因為有各種大同小異的稱呼方式——從未開始，只是不斷更新。

無論如何，認為起源永遠遙不可及，或者歷史事件就像龐大的物種或盤根錯節的巨大植物，來源悠久已不可考，這些都是錯誤的觀念。對跟我年紀相仿或更年長的人來說，我們從這個時代學到的教訓就是：改變往往來得突然且出乎意料。運轉已久的歷史齒輪說轉向就轉向。跟我一樣正值中年的人甚至還沒走完一生，就目睹大英帝國瓦解、冷戰融化、分裂的歐洲「日漸緊密地」合而為一、蘇聯垮台。一般認為與生俱來的民族性也出現了變化。以英國人（我的母系家族）來說，家父二次世界大戰後形容英國人冷漠壓抑，緊閉心房，如今英國人卻變得跟各國人一樣愛現、容易感傷，連他都認不得了。英國人不再像過去那樣壓抑。西班牙人（我的父系家族）的改變也很大，而且歷經的時間更短。我小時候所知的樸實、節制、堂吉軻德精神和嚴謹清楚的天主教教規，都已經消失無蹤，被消費主義和致富主義取代。西班牙不再——如觀光標語所說——獨特。幾乎每個地方的特色都經歷了類似的巨大轉變。

以階級和性別為根基的社會架構，跟我兒時的時代已經不可同日而語。道德觀通常是一個社會最牢固的組成元素，如今也逐漸變化。某些地方已經准許同性戀領養小孩，這是我父母那一代無法想像的改變。教宗可到清真寺禱告。每天早上醒來，幾乎都有「李伯大夢」那樣恍如隔世般的遽變產生。我很難理解學生的用語，我跟學生之間已經沒有共同的文化基礎、共同的故事或共同的偶像。在課堂上搜尋我們都知道的藝術作品時，我發現很少人跟我看過一樣的電影或熟知一樣的廣告詞。最令人吃驚的遽變是環境的變遷：冰冠融化，海洋乾涸，雨林消失，都市人口爆炸，臭氧層破洞，物種以前所未見的速度滅絕。我們居住的世界，似乎只用一輩子的時間就成為目前的模樣。它是那麼變化無常，因此將其源頭拉到約五百年前，從一四九二年算起，都幾乎顯得古怪。

我認為我畢生投入的歷史學科面臨的一大巨變是，我輩歷史學家多少已經放棄為某些歷史轉折尋找久遠的歷史源頭。我們過去所謂的longue durée（長時段）研究已成過眼雲煙，就像被丟棄淘汰的望遠鏡。當我們想說明羅馬帝國衰亡的原因時，再也不會像愛德華·吉朋在其經典之作（**《羅馬帝國衰亡史》**，***The History of the Decline and Fall of the Roman Empire***）中回溯羅馬五賢帝的時代（他們創造了羅馬盛世），只會說四世紀末、五世紀初時，外來移民引發了突如其來且無法控制的危機。當我們想分析一六四〇年代的英國內戰時，我們再也不會像麥考雷那樣回顧據推測可追溯至「日耳曼森林」的傳統，甚至回到中世紀末和都鐸王朝時期，檢視所謂的「議會的崛起」或「布爾喬亞」的崛起（**《英格蘭史》**，***The History of England***），只會從英格蘭

編按：文中出現在括弧內的粗體字為譯註或編按。

政府與蘇格蘭關係破裂前四年開打、並使英格蘭瀕臨瓦解的一場戰爭著手。要解釋法國大革命的前因後果，我們再也不會像托克維爾在其難以超越的歷史鉅作（《舊體制與大革命》，*L'Ancien Régime et la Révolution*）那樣回顧路易十四王朝，而會把重點放在一七八〇年代的金融情勢。想了解第一次大戰的起因，我們再也不會像亞伯第尼那樣把原因歸咎於十九世紀外交制度的缺陷（《一九一四年大戰的起源》，*The Origins of the War of 1914*）（外交確實有助於維持和平），而會去看戰前幾年突然瓦解的外交制度，甚至一九一四年難以掌握的鐵路時刻表；根據艾倫·泰勒備受爭議但也很吸引人的理論（《時刻表決定的戰爭》，*War By Timetable*），因為如此，動員的軍隊一旦出發就很難挽回。

儘管如此，歷史學家一直以來的使命就是爬梳過去發生的事件，從中尋找每個時代獨有的特徵從何而來、發現過去為人忽略的線索。在尋找現代社會具備的特徵從何而來的過程中，我們意外發現很多特徵都可回溯到十五或十六世紀，還有歐洲大陸。大多數的歷史課本都把一五〇〇年前後當作一個分界點，由此展開新一冊或新單元。其中有些仍將一五〇〇年稱為現代世界的開端。史學家大致將一八〇〇年之前的幾世紀泛稱為「前現代」，即使是反對傳統年代分段法的史學家也不例外。

在這樣的劃分之下，我們稱為文藝復興和宗教改革的知識運動，就成了促進現代的社會、政治、文化、哲學和科學發展的關鍵力量。把歐洲探險家和征服者在全球立下的功業，看成開啟帝國主義和全球化等現代歷史的起點，非常具有說服力。過去的歷史課本常把一四九四年訂為「現代性的起點」，這一年法軍入侵義大利，一般認為文藝復興的影響力從此往外擴散，傳遍歐洲。少數作家聲稱他們在中世紀的猶太傳統中，找到了諸如懷疑主義、世俗主義、無神論、資本主義，甚至嘲諷式幽默等現代思想中獨有的特徵的源頭，並主張就是因為當時西班牙的猶太人被迫皈依基督教[1]，這些思想才會融入歐洲主流思想。這種論點雖然不正確，但放在既有的脈絡下來看卻別有意義，因為在一四九二這一年，所有拒絕皈依基督教的猶太人都被趕出西班牙，幾乎可以肯定的是，這場驅逐行動最大的意外收穫就在同年發生。

由此可見，把現代世界的起點訂在一五〇〇年前後，背後自有其長遠的傳統。我反對鞏固該傳統的思考方式。在歷史的分類場中，那些據說曾經撼動世界的大事都被敲成破碎的片段，簡化成一連串地方的或個別的重要事件。曾經震撼世界的革命被重新劃分成過渡時期。舉個例子，有關文藝復興和宗教改革的所有斷論幾乎全是錯的。一般認為，那對我們今日的世界帶來某些影響，例如自然神論、世俗主義和無神論、個人主義和理性主義、資本主義的崛起和神祕力量的式微、科學革命及美國夢、公民自由權的起源及全球勢力的變動，但時間越久，這中間的因果關係就越顯得薄弱。近年來，修正主義的研究和批判性思考早已逐一鬆動了這些事件之間的因果關係。

從全球層面來看，文藝復興和宗教改革無論如何都只是小規模的現象。某程度來說，文藝復興是伊斯蘭教和西方進行文化交流而有的產物。文藝復興不是獨一無二的「古典復興」運動，而是不斷以古希臘羅馬為榜樣的西方，再一次凸顯了古典時代的偉大。文藝復興只稍微把西方推往世俗主義的方向，但大多數的藝術和知識都來自宗教，也掌握在神職人員手中。宗教改革稱不上是革命，大多改革者都是社會和政治上的保守分子。它其實是基督教圈裡的一個普遍潮流，目的是要把一種感受更強烈、更積極參與的基督教，傳給過去很少接觸或從未接觸過基督教的社會或地區。這些宗教改革者所做的事，並沒有引進資本主義、推翻神祕學或促進科學發展。雖然西方的帝國主義以明顯可見的方式在一四九二年展開，但帝國主義要到十八或十九世紀才成為一種改變全世界的現象。

然而，這世界確實在一四九二年開始改變。那年發生的事件逐漸改變了全球勢力和財富的平衡和分配，導致西歐民族出海探險，第一個俄國強權崛起，也預告（但不一定引發）了亞洲航海國家及過去稱霸印度洋及周圍海域的強權的衰微。在一四九〇之前，任何一個見聞廣博的觀察家必定都會認為，這些地方孕育了全世界最活躍、裝備最齊全的探險文化，也締造了最傲人的長時間、長距離的航海紀錄。在這關鍵的十年，西歐國家突飛猛進，但本來可以阻止或超越他們的強權卻停滯不前。

舉例來說，位在印度洋西端的鄂圖曼帝國，因為受限於地理位置而施展不開。同樣地，馬木魯克人統治的埃及雖與古吉拉特交換使節，握有對吉達港的掌控權，也經由紅海跟印度進行貿易，卻因為印度洋不利航海，難以從海上阻止異教徒入侵。阿比西尼亞（衣索比亞的舊稱）在皇帝札拉亞伯一四六八年死後就不再往外擴張，一四九四年在阿德爾敗給伊斯蘭教鄰國之後，東山再起的希望從此破滅，只求存活下去。波斯陷入漫無止境的危機中，直到下一世紀年輕的先知伊斯梅爾重新統一國土，該地區才會嶄露頭角。阿拉伯人的貿易範圍橫跨印度洋，從南非延伸到中國海域，全不仰賴軍隊保護或支持。南阿拉伯半島雖然渴望成為航海帝國，說不定還以葡萄牙為效法對象，但在當時還看不出端倪。

同時間在印度洋中央，周圍國家都無意或無餘力進行長距離的擴張行動。印度南方的毗奢耶那伽羅王國雖與亞洲沿海國家都有貿易關係，但並未設置艦隊。其都城在一四九〇年代進行工程浩大的都市改造，但國家已經停止擴張，那羅僧訶王朝註定走上滅亡。在此同時，希坎德．洛迪統治的蘇丹國德里仍舊以擴張陸上版圖為重心，雖然新占領了比哈爾的土地，但蘇丹傳給子嗣一片過度擴張的土地，二三十年後阿富汗入侵之後便很快崩解。古吉拉特擁有龐大的商船隊，但卻沒有大幅擴張的政治野心，其海軍的主要功能是保護貿易，而非攻占他國。海上當然有不少海盜。例如在一四九〇年代初，巴哈杜．可罕．吉拉尼就以德干西岸的巢穴為據點恐嚇船隻，有一陣子還控制了幾個重要港口，包括達侯、果阿及現今孟買所在地附近的馬辛。[2]但這個地區的國家都對探索新路線或建立航海帝國興趣缺缺。

更東邊的中國則如前所說，取消了積極的海軍政策，而且從此再未重啟海上事業。一四九三年的日本則是軍閥割據，京都的幕府將軍身陷圍城。東南亞王朝不斷更迭，瑪迦帕夷王國到處征戰的時代已成過去；暹羅和緬甸的帝國主義尚未發展成熟，而且無論如何都從未展現航海野心。這個地區過去曾經出現過航海帝國：七世紀的室利佛逝王國、八世紀的沙倫答臘王朝統治的爪哇、十一世紀的裘拉王朝，還有十四世紀哈耶．烏魯克國王統治的瑪迦帕夷王國，他們都試圖在其選擇的路線上獨占市場。但當歐洲人繞過好望角闖入印度洋時，當地的族群都不覺得有必要也沒有動力想進一步往外探索，葡萄牙人及後來的荷蘭人投入的海上帝國主義，在這個地區並不存在。

簡單地說，歐洲征服大西洋時，正好是其他地方的探險活動和帝國擴張行動偃旗息鼓的時候。這不表示世界突然之間就改變樣貌，或是財富和勢力的天平很快倒向我們今日所謂的西方。相反地，此後的過程漫長而艱辛，中間有多次情勢逆轉，將過程打斷。但總之這個過程已經展開。率先開跑的大西洋邊境的國家衝勁十足，此後三百年多半都穩坐海上霸主的地位，尤其是西班牙和葡萄牙。歐洲與物產豐富的美洲地區之間，一旦建立起可靠的來往路線，全球資源的天平終究會傾向有利西方的一邊。全球財富和勢力的天平也會隨之改變。不管從改變之前的醞釀階段，或從改變發生的條件來看，一四九二都是決定性的一年。

經過幾百萬年——甚至幾千萬年幾億年——的趨異演化過程，世界在一四九二年突然出現一大改變：全球生態交換不再無法想像。也就是說，不同生物如今可以跨越海洋，出現在過去不可能出現的地方，這是原始大陸分開以來的頭一遭，現代世界之所以能夠成形，這個改變比工業化之前發生的任何事件都要關鍵。一四九二年發生的事件，確立基督教和伊斯蘭教將會成為遍及全球的兩大宗教，也多少畫出了它們大概的界線。

雖然印度洋不再是伊斯蘭教大湖，穆斯林還是堅守大半印度洋周邊的地區。伊斯蘭教本來就不像基督教那麼可屈可伸，信徒把它當作一種生活方式更勝於一種信仰，除了婚姻相關的規定，伊斯蘭教的戒律都比基督教嚴格、排外，也更要求信仰虔誠。穆斯林為了朗誦古蘭經必須學阿拉伯文，其飲食方式對其他文化來說很陌生。穆斯林對現今逐漸崛起的全球文化尤其難以接受，例如自由資本主義、消費主義、個人主義、悲觀主義和女性主義，基督教對這些多少都有些讓步，但伊斯蘭教似乎充滿抵抗這些思想的抗體。佛教是全球第三大宗教，目前的普及程度雖然還不高，但信仰方式更為靈活，在許多地方都占有一席之地，它在日本與神道並存，而中國許多宗教採取的折衷主義都也拜佛教之賜。佛教雖然不曾在東方、中亞及東南亞之外席捲整個社會，但目前正在展現這種潛能，不但在西方招攬信徒，甚至把印度部分地區從印度教手中搶回來。在此同時，沉寂千年、不對外傳教的印度教也開始在西方吸引不少信徒，或許有可能成為世界第四大宗教。

除了這些重新塑造世界的事件，我們也看了其他零星事件，這些事件就是各種改變正在發生的鮮明速寫，例如神祕主義和個人宗教（個人因某些體驗或事件而產生的宗教性體驗，而非教會或國家鼓吹的宗教信仰）抬頭；巫術變成科學；商業網絡和文化交流範圍擴大且日益複雜；生產力提高；人口普遍增加（十八世紀之前只限於某些地區）；遊牧民族、畜牧民族和狩獵民族節節敗退；國家權力日漸增長，貴族或教會之類的傳統權力體制日漸式微；藝術家和繪圖師開始用寫實主義的眼光觀看這世界；「世界真小」的概念浮現，再也沒有人類到不了的地方。

所以，某方面來說，基督教先知預言世界將在一四九二年滅亡並沒有說錯。預言中的世界末日並未如期到來，但那一年的事件終結了當時人類熟悉的世界，也為地球開啟了全新的面貌，從此世界變得更「現代」，也更熟悉——對我們而言，對中世紀或古典時代的人又另當別論。預言家所知的世界從此消失，一個新世紀，亦即我們目前所在的世紀，開始成形。

譯名對照表

第一章

馬丁・貝海姆　Martin Behaim
紐倫堡　Nuremberg
〈世界大觀〉　world-overview
原始大陸　Pangaea
生態交換　ecological exchange
東北信風　north-east trade
西風帶　westerlies
巴托洛梅・德拉斯・卡薩斯　Bartolomé de Las Casas
格拉那達　Granada
加奧　Gao
巡迴學者　itinerant scholars
費歐雷的約雅欽　Joachim of Fiore
杜勒　Albrecht Dürer
《紐倫堡編年史》　*Nuremberg Chronicle*
聖方濟　Francis of Assisi
加泰隆尼亞　Catalonia
亞拉岡王國　Crown of Aragon
費迪南國王（亞拉岡）　Ferdinand of Aragon
卡斯提爾王國　Castile
曼紐爾一世（葡萄牙）　Manuel of Portugal
查理八世（法國）　Charles VIII of France
亨利七世（英格蘭）　Henry VII
維吉爾　Virgil, Publius Vergilius Maro
奧古斯都　Augustus
馬希里歐・費奇諾　Marsilio Ficino
朱比特　Jupiter
薩坦　Saturn
聖方濟・博日亞　St Francis Borgia
托勒密　Claudius Ptolemy

《地理學》 *Geography*
伊本・華迪 Ibn al-Wardi
《珍奇見聞》 *The Unbored Pearl of Wonders and the Precious Gem of Marvels*
月山脈 Mountains of the Moon
博斯普魯斯海峽 Bosporus
伊德里西 Muhammad al-Idrisi
《混一疆理歷代國都之圖》 *Knagnido*
權近 Kwon Kun
李薈 Yi Hoe
霍茲舒爾 George Holzschuher
安提莉亞 Antilia
瑞吉歐曼塔努斯 Johannes Müller Regiomantanus
班達群島 Banda Islands
摩鹿加群島 Moluccas
理查二世（英格蘭） Richard II
「富豪」喬治（巴伐利亞） George “the Rich”
雅德薇加（波蘭） Jadwiga Jagiellonka
坦米爾 Tamil
希羅尼姆斯・穆徹 Hieronymus Münzer
埃拉托塞尼 Eratosthenes
亞速群島 Azores
長紀曆 Long Count
伊斯帕尼奧拉島 Hispaniola

第二章

狄亞哥・聖佩德羅 Diego de San Pedro
《愛的牢獄》 *Cárcel de amor*
阿布・阿布都拉・穆罕默德 Abū ‘Abd Allāh Muhammad
穆罕默德十二世 Muhammad XII
波布狄爾 Boabdil
穆雷哈珊 Abu l-Hasan Ali, Mulay Hassan
卡迪茲 Cadiz
梅迪那西多尼亞 Medina Sidonia

霍斯提利屋斯　Tullus Hostilius
阿隆索・德・帕倫西亞　Alonso de Palencia
穆西亞　Murcia
西薩鎮　Cieza
札哈拉　Záhara
隆達　Ronda
穆罕默德二世（鄂圖曼）　Mehmet II
狄亞哥・德・法瑞拉　Diego de Valera
阿爾哈馬　Alhama
馬拉加　Málaga
盧西拿　Lucena
札加爾　el Zagal
瓜地斯　Guadix
安德斯・德・柏納德茲　Andrés de Bernáldez
阿罕布拉宮　Alhambra
彼得・馬泰　Peter Martyr of Anghiera
阿隆索・奧提茲　Alonso Ortíz
巴斯克　Basque
卡比托山　Capitoline Hill
教宗英諾森八世　Innocent VIII
聖詹姆斯教堂　Church of St. James the Great
瓦倫西亞　Valencia
巴利亞利群島　Balearic Islands
馬格里布人　Maghrebi
樞機主教席斯內諾斯　Cardianl Cisneros
伊瑪目　imam
阿里・撒米耶多　Ali Sarmiento
阿爾費斯特里　al-Fisteli
赫南多・德・塔拉維拉　Hernando de Talavera
康第・德・坦第拉　Conde de Tendilla
柏柏爾人　Berber
安達拉斯　Andarax
哥德人　the Goths
法洛皮歐　Falloppio

胡安・德・梅納　Juan de Mena
《財富迷宮》　*Laberinto de Fortuna*
馬丁・德・科多巴　Martín de Córdoba
《高貴淑女園地》　*Jardín de nobles doncellas*
《荒唐喜劇》　*Carajicomedia*
大天使米迦勒　archangel Michael
巴利亞多利　Valladolid
阿爾巴公爵　Duke of Alba
唐・法南多・德・法拉斯科　Don Fernando de Velasco
阿隆索・曼里克　Alonso Manrique
塞維爾　Seville
法蘭西斯科・達・里瓦羅羅　Francisco da Rivarolo
梅地那塞利　Medina Celi
戈梅茲・曼里克　Gómez Manrique
《完美騎士論》　*Treatise on Knightly Perfection*
狄葵薰夫人　Lady Discretion
勃根地　Burgundy
安特蓋拉　Antequera
洛加　Loja
杜羅河　River Douro
安達魯西亞　Andalusia
埃斯特雷馬杜拉　Extremadura
直布羅陀海峽　Straits of Gibraltar

第三章

宋海帝國　Songhay
阿哈瑪德・阿瓦讚　al-Hasan ibn Muhammad ibn Ahmad al-Wazzan
喬凡尼・里歐　Giovanni Leone
里歐・亞非卡努斯　Leo Africanus
伊本・赫勒敦　Ibn-Khaldūn
尼日河河谷　Niger Valley
薩赫爾　Sahel
費茲王國　Fez

亞特拉斯山脈　Atlas Mountains
內華達山　Sierra Nevada
塞布河　River Sebou
塔格哈札　Taghaza
布爾　Bure
甘比亞　Gambia
塞內加爾　Senegal
富爾他　Volta
伊本・白圖塔　Ibn Battuta
西吉爾馬薩　Sijilmassa
瓦拉塔　Walata
馬利帝國　Mali
杰內　Jenne
廷巴克圖　Timbuktu
曼德族　Mande
萬加拉　Wangara
曼薩　Mansa
曼薩・穆薩　Mansa Musa
第納爾　dinar
馬霍卡　Majorca
安斯里梅・德伊薩古　Ansleme d'Isaguier
圖魯茲　Toulouse
安東尼歐・馬方特　Antonio Malfante
圖瓦　Tuat (Touat)
班乃迪特・戴伊　Benedette Dei
阿爾金　Arguin (Arguim)
圖瓦雷克族　Tuareg
摩西族　Mossi
宋尼　Sonni
宋尼・穆罕默德・達歐　Sonni Muhammad Dao
蘇寧基族　Soninke
馬爾爾　Malal
阿爾莫拉維德　Almoravid
穆拉比德　al-Murabitun

昆比　Kumbi
哈里發　caliph
薩滿　shaman
宋尼・阿里・貝爾　Sonni Ali Ber
索科托　Sokoto
古基亞　Koukya
巴巴利　Barbary
穆罕默德・納德　Muhammad Nad
阿瑪　Ammar
阿基爾　Akil
穆拉　mullah
反教權主義　anticlericalism
安德亞・穆罕默德・阿爾卡比　And-agh-Muhammad al-Kabir
阿爾卡第・阿爾哈吉　al-qadi al-Hajj
阿斯基亞・穆罕默德　Askia Muhammad (Touray)
富拉尼族　Fulani
安達魯斯　al-Andalus
宋尼・巴羅　Sonni Baro
萬渡神　Za Beri Wandu
波努王國　Bornu
阿里・干吉　Ali Ghadj
查德湖　Lake Chad
伊德里斯・卡塔卡馬比　Idris Katakarmabi
聖若熱・達・米納　São Jorge da Mina
班雅河　Benya
普拉河　Pra
昂利克王子（葡萄牙）　Dom Henrique
獅子山　Sierra Leone
若昂王子、若昂二世（葡萄牙）　Dom João, João II
塞內甘比亞　Senegambia
幾內亞　Guinea
沃洛夫族　Wolof
貝南　Benin
歐巴斯　obas

卡美洛　Camelot
迪約戈・卡歐　Diogo Cão
本吉拉洋流　Benguela Current
恩金加・恩庫武　Nzinga Nkuwu
恩金加・姆本巴　Nzinga Mbemba
坎波士特拉　Compostela
伊札那國王　King Ezana
索瓦　Shoa
戈札姆　Gojam
達維國王　King Davit
馬莎維港　Massaweh
東非大裂谷　Great Rift Valley
弗拉・孟若　Fra Mauro
札拉雅庫國王　King Zara Yakub
肯奈　Keneh
努比亞沙漠　Nubian desert
佩羅・德・科維良　Pêro da Covilhã
迪約戈・歐蒙　Diogo Homem
內古斯・艾斯肯達　Negus Eskendar
贊比西河　Zambezi
齊爾瓦　Kilwa
辛巴威　zimbabwe
大辛巴威　Great Zimbabwe
穆塔帕王國　Mwene Mutapa
夸祖魯那他　KwaZulu-Natal
薩比河　River Sabi

第四章

安得斯・德・勃納德茲　Andrés de Bernálder
什一稅　tithe
哈特曼・謝德爾　Hartmann Schedel
艾維拉　Ávila
拉瓜地亞　La Guardia

信仰至上論者　antinomian
阿方索・撒母耳　Alfonso Fernández Semuel
蘇萊曼一世（鄂圖曼）　Suleiman I
以薩・阿巴拉內爾　Issac Abranavel
達卡　ducat
馬基維利　Niccolò Machiavelli
托瑪斯・德・托爾克馬達　Tomás de Torquemada
那瓦爾　Navarre
聖多美島　São Tomé
普林西比島　Príncipe
波隆那　Bologna
特萊姆森　Tlemcen
巴巴利　Barbary
薩非　Safi
阿茲默　Azemmour
札梅洛家族　Zamero family
李維家族　Levi family
馬革希利　al-Maghili
薩丁尼亞島　Sardinia
黎凡特　Levant
干地亞　Candia
伊萊亞・卡普薩里　Elijah Capsali
弗洛林金幣　florin
猶大・本・雅各・哈亞　Judah ben Yakob Hayyat
曼圖亞　Mantua
法蘭希斯科・德利卡多　Francisco Delicado
《安達魯西亞孤兒》　*La Lozana andaluza*
所羅門・伊本・維加　Solomon Ibn Verga
洛斯・帕拉西奧　Los Palacios
安那托利亞　Anatolia
佛格姆　Michael Wohlgemut
普萊登渥夫　Wilhelm Pleydenwurff
魯米利亞　Rumelia
奧托蘭多城　Otranto

巴耶濟德二世（鄂圖曼）　Bayezid II
傑姆王子（鄂圖曼）　Djem
馬木魯克騎兵隊　Mamluks
梅利拉　Melilla
麥西拿海峽　Strait of Messina

第五章

偉人羅倫佐　Lorenzo the Magnificent
羅倫佐・德・梅迪奇　Lorenzo de'Medici
聖塔瑪利亞諾維拉　Santa Maria Novella
玻利提安　Politian
里奧納多・布魯尼　Leonardo Bruni
布魯特斯　Brutus
阿拉曼諾・里努契尼　Alamanno Rinuccini
《論自由》　*Dialogue on Liberty*
里納多・阿爾比齊　Rinaldo Albizzi
道明會　Dominican house
安基利軻　Fra Angelico
大主教安東尼諾（佛羅倫斯）　Archbishop Antonino
戈佐利　Benozzo Gozzoli
烏切羅　Paolo Uccello
布魯內列斯基　Filippo Brunelleschi
聖塔瑪利亞德卡敏教堂　Santa Maria del Carmine
馬薩其奧　Masaccio
平圖里喬　Punturicchio
巴多維內蒂　Baldovinetti
聖米尼亞托教堂　San Miniato
奧菲神祕主義　Orphic mysteries
亞里士多芬　Aristophanes
吉羅拉摩・薩佛納羅拉　Girolamo Savonarola
博納多・達・費爾特　Bernardo da Feltre
《邏輯概論》　*Compendium Logicae*
《拉米亞》　*Lamia*

《萬物書》　*Panepistemon*
波提且利　Sandra Botticelli
《預言的真相》　*Truth of Prophecy*
拉撒路　Lazarus
谷坦托尼歐・維斯普奇　Guidantonio Vespucci
洛林公爵　dukes of Lorraine
安茹王室　House of Anjou
大膽的查理　Charles the Bold
南錫之戰　Battle of Nancy
朗格多克　Languedoc
布列塔尼　Brittany
《梅露辛的故事》　*Histoire de Mélusine*
薩柏　Sable
夏特爾　Chartres
《三王子故事集》　*The Book of the King's Three Sons*
赫克特　Hector
赫內公爵　René of Anjou
查理歐蘭　Charles-Orland
羅蘭　Roland
西耶納　Siena
教宗思道四世　Sixtus IV
羅德島騎士團　Knights of Rhodes
布列塔尼的安妮　Anne of Brittany
羅德里哥・波吉亞　Rodrigo Borgia
斯佛札　Sforza
史特法諾・因菲蘇拉　Stefano Infessura
教宗亞歷山大六世　Pope Alexander VI
費拉拉　Ferrara
虛榮之火　Bonfire of the Vanities
吉貝爾帝　Ghiberti
多那特羅　Donatello
阿爾博第　Alberti
米開洛左　Michelozzo
安德里亞・維洛奇歐　Andrea Verocchio

亞美利哥·維斯普奇　Amerigo Vespucci
吉爾蘭達　Ghirlandaio
歐尼桑提　Ognissanti
馬丁·路德　Martin Luther
賀瑞斯　Horace
西塞羅　Cicero

第六章

卡齊米日四世（波蘭）　Casimir IV
莫斯科公國　Muscovy
第聶伯河（又譯：聶伯河）　Dnieper
伏爾加河（又譯：窩瓦河）　Volga
薩克森　Saxony
神聖羅馬帝國　Holy Roman Empire
特拉卡爾　Trakal
維爾紐斯　Vilnius
喀爾巴阡山　Carpathian Mountains
白俄羅斯　Belarus
大摩拉維亞　Great Moravia
馬修·派瑞斯　Matthew Paris
薩拉伊　Sarai
金帳汗國　Golden Horde
梁贊　Ryazan
因革法瑞維奇　Ingvary Ingvarevitch
諾夫戈羅德　Novgorod
條頓騎士團　Teutonic Knights
聖劍兄弟騎士團　Brothers of the Sword
亞歷山大·涅夫斯基　Alexander Nevsky
錢袋伊凡　Ivan the Moneybag
韋特路加河　Vetluga
蘇拉河　Sura
海克力斯之柱　Pillars of Hercules
裡海之路　Caspian Road

法斯里二世　Vasily II
伊凡三世　Ivan III
克里米亞　Crimea
喀山　Kazan
阿斯特拉罕　Astrakhan
特維爾　Tver
聖帕拉斯科瓦　St Paraskeva
普斯科夫　Pskov
薩瓦第　Savaatii
佐西瑪　Zosima
白紹拉　Pechora
撒摩耶人　Samoyed
可汗阿默德　Khan Ahmed
尼可勞斯・帕沛爾　Nikolaus Poppel
摩爾多瓦　Moldova
哈布斯堡王室　Habsburgs
歐卡河　River Oka
維亞濟馬　Vyazma
達達尼爾海峽　Dardanelles
索波卡尼　Sopocani
米列西瓦　Mileseva
史帝芬・杜尚　Stefan Dusan
約翰・亞歷山大　John Alexander
特諾佛　Trnovo
柔依　Zoe Palaiologina (Sophie Palaiologina)
教宗保羅二世　Paul II
腓特烈三世（神聖羅馬帝國）　Frederick III
巴登　Baden
斐羅菲　Filofei
神聖主教使徒教會　Holy Synodal Apostolic Church
阿貢斯提諾・費歐拉凡第　Agostino Fioravanti
多稜宮　Palace of Facets
馬提亞斯・科維努斯　Mathias Corvinus
小蒲林尼　younger Pliny

斐恩河　River Vym
波姆　Perm
鄂畢　Ob
普斯托札斯克　Pustozersk
西蒙・馮・賀伯斯坦　Sigmund von Herberstein
摩德汶人　Mordvins
烏拉山脈　Urals
烏德穆特人　Udmurt
維雅喀　Vyatka
杜味拿河　Dvina

第七章

克里斯多福・哥倫布　Christopher Columbus
迪約戈・德・席爾維斯　Diogo de Silves
弗萊明・費迪南・范・歐爾門　Fleming Ferdinand van Olmen
馬德拉群島　Madeira
布里斯托　Bristol
法蘭德斯人　Flemish
伊維薩　Ibiza
航海家聖布蘭敦　St Brendan the Navigator
聖猶士坦　St Eustace
藍斯洛　Lancelot
崔斯坦　Tristram
基督騎士團　Order of Christ
迪約戈・德・巴拉多斯　Diogo de Barrados
巴托羅米歐・佩雷斯特雷洛　Bartolomeo Berestrello
皮亞琴察　Piacenza
波多聖多　Porto Santo
多娜・費里巴　Doña Felipa
桑丘症候群　Sancho Panza syndrome
帕洛斯　Palos
對跖地　Antipodes
保羅・托斯卡涅尼　Paolo Toscanelli

安東尼歐・德・馬契納　Antonio de Marchena
齊盤古　Cipangu
馬丁・阿隆索・品松　Martin Alonso Pinzón
妮娜號　Niña
文森・亞尼茲・品松　Vincente Yáñez Pinzón
品他號　Pinta
聖瑪利亞號　Santa Maria
戈梅拉港　San Sebastián de la Gomera
巴哈馬群島　Bahamas
特克斯群島　Turks
凱科斯群島　Caicos
瓜拿哈尼　Guanahani
聖薩爾瓦多　San Salvador
瓦特林　Watling
裸體派　Adamites
伊斯帕尼奧拉島　Hispaniola
祭司王約翰　Prester John
示巴王國　Sheba
小安地列斯群島　Lesser Antilles
多明尼加島　Dominica
瓜達洛普　Guadalupe
瓦斯科・達伽馬　Vasco da Gama
卡利卡特港　Calicut

第八章

沈周　Shen Zhou
卡尼拔　Caniba
崔溥　Ch'oe Pu
費爾干納　Fergana
烏茲別克　Uzbekistan
吉爾吉斯　Kyrgyzstan
塔吉克　Tajikistan
王鎮　Wang Zheng

吉達　Jiddah
桑吉巴島　Zanzibar
帖木兒　Timur
室利佛逝王國　Srivijaya
僧伽羅族　Sinhalese
拜里迷蘇剌　Paramesvara
金宗直　Chong-jik
心敬　Shinkei
一条兼良　Ichijo Kaneyoshi
足利義政　Ashikaga Yoshimasa
狩野正信　Kano Masanobu
藝阿彌（別名真藝）　Geiami（Shingei）
相阿彌　Soami
祥啟（號賢江）　Shokei（Kenko）
能劇　Noh theatre
雪舟（諱等楊）　Sesshu（Toyo）
山口縣　Yamaguchi
宗祇　Sogi
北條早雲　Hojo Soun
伊豆半島　Izu
小田原城　Odawara
相模國　Sagami

第九章

努爾・亞丁・阿本德・阿拉曼・迦米　Nur ad-Din Abd ar-Rahman Jami
巴鄰旁　Palembang
拉札克　Abd er-Razzaq
毗奢耶那伽羅王國　Vijayanagar
歐穆茲王國　Ormuz
馬拉巴　Malabar
安南　Annamese
婆羅洲　Borneo
蘇祿　Sulu

暹羅　Siam
馬爾地夫　Maldives
蒙加迪沙　Mogadishu
亞丁灣　Aden
下風岸　lee shores
哈甫兒雨　Ha-pu-erh
史瓦希里　Swahili
索科特拉島　Socotra
尼可羅・康提　Niccolò Conti
桑多・史特法諾　Florentine Girolamo di Santo Stefano
甘貝城　Cambay
吉諾拉莫・阿多諾　Girolamo Adorno
麻沙瓦　Massawah
庇古　Pegu
科羅曼德　Coromandel
阿瓦　Ava
恆河　Ganges
巴托羅梅・迪亞斯　Bartolomeau Dias
暴風角　Cape of Storms
好望角　Cape of Good Hope
阿方索・德・派瓦　Afonso de Paiva
塞拉　Zeila
索法拉　Sofala
古吉拉特人　Gujaratis
耆那教徒　Jain
阿瑪・伊本・馬吉德　Ahmad ibn Majid
貝那勒斯　Benares
卡畢爾　Kabir
拉加　rajah
薩魯瓦・那羅僧訶　Saluva Narasimha
拉薩・納亞卡　Narasa Nayaka
阿法拿西・尼吉丁　Afanasyi Nikitin
德干　Deccan
巴赫曼尼　Bahmanid

馬穆德・加萬 Mahmud Gawan
辛哈布德丁・馬穆德 Shinhabu 'd-din Mahmud
貝加爾哈 Mahmud Shah Begarha
占巴尼 Champaner
馬立克・阿亞茲 Malik Ayaz
第烏 Diu
德里蘇丹國 sultanate of Delhi
巴魯爾 Bahlul
希坎德・洛迪 Sikandar Lodi
比哈爾 Bihar
多爾浦爾 Dholpur
曼德雷亞 Mandrail
烏特吉 Utgir
那瓦 Narwar
蒙羅維亞 Monrovia
自由城 Freetown
班圖 Bantu
戈第城 Gedi
杜瓦特・巴波薩 Duarte Barbosa
蒙祖古洛人 Mozungullos
馬林迪 Malindi
金邊 Phnom Penh
黎聖宗 Le Thanh Ton
歸仁 Qui Nonh
大城 Ayutthaya
拉瑪鐵菩提二世 Ramathibodi II
卡蒙斯 Camõens
俄斐 Ophyr
巴賽 Pasai
摩鹿加群島 Moluccas
特納提 Ternate
阿布亞・梅瓦希・阿沙帝利 Abu-al-Mewahib al-Ashadili
《神啟金律》 *qawanin Hikam al-Ishraq*
《光束》 *Gleams*（Lawa'ih）

〈育書夫和祖萊克涵〉 Yusuf and Zulaikha
伯特利 Bethel

第十章

瓜瓦曼・波瑪 Guamán Poma
伊姆拉古恩族 Imraguen
澤那加族 Znaga
塔斯馬尼亞島 Tasmania
查塔姆群島 Catham
蘭薩羅特島 Lanzarote
富埃特文圖拉島 Fuerteventura
希羅島 Hierro
培拉薩家族 Peraza family
赫南・培拉薩 Hernán Peraza
大加納利島 Grand Canary
特內里費島 Tenerife
帕爾瑪島 La Palma
迪亞哥・德・赫耶拉 Diego de Herrera
拉斯帕爾瑪斯 Las Palmas
佩德羅・德維拉 Pedro de Vera
阿加特 Agaete
塔瑪拉塞特 Tamaraseite
田納塞・薩米旦 Tenesor Semidan
丹・法南多・瓜納特米 Don Fernando Guanarteme
凱恩人 Cairns
古倫・培拉薩 Guillén Peraza
法蘭希絲卡・卡茲米拉 Francisca Gazmira
教宗尤金四世 Eugenius IV
阿隆索・德魯歌 Alongo de Lugo
馬雅安提歌 Mayantigo
卡爾德拉 La Caldera
塔那烏蘇 Tanausú
胡安・德・拉・帕爾瑪 Juan de La Palma

歐羅塔瓦山谷　Orotava Valley
陶洛族　Taoro
拉古那　La Laguna
菲利普四世（西班牙）　Philip IV
聖多明哥　Santo Domingo
韋拉克魯斯　Veracruz
潘保羅・德・納耶茲　Pánfilo de Narvaez
納瓦特爾語　Nahuatl
特諾奇提特蘭　Tenochtitlan
特拉克斯卡拉　Tlaxcala
胡埃克斯特辛可　Huexotzinco
《曼多撒手抄本》　*Codex Mendoza*
特諾奇　Tenuch
羅姆勒斯　Romulus
奇奇梅卡　Chichimeca
托爾特克帝國　Toltec
圖拉　Tula
阿烏伊佐爾　Ahuitzotl
蒙特祖馬二世　Montezuma II
帕努科河　River Pánuco
艾索諾科茲科　Xonocozco
特拉洛爾科　Tlatelolco
莫奎回思特爾　Moquihuixtl
特拉克斯卡拉　Tlaxcala
彼得・謝弗　Peter Shaffer
《太陽帝國》　*The Royal Hunt of the Sun*
亞塔瓦帕　Atahuallpa
加爾希拉索・德拉維加　Garcilaso de la Vega
蒙提拉　Montilla
阿雅庫喬山谷　Ayacucho Valley
胡瓦里大城　Huari
納斯卡　Nazca
提亞華那科城　Tiahuanaco
的的喀喀湖　Lake Titicaca

塔王汀斯尤　Tawantinsuyú
四州　land of four quarters
生態帝國主義　ecological imperialism
烏魯班巴山谷　Urubamba
多倫多伊河　Torontoy
亞那提爾河　Yanatil
保加塔坡河　Paucartambo
維卡諾塔河　Vilcanota
瓦伊納・卡帕克　Huayna Capac
尤卡伊　Yucay
維卡班巴　Vilcabamba
奇穆　Chimú
鏘鏘　Chanchan
卡那利　Cañari
亞華可恰湖　Lake Yahuar Cocha
科恰班巴山谷　Cochabamba
阿塔華帕　Atahuallpa
莫霍城　Moho
華羅奇里　Huarochirí
豪哈　Jauja
華卡卡恰　Huaca-cacha
庫拉哈西　Curahasi
阿普里馬克河　River Apurimac
蓋楚瓦語　Quechua
契卡斯人　Checas
華洛奇里山谷　Huarochirí Valley
帕里亞卡卡　Paria Caca
胡埃拉坎族　Huayllacan
波多維荷　Puerto Viejo
通貝斯　Tumbes
齊隆谷　Chillún Valley
胡安卡尤　Huancayo
佩德羅・皮札羅　Pedro Pizarro
博納布・科波　Bernabé Cobo

比奧比奧河　River Bío-Bío
吐帕克・尤帕貴　Tupac Yupanqui
帕恰古提　Pachacuti

結語

愛德華・吉朋　Edward Gibbon
麥考雷　Thomas Babington Macaulay
托克維爾　Alexis de Tocqueville
亞伯第尼　Luigi Albertini
艾倫・泰勒　A. J. P. Taylor
阿比西尼亞　Abyssinia
札拉亞伯　Zara Ya'cob
阿德爾　Adel
伊斯梅爾　Ismail
巴哈杜・可罕・吉拉尼　Bahadur Khan Gilani
達侯　Dabhol
果阿　Goa
馬辛　Mahimn
瑪迦帕夷　Majapahit
沙倫答臘　Sailendra
裘拉王朝　Chola
哈耶・烏魯克　Hayan Wuruk

注釋

Chapter 1 :
"*This World Is Small*"

1. L. Pastor, *History of the Popes,* vol. 5 (St Louis, B. Herder, 1898), 371.
2. F. Fernández-Armesto, *So You Think You're Human?* (Oxford: Oxford Univ. Press, 2004), 111.
3. Mark 13:12 – 26; Matt. 24; Luke 21.
4. Rev. 15:17.
5. Bachiller Palma, *Divina retribución sobre la caída de España,* ed. J. M. Escudero de la Peña (Madrid: n.p., 1879), 91.
6. C. Varela, ed., *Cristobal Colón: textos y documentos completos* (Madrid: Alianza, 1984), 36.
7. G. Ledyard, in *The History of Cartography,* vol. 2, bk. 2, *Cartography in the Traditional East and Southeast Asian Societies,* ed. J. B. Harley and D. Woodward (Chicago: Univ. of Chicago Press, 1994), 244 – 49.
8. Quoted in C. G. Gillespie, *Dictionary of Scientific Biography,* 16 vols. (New York: Scribner, 1970 – 80), 11:351.
9. P. Freedman, *Out of the East: Spices and the Medieval Imagination* (New Haven: Yale Univ. Press, 2008), 3 – 4.
10. G.J. Samuel, *Studies in Tamil Poetry* (Madras: Mani Pathippakam, 1978), 62 – 72.
11. F. B. Pegolotti, *La pratica della mercatura,* ed. A. Evans (Cambridge, Mass.: Medieval Academy of America, 1936).
12. E. G. Ravenstein, *Martin Behaim, His Life and His Globe* (London: G. Philip & Son, 1908), 39.
13. Ravenstein, *Martin Behaim, His Life and His Globe*, 39.
14. D. L Molinari, "La empresa colombina y el descubrimiento", in R. Levee, ed., *Historia de la nación argentina,* vol. 2 (Buenos Aires: Academia Nacional de la Historia, 1939), 320 – 27.
15. Quran 2:189.
16. G. L. Burr, *The Witch Persecutions* (Philadelphia: Univ. of Pennsylvania Press, 1902), 7 –

10; M. Summers, *The Geography of Witchcraft* (Whitefish, Mont.: Kessinger Publishing, 2003), 533 – 36.

Chapter 2 :

"*To Constitute Spain to the Service of God*"

1. A. de Santa Cruz, *Crónica de los Reyes Católicos,* ed. J. de M. Carriazo (1951), vol. 1, 41 – 43.
2. J. Goñi Gaztambide, "La Santa Sede y la reconquista de Granada", in *Hispania Sacra,* vol. 4 (1951), 28 – 34.
3. L. Suárez Fernández and J. de Mata Carriazo Arroquia, *Historia de España,* vol. 17, pt. 1 (Madrid: Editorial Espasa Calpe, 1969), 409 – 52.
4. "Historia de los hechos de Don Rodrigo Ponce de León, marques de Cádiz", in *Colección de documentos inéditos para la historia de España,* vol. 116 (Madrid: Real Academia de la Historia, 1893), 143 – 317, at P. 198.
5. *El tumbo de los Reyes Católicos del Concejo de Sevilla,* ed. R. Carande and J. de Mata Carriazo Arroquia, 5 vols., (Seville: Universidad Hispalense, 1968), vol. 3, 193; L. Suárez Fernández and J. de Mata Carriazo Arroquia, *Historia de España,* vol. 17,433.
6. D. de Valera, Epistle XXXIV in M. Penna, ed., *Prosistas castellanos del siglo XV*, vol. 1 (Madrid: Atlas, 1959), 31.
7. M. A. Ladero Quesada, *Las guerra de Granada en el siglo XV* (Madrid: Ariel, 2002), 49.
8. Suárez and Mata, *Historia de España,* vol. 17, 888.
9. F. Fernández-Armesto, *Ferdinand and Isabella* (London: 1974), 89.
10. T*he Diary of John Burchard,* ed. A. H. Mathew, 2 vols. (London: Francis Griffiths, 1910), 1:317 – 19.
11. Fernández-Armesto, *Ferdinand and Isabella,* 95.
12. L, P. Harvey, *The Muslims in Spain, 1500 – 1614* (Chicago: Chicago Univ. Press, 2005), 33.
13. Harvey, *Muslims* in *Spain,* 47.
14. D. de Valera, "Doctrinal de Príncipes", in M. Penna, ed., *Prosisias,* 173.
15. See B. F. Weissberger, *Isabel Rules: Constructing* Queenship, *Wielding Power* (Minneapolis: Univ. of Minnesota Press, 2004), 135.
16. H. de Pulgar, "Crónica de los Reyes de Castilla Don Fernando e Doña Isabel", in C. Rosell, ed., *Crónicas de los Reyes de Castilla,* vol. 3 (Madrid: Biblioteca de Autores Españoles, 1878), 255 – 57.

17. E. Pardo Canalís, *Iconografía del rey católico* (Zaragoza: Institución Fernando el Católico, 1951).
18. Translation of the Latin version in A. Alvar Ezquerra, *Isabel la católica, una reina vencedora, una mujer derrotada* (Madrid: Temas de Hoy, 2002), 316.
19. D. Clemencía, *Elogio de la Reina Católica Dona Isabel* (Madrid: Real Academia de la Historia, 1820), 355 – 57.
20. P. K. Liss, *Isabel the* Queen (New York: Oxford Univ. Press, 1992), 24.
21. F. de Pulgar, *Letras,* ed. J. Domínguez Bordona (Madrid: Editorial Espasa Calpe, 1949), 151.

Chapter 3 :

"*I Can See the Horsemen*"

1. N. Davis, *Trickster Travels: In Search of Leo Africanus* (London: Faber and Faber, 2007), 145 – 47.
2. H. A. R. Gibb and C. Beckingham, eds., *The Travels of Ibn Battuta,* vol. 4 (Cambridge: The Hakluyt Society, 2001), 317 – 23.
3. Gibb and Beckingham, *The Travels of Ibn Battuta*, 323.
4. J. Matas i Tort and E. Pognon, eds., *L'atlas catalá* (Barcelona: Diàfora, 1975), 4.
5. Gibb and Beckingham, *The Travels of Ibn Battuta*, 335.
6. Leo Africanus, *The History and Description of Africa,* ed. R. Brown, 3 vols. (London: The Hakluyt Society, 1896), 3:827.
7. N. Levtzion and J. F. P. Hopkins, eds., *Corpus of Early Arabic Sources for West African History* (Princeton, NJ: Markus Wiener Publishers, 2000), 82.
8. Levtzion and Hopkins, *Early Arabic Sources,* 76 – 85, 107 – 12.
9. Levtzion and Hopkins, *Early Arabic Sources,* 119.
10. T. Insoll, *The Archaeology of Islam in Sub-Saharan Africa* (Cambridge: Cambridge Univ. Press, 2003).
11. Leo Africanus, *History*, 3:824.
12. Leo Africanus, *History*, 3:825.
13. Leo Africanus, *History*, 1:156.
14. L. Kaba, *Sonni Ali-Ber* (Paris: ABC, 1977), 77.
15. Kaba, *Sonni Ali-Ber*, 79.
16. E. N. Saad, *Social History of Timbuktu* (New York: Cambridge Univ. Press, 1983), 42.
17. S. M. Cissoko, *Tomboctou et l'empire songhay* (Dakar: Les Nouvelles Éditions Africaines,

1975), 55.
18. Cissoko, *Tomboctou*, 57.
19. Saad, *Social History of Timbuktu*, 45.
20. I. B. Kake, and G. Comte, *Askia Mohamed* (Paris: ABC, 1976), 58.
21. Kake and Comte, *Askia Mohamed*, 60.
22. Kake and Comte, *Askia Mohamed*, 68.
23. Leo Africanus, *History*, 3:833 – 34.
24. F. Fernández-Armesto, *Before Columbus* (London: Folio Society, 1986), 194·.
25. Fernández-Armesto, *Before Columbus*, 195.
26. J. Thornton, "The Development of an African Catholic Church in the Kingdom of Kongo, 1491 – 1750", *Journal of African History* 25:2 (1984), 147 – 67.
27. S. Axelson, *Culture and Confrontation in Lower Congo* (Stockholm: Gummesson, 1970),66.
28. A. Brásio, *Monumenta missionaria africana,* vol. 1 (Lisbon: Agença Geral do Ultramar, 1952), 266 – 73.
29. Brásio, *Monumenta*, 294 – 323, 470 – 87.
30. F. Alvares, *The Prester John of the Indies*, ed. C. Beckingham and G. Huntingford (Cambridge: The Hakluyt Society, 1961), 303 – 4, 320 – 21.

Chapter 4 :

"*No Sight More Pitiable*"

1. A. Bernáldez, *Historia de los* Reyes Católicos (Madrid: Atlas, 1953), 617 – 53.
2. A. Bernáldez, *Memorias del reinado* de *los Reyes Católicos,* ed. M. Gómez Moreno and J. de Mata Carriazo (Madrid: Consejo Superior de Investigaciones Científicas, 1962), 96 – 101.
3. F. Fita, "El martirio del santo niño", *Boletín de la Real Academia de la Historia* 11 (1887): 12-13.
4. Libra de Alborayque, quoted in J. Pérez, *History of a Tragedy: The Expulsion of the Jews from Spain* (Urbana: Univ. of Illinois Press, 2007), 69.
5. Y. Baer, *History of the Jews* in *Christian Spain,* 2 vols. (Philadelphia: The Jewish Publication Society, 1966), 2:527.
6. Pérez, *History of a Tragedy*, 79.
7. Pérez, *History of a Tragedy*, 90.
8. R. Conde y Delgado de Molina, *La expulsión de los judíos de la Corona de Aragón:*

Documentos para su estudio (Zaragoza: Institución Fernando el Católico, 1991), 95 – 96.

9. P. León Tello, *Los judíos de Ávila* (Ávila: Institución Gran Duque de Alba, 1963), 91 – 92; L. Suárez Fernández, *Documentos acerca de la expulsión de los judíos* (Valladolid: Consejo Superior de Investigaciones Científicas, 1964), 391 – 95.
10. Pérez, *History of a Tragedy*, 86.
11. Fernández-Armesto, *Before Columbus*, 201.
12. Bernáldez, *Memorias*, 113.
13. Leo Africanus, *History*, 2:419.
14. Leo Africanus, *History*, 2:424, 443, 447 – 48.
15. Abraham ben Solomon, quoted in D. Raphael, ed., *The Expulsion 1492 Chronicles* (North Hollywood: Carmi House Press, 1992), 175.
16. Leo Africanus, *History*, 2:453, 461.
17. Leo Africanus, *History*, 2:477.
18. Raphael, *Expulsion 1492 Chronicles*, 87.
19. Davis, *Trickster Tales*, 137.
20. V. J. Cornell, "Socioeconomic Dimensions of Reconquista and Jihad in Morocco: Portuguese Dukkala and the Sadid Sus, 1450 – 1557", *International Journal of Middle East Studies* 22, no. 4 (November 1990): 379 – 418.
21. Quoted in Davis, *Trickster Tales*, 32.
22. Raphael, *Expulsion 1492 Chronicles,* 23, 115.
23. H. Beinart, *The Expulsion of the Jews from Spain* (Oxford: Littman Library of Jewish Civilization, 2002.), 279.
24. Bernáldez, *Memorias*, 113.
25. Konstantin Mihailovc, *Memoirs of a Janissary,* quoted in H. W. Lowry, *The Nature of the Early Ottoman State* (Albany: SUNY Press, 2003), 47.
26. G. Necipo lu, *Architecture, Ceremonial, and Power: The Topkapi Palace in the Fifteenth and Sixteenth Centuries* (New York: Architectural History Foundation; Cambridge, Mass.: MIT Press, 1991), 8.
27. S. Shaw, *The Jews of the Ottoman Empire and the Turkish Republic* (London: Macmillan, 1991), 30, 32.
28. Lowry, *Early Ottoman State*, 48.
29. Shaw, *Jews of the, Ottoman Empire*, 33.

Chapter 5 :
"*Is God Angry with Us?* "

1. E. Armstrong, *Lorenzo de' Medici* (London and New York: Putnam, 1897), 308 – 9.
2. Armstrong, *Lorenzo de' Medici*, 314.
3. J. Burchard, *At the Court of the Borgia,* ed. G. Parker (London: Folio Society, 1963),412.
4. Lorenzo de' Medici, *Lettere,* vol. 6, ed. M. Mallett (Florence: Barbèra, 1990), 100.
5. L. Martines, *April Blood* (Oxford; New York: Oxford Univ, Press, 2006), 214 – 20.
6. Martines, *April Blood*, 221 – 23.
7. E. B. Fryde, "Lorenzo de' Medici's Finances and Their Influence on His Patronage of Art", in *Humanism and Renaissance Historiography* (London: Hambledon Press, 1983), 145 – 57.
8. *Lorenzo de Medici: Selected Poems and Prose,* ed. J. Thiem et al. (University Park: Pennsylvania State Univ. Press, 1991), 67 (translation modified).
9. L. Polizzotto, "Lorenzo il Magnifico, Savonarola and Medicean Dynasticism", in B. Toscani, ed., *Lorenzo de' Medici: New Perspectives* (New York: Peter Lang Publishing Group, 1993), 331 – 55.
10. F. W. Kent, *Lorenzo de' Medici and the Art of Magnificence* (Baltimore: Johns Hopkins Univ. Press, 2004), esp. 91; J. Beck, "Lorenzo il Magnifico and His Cultural Possessions", in Toscani, ed., *Lorenzo*, 138.
11. L. Martines, *Scourge and Fire: Savonarola and Renaissance Italy* (London: Jonathan Cape Ltd, 2006), 12 – 14 (translation modified).
12. D. Beebe et al., eds., *Selected Writings of Girolamo Savonarola: Religion and Politics, 1490 – 1498* (New Haven, Conn.: Yale Univ. Press, 2006), 27.
13. Beebe et al., *Writings of Girolamo Savonarola*, 72.
14. Beebe et al., *Writings of Girolamo Savonarola*, 68-69.
15. Beebe et al., *Writings of Girolamo Savonarola*, 73.
16. G. Savonarola, "Prediche ai Fiorentini", in. C. Varese, ed. *La letteratura italiana,* vol. 14 (Milan: Garzanti, 1955): 90.
17. S. Meltzoff, *Botticelli, Signorelli and Savonarola: Theology and Painting from Boccaccio* to *Poliziano* (Florence: L. S. Olschki, 1987), 53.
18. Beebe et al., *Writings of Girolamo Savonarola*, 72.
19. Burchard, *Court of the Borgia*, 1:372 – 73.
20. Y. Labande-Mailfert, *Charles VIII: Le vouloir et la destinée* (Paris: Fayard, 1986), 27 – 28.
21. J. d'Arras, *Mélusine,* ed. C. Brunet (Paris: Brunet, 1854), 121.

22. *Historia de la linda Melosina,* ed. I. A. Corfis (Madison: Hispanic Seminary of Medieval Studies, 1986), chap. 23, p. 54.
23. Labande-Mailfert, *Charles VIII,* 17.
24. Labande-Mailfert, *Charles VIII,* 101; A. Denis, *Charles VIII et les italiens: histoire et mythe* (Geneva: Librairie Droz, 1979), 23.
25. Labande-Mailfert, *Charles VIII,* 110 – 16.
26. P. Martyr Anglerius, *Opus Epistolarum* (1670), 67 – 68.
27. Pastor, *History of the Popes*, 366.
28. Pastor, *History of the Popes*, 469-70.
29. Meltzoff, *Botticelli, Signorelli and Savonarola*, 80.
30. P. Schaff, *History of the Christian Church* (New York: Scribner, 1910), 6:68.
31. Beebe et al., *Writings of Girolamo Savonarola*, 137.
32. S. dell'Aglio, *Il tempo di Savonarola* (Tavarnuzze: Galluzzo, 2006), 204.

Chapter 6 :

Towards "the Land of Darkness"

1. G. Bezzola, *Die Mongolen in abendländisches Sicht* (Bern and Munich: Francke, 1972).
2. J.J. Saunders, "Matthew Paris and the Mongols", in T. A. Sandquist and M. R. Powicke, eds., *Essays in Medieval History Presented to Bertie Wilkinson* (Toronto: Univ. of Toronto Press, 1969), 116 – 32.
3. F. Fernández-Armesto, "Medieval Ethnography", in *Journal of the Anthropological Society of Oxford* (1982), xiii.
4. J. Fennell, *The Crisis of Medieval Russia* (London; New York: Longman, 1983), 88.
5. R. C. Howes, *The Testaments of the Grand Princes of Moscow* (Ithaca, N.Y.: Cornell Univ. Press, 1967), 295.
6. D. Ostrowski, *Muscovy and the Mongols* (Cambridge; New York: Cambridge Univ. Press, 1998), 144 – 55.
7. R. Mitchell and N. Forbes, eds., *The Chronicle of Novgorod, 1016 – 1471* (Hattiesburg, Miss.: Academic International, 1970), 9 – 15.
8. R. Cormack and D. Glaser, eds., *The Art of Holy Russia* (London: Royal Academy of Arts, 1998), 180.
9. Y. Slezkine, *Arctic Mirrors* (Ithaca: Cornell Univ. Press, 1991), 33 – 34.
10. J. L. B. Martin, *Medieval Russia* (Cambridge; New York: Cambridge Univ. Press, 1995), 288.

11. M. Isoaho, *The Image of Aleksandr Nevskiy in Medieval Russia* (Leiden; Boston: Brill, 2006), 173.
12. J. Fennell, *Ivan the Great of Moscow* (London: Macmillan, 1963), 41.
13. Fennell, *Ivan the Great*, 43.
14. Fennell, *Ivan the Great*, 46, 55.
15. Fennell, *Ivan the Great*, 59.
16. G. Alef, *Rulers and Nobles in Fifteenth-Century Muscovy* (London: Variorum Reprints, 1983), item 5, p. 54.
17. F. Fernández-Armesto, *Millennium* (London: Bantam, 1995), 124.
18. D. Obolensky, *Byzantium and the Slavs* (Crestwood, NY: St Vladimir's Seminary Press, 1994), 185.
19. Alef, *Rulers and Nobles*, item 9, p. 8.
20. Fennell, *Ivan the Great*, 121.
21. Alef, *Rulers and Nobles*, item 9, p. 7.
22. Alef, *Rulers and Nobles,* item 5, p. 25; Ostrowski, *Muscovy and the Mongols*, 226.
23. Isoaho, *Aleksandr Nevskiy*, 292.
24. R. Feuer-Toth, *Art and Humanism in Hungary in the: Age: of Mathias Corvinus* (Budapest: Akadémiai Kiadó, 1990), 97.
25. Howes, *Grand Princes of Moscow*, 267 – 98.

Chapter 7:
"That Sea of Blood"

1. F. Fernández-Armesto, *Columbus* (London: Duckworth Publishers, 1996), 2.
2. *Don Quixote*, 2:16.
3. C. Varela, *Cristóbal Colón: Textos y* documentos *completos* (Madrid: Alianza, 1984), 15 – 16.
4. F. Fernández-Armesto, *Columbus on Himself* (London: Folio Society, 1992),43.
5. Fernández-Armesto, *Columbus* on *Himself*, 16.
6. B. de Las Casas, *Historia de las Indias,* 2 vols. (Mexico City: Fondo de Cultura Económica, 1951), 1:189.
7. Varela, *Cristóbal Colón*, 23-24.
8. Fernández-Armesto, *Columbus* on *Himself*, 56; Varela, *Cristóbal Colón*, 22 – 24.
9. *Varela, Cristóbal Colón*, 27 – 30.
10. F. Fernández-Armesto, "Colón y los libros de caballería", in *Colón,* ed. C. Martínez Shaw

(Valladolid: Junta de Castilla y León, 2006).
11. *Varela, Cristóbal Colón*, 83 – 84.
12. *Varela, Cristóbal Colón*, 97 – 101.
13. S. E. Morison, *Journals and Other Documents on the Life and Voyages of Christopher Columbus* (New York: Heritage Press, 1963), 216 – 19.
14. Las Casas, *Historia,* vol. 1, 313.
15. Fernández-Armesto, *Columbus*, 95.

Chapter 8 :

"*Among the Singing Willows*"

1. J. Cahill, *Parting at the Shore: Chinese Painting of the Early and Middle Ming Dynasty* (New York: Weatherhill, 1978).
2. G. Uzielli, *La vita e i tempi di Paolo dal Pozzo Toscanelli,* Raccolta Colombiana 5 (Rome: Reale Commissione Colombiana, 1894), 571 – 72.
3. J. Meskill, ed., *Ch'oe Pu's Diary: A Record of Drifting Across the Sea* (Tucson: Univ. of Arizona Press, 1965), 22.
4. Meskill, *Ch'oe Pu's Diary*, 50.
5. Meskill, *Ch'oe Pu's Diary*, 52.
6. Meskill, *Ch'oe Pu's Diary*, 53.
7. Meskill, *Ch'oe Pu's Diary*, 65.
8. Meskill, *Ch'oe Pu's Diary*, 63, 93 – 94.
9. Meskill, *Ch'oe Pu's Diary*, 65.
10. D. Twitchet and F. W. Mote, eds., *The Cambridge History of China,* vol. 8, pt. 2 (Cambridge: Cambridge Univ. Press), 699.
11. I. A. Sim, "The Merchant Wang Zhen, 1424 – 1495", in *The Human Tradition* in *Premodern* China, ed. K.J. Hammond (Wilmington, Del.: Scholarly Resources, 2002), 157 – 64.
12. Meskill, *Ch'oe Pu's Diary*, 107.
13. Twitchet and Mote, *Cambridge History* of *China*, 920.
14. Twitchet and Mote, *Cambridge History* of *China*, 878.
15. Cahill, *Parting at the Shore*, 90.
16. Cahill, *Parting at the Shore*, 90.
17. *Cahill, Parting at the Shore*, 89.
18. J. Duyvendak, "The True Dates of the Chinese Maritime Expeditions in the Early

Fifteenth Century", *T'oung Pao* 34 (1938): 399-412.
19. R. Finlay, "The Treasure Ships of Zheng He", *Terrae Incognitae* 23 (1991): 1 – 12.
20. Duyvendak, "Chinese Maritime Expeditions", 410.
21. Meskill, *Ch'oe Pu's Diary*, 8, 146.
22. Meskill, *Ch'oe Pu's Diary*, 57.
23. Meskill, *Ch'oe Pu's Diary*, 65.
24. Meskill, *Ch'oe Pu's Diary*, 93.
25. *Transactions of the Royal Asiatic Society, Korean Branch,* 2 (1902), 36 (translation modified).
26. *Transactions*, 37.
27. *Transactions*, 36, 39 – 40.
28. *Transactions*, 38.
29. Meskill, *Ch'oe Pu's Diary*, 65.
30. E. Ramirez-Christensen, *Heart's Flower: The Life and Poetry of Shinkei* (Stanford, Calif.: Stanford Univ. Press, 1994), 20.
31. D. Keene, *Yoshimasa and the Silver Pavilion: The Creation of the Soul of Japan* (New York: Columbia Univ, Press, 2003), 70.
32. Keene, *Yoshimasa*, 5.
33. Ramirez-Christensen, *Heart's Flower*, 20 – 24.
34. D. Keene, ed., *Travellers of a Hundred Ages* (New York: Holt, 1989), 211.
35. Ramirez-Christensen, *Heart's Flower*, 20.
36. K. A. Grossberg, *Japan's Renaissance: The Politics of the Muromachi Bakufu* (Ithaca: Cornell Univ. Press, 2001).
37. Keene, *Yoshimasa*, 69.
38. Keene, *Yoshimasa*, 117.
39. Keene, *Yoshimasa*, 88.
40. Grossberg, *Japan's Renaissance*, 62.
41. Q. E. Phillips, *The Practices of Painting in Japan, 1475 – 1500* (Stanford, Calif.: Stanford Univ. Press, 2000), 148.
42. Keene, *Yoshimasa*, 164.
43. Keene, *Yoshimasa*, 107.
44. Phillips, *Practices of Painting*, 3.
45. Ramirez-Christensen, *Heart's Flower*, 155.
46. Ramirez-Christensen, *Heart's Flower*, 152.
47. D. Carter, *The Road* to *Komatsubara: A Classical Reading of the Renga Hyakuin* (Cambridge, Mass.: Council on East Asian Studies, Harvard Univ., 1987), 117, 143.

Chapter 9 :

"*The Seas of Milk and Butter*"

1. R. H. Major, ed., *India in the Fifteenth Century* (London: The Hakluyt Society, 1857), 7 – 13.
2. S.-S. H. Tsai, *Perpetual Happiness: The Ming Emperor Yongle* (Seattle: Univ. of Washington Press, 2001), 178 – 208.
3. J. Duyvendak, "Chinese Maritime Expeditions", 399 – 412; T. Filesi and D. Morison, eds., *China and Africa in the Middle Ages* (London: Frank Cass, 1972), 57 – 61.
4. Duyvendak, "Chinese Maritime Expeditions", 399 – 406.
5. L. Levathes, *When China Ruled the Seas* (New York: Scribner, 1994).
6. Ma Huan, *The Overall Survey of the Ocean's Shores,* ed. J. R. V. Mills (Cambridge: The Hakluyt Society, 1970), 69, 70, 179.
7. E. L. Dreyer, *Early Ming China* (Stanford, Calif.: Stanford Univ. Press, 1982), 120.
8. Kuei-Sheng Chang, "The Ming Maritime Enterprise and China's Knowledge of Africa Prior to the Age of Great Discoveries", *Terra Incognita* 3 (1971): 33 – 44.
9. Major, *India*, 10.
10. Major, *India*, 6.
11. Major, *India*, 8.
12. Major, *India*, 9.
13. Major, *India*, 30.
14. Major, *India*, 23.
15. Major, *India*, 11.
16. N. M. Penzer, ed., *The Most Noble and Famous Travels* (London: The Argonaut Press, 1929), 169.
17. C. E. B. Asher and C. Talbot, *India Before Europe* (New York: Cambridge Univ. Press, 2006), 107.
18. Asher and Talbot, *India Before Europe*, 77.
19. Major, *India*, 18.
20. H. Khan Sherwani, *The Bahmanis of the Deccan* (New Delhi: Munshiram Manoharlal, 1985), 238.
21. A. Wink, *Al-Hind: The Making of the Indo-Islamic Worlds,* vol. 3 (Leiden: Brill Academic Publishers, 2004), 136.
22. A. Halim, *History of the Lodi Sultans of Delhi and Agra* (Delhi: Idarah-I-Adabiyat-I-Delli, 1974), 108 – 13.
23. See, however, K. S. Lal, *Twilight of the Sultanate* (Delhi: Munshiram Manoharlal

Publishers, 1963), 191 – 94.
24. M. N. Pearson, "The East African Coast in 1498: A Synchronic Study", in *Vasco da Gama and the Linking of Europe and Asia,* ed. A. Disney and E. Booth (Delhi: Oxford Univ. Press, 2000), 116 – 30.
25. M. L. Dames, ed., *The Book of Duarte Barbosa,* 2 vols. (London: The Hakluyt Society, 1918, 1921), vol. 1, 29.
26. Pearson, "East African Coast", 119.
27. N. Tarling, ed., *The Cambridge History of Southeast Asia,* vol. 1 (Cambridge; New York: Cambridge Univ. Press, 1992.), 483.
28. *The Lusiads in Sir Richard Fanshawe's Translation,* ed. G. Bullough (London: Centaur, 1963), 329.
29. R. Winstedt, *The Malays:* A *Cultural History* (London: Routledge, 1958), 33-44.
30. Tarling, *Cambridge History of Southeast Asia*, 409.
31. E. J. Jurji, *Illumination* in *Islamic Mysticism* (Princeton: Princeton Univ. Press, 1938), 37.
32. Jurji, *Illumination*, 30.
33. Jurji, *Illumination*, 33.
34. Jurji, *Illumination*, 110.
35. Jurji, *Illumination*, 63.
36. W C. Chittick, trans., "Gleams", in *Chinese Gleams of Sufi Light*, by S. Murata (Albany: SUNY Press, 2000), 144.
37. Chittick, "Gleams", 192.
38. Chittick, "Gleams", 180.
39. Chittick, "Gleams", 140.
40. Chittick, "Gleams", 148.
41. *Joseph and Zuleika by Jami,* ed. C. F. Horne (Ames, Iowa: Lipscombe, 1917), 17.
42. *Joseph and Zuleika*, 18 – 19.

Chapter 10 :

"*The Fourth World*"

1. J. López de Toru, "La conquista de Gran Canaria en la cuarta década del cronista Alonso de Palencia", Anuario de estudios atlánticos 16 (1970): 325 – 94.
2. M. R. Alonso Rodríguez, "Las endechas a la muerte de Guillén Peraza", *Anuario de estudios atlánticos* 2 (1956): 457 – 71.

3. M. Ruíz Benitez de Lugo-Mármot, *Documentos para la historia de Canarias* (Las Palmas: Gobierno de Canarias, 2000), 35.
4. J. Alvarez Delgado, "Primera conquista y colonización de la Gomera", *Anuario de estudios atlánticos* 6 (1960): 445 – 92.
5. J. Viera y Clavijo, *Historia de Canarias,* 3 vols. (Madrid: n.p., 1771 – 75; vol. 2, 1773), 2:151 – 55.
6. F. Solis, *Gloria y fama mexica* (Mexico City: Smurfit, 1991), 98 – 112.
7. R. A. Covey, *How the Incas Built Their Heartland* (Ann Arbor: Univ. of Michigan Press, 2006), 52.
8. Covey, *Heartland,* 227.
9. Covey, *Heartland,* 219.
10. T. N. D'Altroy, *The Incas* (Oxford: Blackwell Publishing, 2002), 104.
11. Covey, *Heartland,* 151.
12. D'Altroy, *Incas,* 95, 173.
13. D'Altroy, *Incas,* 97·.

Epilogue :

The World We're In

1. Summary in D. Nirenberg, "Figures of Thought and Figures of Flesh: 'Jews' and 'Judaism' in Late-Medieval Spanish Poetry and Politics", *Speculum* 81 (2006): 425.
2. S. Subrahmanyam, *The Career and the* Legend *of Vasco da Gama* (Cambridge: Cambridge Univ, Press, 1997), 111.

圖片出處

Page 6: Hartmann Schedel, Weltchronik [The "Nurernberg Chronicle"] (Nuremberg, 1493), engraving by Michael Wohlgemut and Wilhelm Pleydonwurff.

Page 11: Albrecht Dürer, Apocalipsis cum figuris (Nuremberg, A. Dürer, 1498).

Page 12: Nuremberg Chronicle.

Page 32: Woodcut from D. de San Pedro, Cárcel de amor (Barcelona: Rosembach, 1493).

Page 86: Fra Mauro's Ethiopia map from O. G. S. Crawford, Ethiopian itineraries, circa 1400-1524 (Cambridge, 1958). Courtesy of The Hakluyt Society. The Hakluyt Society was established in 1846 for the purpose of printing rare or unpublished Voyages and Travels. For further information please see their website at: www.hakluyt.com.

Page 87: Diogo Homem's map of West Africa from J. W. Blake, Europeans in West Africa, I (London, 1942). Courtesy of The Hakluyt Society.

Page 92: Nuremberg Chronicle.

Page 111: Nuremberg Chronicle.

Page 113: Nuremberg Chronicle.

Page 122: Nuremberg Chronicle.

Page 134: Girolamo Savonarola, Traciato contra li astrologi (Florence: Bartolommeo di Libri, ca. 1497). Courtesy of the Trustees of the British Library.

Page 136: Girolamo Savonarola, Dialogo della verità prophetica (Florence: Tubini, Veneziano and Ghirlandi, 1500).

Page 154: S. von Herberstein. Notes Upon Russia (London, 1852). Courtesy of The Hakluyt Society.

Page 203: Giuliano Dati, Lettera delle isole che ha trovato il re di Spagna (Florence: Morigiani and Petri, 1493).

Page 214: Detail from Shen Zhou, Night Vigil. Hanging scroll, National Museum, Taipei.

Page 226: Detail from Wu Wei, Two Daoist Immortals. Hanging Scroll, Shanghai Museum.

Page 230: Ma Huan, Ying-yai Sheng-lan: "The Overall Survey of the Ocean's Shores", ed. J. V. G. Mills (Cambridge: The Hakluyt Society,1970). Courtesy of The Hakluyt Society.

Page 241: Nishikawa Sukenobu, Ehon Yamato Hiji (10 vols.; Osaka, 1742).

Page 244: De Insulis Nuper in Mari Indico Repertis (Basle, 1494).

Page 247: Nuremberg Chronicle.

Page 262: C. F. Beckingham and G. W. Huntingford, The Prester John of the Indies (Cambridge: The Hakluyt Society, 1961). Courtesy of The Hakluyt Society.

Page 282: F. Guamán Poma de Ayala, Nueva corónica y buen gobierno (codex péruvien illustré) (Paris: Institut d'Ethnologic, 1936).

Page 299: J. Cooper Clark, ed., Codex Mendoza, 3 vols. (London, 1938), iii. Original in the Bodleian Library, Oxford.

Page 303: J. Cooper Clark, ed., Codex Mendoza, 3 vols. (London, 1938), iii. Original in the Bodleian Library, Oxford.

Page 308: J. Cooper Clark, ed., Codex Mendoza, 3 vols. (London, 1938), iii. Original in the Bodleian Library, Oxford.

1492: The Year Our World Began by Felipe Fernández-Armesto
Copyright © 2009 Felipe Fernández-Armesto
Complex Chinese translation copyright © 2012 by Rive Gauche Publishing House
Published in arrangement with Bardon-Chinese Media Agency
ALL RIGHTS RESERVED

左岸｜歷史173

一四九二——那一年，我們的世界展開了！
1492: The Year Our World Began

作　　者　菲立普・費南德茲—阿梅斯托（Felipe Fernández-Armesto）
譯　　者　謝佩妏
總 編 輯　黃秀如
封面設計　黃暐鵬
電腦排版　宸遠彩藝

社　　長　郭重興
發行人暨出版總監　曾大福
出　　版　左岸文化
發　　行　遠足文化事業股份有限公司
231新北市新店區民權路108-3號6樓
電　　話　02−2218−1417
傳　　真　02−2218−1142
客服專線　0800−221−029
E-Mail　service@bookrep.com.tw
網　　站　http://blog.roodo.com/rivegauche
法律顧問　華洋國際專利商標事務所　蘇文生 律師
印　　刷　成陽印刷股份有限公司
初　　版　2012年7月
定　　價　350元
ISBN　978-986-6723-71-1
有著作權 翻印必究（缺頁或破損請寄回更換）

國家圖書館出版品預行編目資料

一四九二——那一年，我們的世界展開了！

菲立普．費南德茲—阿梅斯托（Felipe Fernández-Armesto）
著；謝佩妏譯.
-- 初版. -- 新北市：左岸文化出版：遠足文化發行，2012.07
面； 公分. --（左岸歷史；173）
譯自：1492 : the year our world began
ISBN 978-986-6723-71-1（平裝）

1. 世界史 2. 近代史

712.4 101009879